Nov. 05

dtv

W0373868

Gerade in Zeiten flauer Konjunktur gilt es, beruflich sein Engagement zu zeigen. Durchbrechen Sie Ihre Denkgewohnheiten, orientieren Sie sich neu und setzen Sie sich klare Ziele. Dazu gehört natürlich auch ein angemessenes Einkommen – wie wäre es, wenn Sie 20 Prozent mehr verdienen würden? Nicht irgendwann – sondern spätestens in einem Jahr. Bodo Schäfer nennt klare Regeln und veranschaulicht die Strategien, mit denen sich das Einkommen in kurzer Zeit nach oben schrauben lässt – egal, ob man als Angestellter, Freiberufler oder Unternehmer arbeitet. Doch Geld ist nur eine Facette eines erfüllten Berufslebens, deshalb zeigt Bodo Schäfer in diesem Buch auch, wie Sie Anerkennung finden und Sinn und Flow in Ihrer Arbeit erleben können.

Bodo Schäfer zählt zu den erfolgreichsten Sachbuchautoren. Er tritt international als Seminarleiter und Kongressredner auf. Bei dtv sind von ihm erschienen: ›Der Weg zur finanziellen Freiheit‹ (34000; überarbeitete und aktualisierte Taschenbuchausgabe) und ›Die Gesetze der Gewinner‹ (34048).

Bodo Schäfer

Endlich mehr verdienen

Anerkennung
und Zufriedenheit
im Beruf

Deutscher Taschenbuch Verlag

Ungekürzte Ausgabe
August 2004
Deutscher Taschenbuch Verlag GmbH & Co. KG,
München
www.dtv.de
Alle Rechte vorbehalten.
© 2002 Hoffmann und Campe Verlag, Hamburg
Umschlagkonzept: Balk & Brumshagen
Umschlaggestaltung: Stephanie Weischer
unter Verwendung einer Fotografie von © Getty Images/Martin Barraud
Satz: Prill Partners | producing, Berlin
Druck und Bindung: Druckerei C. H. Beck, Nördlingen
Gedruckt auf säurefreiem, chlorfrei gebleichtem Papier
Printed in Germany · ISBN 3-423-34115-7

Inhalt

Teil 1: Die Grundlagen

Teil 2: Der praktische Leitfaden zu mehr Einkommen

Vorwort

Was geht in Ihnen vor, wenn Sie hören, dass jemand viel mehr verdient als Sie? Viele sagen dann: »Geld ist nicht alles.« Und es stimmt, Erfolg können wir unterschiedlich definieren. Natürlich gibt es mehrere wichtige Faktoren für unseren Job: Sicherheit, Spaß, hohes Einkommen, Ansehen, ausreichend Freizeit und Sinn. Was davon ist am wichtigsten? Die Antwort: Alle sind wichtig. Und wir können alle haben.

Aber solange wir nach den Regeln leben, die wir auf der Schule gelernt haben, ist das nicht möglich. Nach den alten Regeln galt: Sicherheit ist das Wichtigste. Man musste in der Schule fleißig lernen und gute Noten bekommen, dann konnte man auch einen sicheren Job finden. Spaß und Sinn waren dabei nicht so wichtig wie Pflichtbewusstsein; Erfüllung war nicht so wichtig wie Sicherheit; ein hohes Einkommen nicht so wichtig wie Ansehen. Wollte man mehr verdienen, musste man länger und härter arbeiten.

Dabei ist es ganz einfach, wenn wir die neuen Regeln kennen. Wir sind vom Industrie-Zeitalter ins Informations-Zeitalter gewechselt. Gleichzeitig haben sich die Voraussetzungen für Erfolg im Job geändert: sowohl für Angestellte als auch für Selbständige.

Darin liegt eine große *Gefahr:* Viele Menschen verlieren zwangsläufig, solange sie nach den alten Regeln leben. Sie verlieren nicht immer (sofort) ihre Jobs; oft verlieren sie »nur«, weil sie nicht das verdienen, was sie verdienen könnten und sollten; weil sie nicht die Anerkennung erhalten, die sie erhalten könnten; weil sie keinen Spaß an ihrer Arbeit haben.

Und wenn sie »gut« verdienen, dann geht das oft auf Kosten der Gesundheit und der Freizeit. Insgesamt verlieren sie, weil sie nicht die Lebensqualität haben, die ihnen gebührt.

Aber wenn Sie nach den neuen Regeln leben, bringt Ihnen das neue Zeitalter eine einmalige *Chance:* Zum ersten Mal in der Geschichte der Menschheit können Sie in Ihrer Arbeit alles finden: Sicherheit, Spaß, Ansehen, ausreichend Freizeit, Sinn und ein fantastisches Einkommen. Sie können tatsächlich in den nächsten Monaten 20 Prozent mehr – und innerhalb von drei Jahren 100 Prozent mehr verdienen. Und zwar ohne dafür länger und härter zu arbeiten.

Machen Sie aus Ihrem Leben ein Meisterwerk – ein höheres Einkommen wird Ihnen dabei helfen. Ihr Einkommen ist immer auch eine Messlatte für eine ganz bestimmte Geisteshaltung. Geld kommt nicht zufällig in unser Leben. Einkommen ist eine Form von Energie; je mehr Energie Sie in die wirklich wichtigen Bereiche Ihres Lebens stecken, umso mehr Einkommen fließt Ihnen zu. Auf diesem Weg verändert sich Ihre gesamte Lebensqualität.

Genau darum geht es in diesem Buch – Sie können mit den darin enthaltenen Tipps erheblich mehr verdienen; aber eigentlich geht es darum, dass Sie mehr Spaß, mehr Sinn, also insgesamt mehr Lebensqualität erhalten. Und dabei spielt die Höhe Ihres Einkommens nun mal eine wichtige Rolle.

Das Buch soll nicht das System verändern; das zu tun fühlen sich andere berufen. Ich biete Ihnen vielmehr an, Sie persönlich zu coachen.

Sie werden feststellen, was Ihnen am meisten Spaß macht; und ich zeige Ihnen, wie Sie den Mut finden, es zu tun. Und Sie lernen, wie Sie mit den neuen Regeln Ihr Einkommen erheblich erhöhen – ohne härter oder länger zu arbeiten.

Sofort werden Sie Einwände hören: »Das geht nicht.« »Das ist utopisch.« »In meiner Firma oder in meiner Branche ist das nicht möglich.« Mein Tipp: Überlegen Sie sofort: Was für ein Mensch sagt das?

Sie werden einen solchen Satz nämlich niemals von einem erfolgreichen und glücklichen Menschen hören. Wer solche Einwände hervorbringt, beweist damit nur, dass er selbst keinen Spaß an der Arbeit, kein hohes Einkommen und nicht viel Freizeit hat. Lassen Sie nie zu, dass irgendjemand Ihnen den Mut nimmt.

Als ein religiöser Würdenträger ein ostfriesisches Dorf besucht, wird ihm zu Ehren ein Entenschießen veranstaltet. Eine Ente wird in die Luft geworfen, ein Jäger schießt, trifft, und der Vogel fällt mitten in den Dorfweiher. Ohne zu zögern, geht ein Dorfbewohner auf den Weiher zu; als er am Wasser angekommen ist, geht er einfach weiter – über das Wasser –, bis er bei der Ente ist, die er aufhebt und trockenen Fußes zurückbringt. Der Würdenträger ist beeindruckt.

Als sich diese Prozedur noch zweimal wiederholt, beschließt er: »Das kann ich auch. Die nächste Ente hole *ich.*« Aber als er versucht, über das Wasser zu gehen, versinkt er sofort. Während er klatschnass aus dem Weiher klettert, sagt ein Ostfriese leise zum anderen: »Glauben hat er schon. Aber er weiß halt nicht, wo die Steine liegen …«

Ein hoher Verdienst ist für viele ein ähnliches Wunder wie über Wasser zu gehen. Ich möchte mit dieser Geschichte auf zweierlei hinweisen. Zum einen geht es in diesem Buch *nicht* darum, in das zweifelhafte Lied einzustimmen: »Du kannst alles!« Ich halte eine solche Philosophie für falsch und gefährlich.

Zum anderen aber möchte ich Ihnen die Steine zeigen, auf denen Sie sicher zu einem höheren Einkommen gelangen können. Wenn Sie diesen Weg gehen, dann mag es anderen wie ein Wunder vorkommen; in Wahrheit aber haben Sie nur die entscheidenden Regeln und Strategien kennen gelernt und umgesetzt, um das zu verdienen, was Sie wert sind.

Ich glaube fest an Sie! Wie ich das behaupten kann, obwohl ich Sie nicht kenne? Ich bin der Meinung, dass nicht *wir* bestimmte Bücher finden, sondern dass Bücher *uns* finden. Das gilt auch, wenn Sie dieses Buch geschenkt bekommen haben. Zusätzlich wissen Sie dann: Es gibt jemanden, der es wirklich gut mit Ihnen meint.

Kann es sein, dass es einen Grund gibt, warum Sie dieses Buch jetzt gerade lesen? Ich glaube daran. Es liegt eine Magie darin, den Moment zu nutzen und sich nicht damit zufrieden zu geben, was die Umstände Ihnen gerade bieten. Lassen Sie uns unseren gemeinsamen Weg beginnen.

Herzlichst, Ihr Bodo Schäfer

Analyse: Wie steht es um Ihr Einkommen?

1. Können Sie in einem Satz beschreiben, worin Sie Experte sind?

   ____

   ____

2. Was sind Ihre Vorteile – was unterscheidet Sie von allen anderen? Können Sie das in einem Satz beschreiben?

   ____

   ____

3. Wie bewerten Sie Ihr Einkommen? Verdienen Sie, was Sie wert sind?

   ☐ ausgezeichnet ☐ ausreichend
   ☐ sehr gut ☐ schlecht
   ☐ gut ☐ sehr schlecht
   ☐ befriedigend

4. Die meisten Menschen verdienen nur dann Geld, wenn sie arbeiten. – Haben Sie Wege gefunden, an einer einmal geleisteten Arbeit lange Zeit zu verdienen?

   ☐ ja ☐ nein

5. Für wie viel Prozent Ihres Einkommens müssen Sie nicht mehr arbeiten?

   ☐ 0 % ☐ bis 50 %
   ☐ bis 10 % ☐ bis 75 %
   ☐ bis 25 % ☐ über 75 %

6. Verdienen Sie Geld mit Ihren Ideen?
   ☐ ja ☐ nein

7. Wie sehr haben Sie sich spezialisiert? Wie lange würde es dauern, einen Nachfolger in Ihren Job einzuarbeiten?
   ☐ einen Tag
   ☐ eine Woche
   ☐ 30 Tage
   ☐ mindestens 90 Tage
   ☐ mindestens 120 Tage

8. Beziehen Sie Geld von Ihrem Geld? Wie viel Prozent Ihres Einkommens setzt sich aus Renditen zusammen?
   __________ %

9. Haben Sie legale Wege gefunden, nicht mehr Steuern zu zahlen als unbedingt nötig?
   ☐ nie darüber nachgedacht
   ☐ sollte mich mehr darum kümmern
   ☐ gute Lösungen gefunden

10. Ist Ihr Job Ihre Sicherheit, oder stehen Sie auf mehreren »Einkommensbeinen«? Aus wie vielen Quellen beziehen Sie Einkommen?
    1. Quelle ____ % 2. Quelle ____ % 3. Quelle _____ %
    4. Quelle ____ % 5. Quelle ____ %

11. Wann sind Sie das letzte Mal beruflich ein größeres Risiko eingegangen? Wie würden Sie Ihre Risikobereitschaft einschätzen?
    ☐ kaum vorhanden ☐ leichte Risiken
    ☐ höhere Risiken ☐ hohe Risiken

12. Wie viel Zeit nutzen Sie täglich, um zu lernen?
    __________ Stunden

13. Haben Sie einen Coach, der Sie in Ihrer Karriere fördert?

☐ ja ☐ nein

14. Haben Sie einen klaren Plan, wie Sie 20 % bzw. 100 % mehr verdienen können?

☐ keinen ☐ ziemlich genaue Vorstellung
☐ vage Vorstellung ☐ präzisen Plan

15. Geben Sie in Ihrem Beruf wirklich Ihr Bestes?

☐ 0 – 50 % ☐ bis 95 %
☐ 50 – 75 % ☐ 100 %
☐ bis 85 % ☐ über 100 %

16. Macht Ihnen Ihr Beruf mindestens zu 80 % wilden Spaß?

☐ ja ☐ nein

17. Kennen Sie Ihre Stärken und Ihre Schwächen?

☐ ja ☐ nein

18. Arbeiten Sie in einem Gebiet, in dem Sie Ihre Stärken weiter ausbauen und Ihre Schwächen nicht ins Gewicht fallen?

☐ ja ☐ nein

19. Wie viel Prozent Ihrer Arbeitszeit nutzen Sie wirklich für Einkommen produzierende Aktivitäten?

__________ %

20. Glauben Sie, dass die Höhe Ihres Einkommens wichtig ist?

☐ ja ☐ nein

21. Wie würde es Ihr Leben beeinflussen, wenn Sie das Doppelte verdienten?

____

____

22. Nutzen Sie mindestens eine Stunde täglich, um sich zu positionieren?

☐ ja ☐ nein

Zusätzlich für Selbständige:

23. Welche Probleme löst Ihre Firma besser als irgendeine andere? Warum sollten Kunden bei Ihnen kaufen?

____

____

24. Was ist exakt Ihre Zielgruppe?

____

____

25. Wie lauten Ihr Mission-Statement und Ihr Logo?

____

____

26. Was ist der größte Nutzen, den Ihre Firma bietet? Ist er Ihren Kunden bekannt?

____

____

27. Haben Sie eine Speerspitze?

____

____

28. Würde Ihre Firma funktionieren, wenn Sie einmal ausfallen? Wie lange?

__________ Monate

Was ich umsetzen werde:

Davon werde ich als Erstes umsetzen:

1.

2.

3.

Teil 1

Die Grundlagen

1

Das Hamsterrad

Wohlstand ist, wenn kleine Anstrengungen große Ergebnisse bewirken;
Armut ist, wenn große Anstrengungen kleine Ergebnisse bewirken.
Georg David

Zuerst die gute Nachricht: *Geld verdienen ist ein Spiel.* Jeder kann an diesem Spiel teilnehmen, und jeder kann gewinnen. Sie können innerhalb von zwölf Monaten 20 Prozent mehr verdienen und Ihr Einkommen innerhalb von drei Jahren verdoppeln.

Aber es gibt auch eine schlechte Nachricht: *Die meisten Menschen kennen die Spielregeln nicht.* Sie folgen alten, längst überholten Regeln. So sehr sie sich auch anstrengen, sie treten auf der Stelle. Gewinnen können Sie nur, wenn Sie die Regeln kennen.

Ganz gleich, wie viel Sie verdienen – und ganz gleich, ob Sie mit Ihrem Einkommen zufrieden sind oder nicht –, es gibt Menschen, die ein viel höheres Einkommen haben als Sie. Einige verdienen doppelt so viel wie Sie; andere sogar das Zehnfache und das Zwanzigfache …

Wie ist das möglich? Sind diese Personen zehn- oder zwanzigmal klüger als Sie? Arbeiten sie zehn-, zwanzigmal härter als Sie? Natürlich nicht. Sie wissen lediglich, wie man das Einkommens-Spiel spielt. Sie kennen die Regeln.

Um diese Regeln geht es in »Endlich mehr verdienen«: Sie lernen die neuen Regeln kennen, um das Einkommens-Spiel zu spielen und zu gewinnen. Ich behaupte damit nicht, dass jeder unglaublich viel Geld verdienen kann. Aber wenn Sie sich an die Regeln in diesem Buch halten, verspreche ich Ihnen: Sie werden wesentlich bessere Resultate erzielen, als wenn Sie es nicht tun!

Die fünf Arten, Geld zu verdienen

Es gibt nur fünf Arten, wie Sie Geld verdienen können. Wahrscheinlich fällt es Ihnen leicht, das Feld zu bestimmen, in dem Sie sich befinden:

1. Angestellter oder Arbeiter (A)
2. Freiberufler (F)
3. Investor (I)
4. Unternehmer (U)
5. Experte (E)

In einem Stern dargestellt sieht das so aus:

Die fünf Einkommensfelder

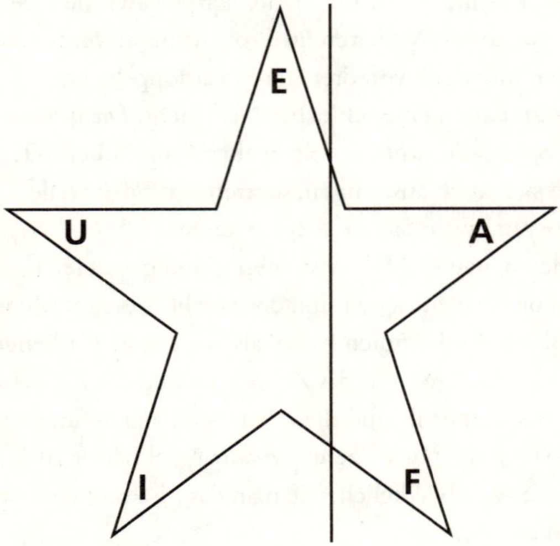

Sie sehen, dass der Stern in zwei Hälften eingeteilt werden kann: Zwei Felder befinden sich auf der rechten Seite und drei auf der linken. Damit möchte ich auf zweierlei aufmerksam machen:

Erstens bereitet die Schule fast ausschließlich auf die rechte Seite vor. Wir lernen, wie man ein guter Angestellter und Freiberufler wird. Aber wir erfahren nichts darüber, wie wir zu erfolgreichen Investoren, Unternehmern und Experten werden.

Zweitens wird auf der linken Seite viel mehr Geld verdient. Unternehmer haben zum Beispiel monatlich durchschnittlich etwa fünfmal so viel Geld zur Verfügung wie ein Angestellter oder Arbeiter. Investoren können ihr Geld für sich arbeiten lassen; und Experten genießen durch ihre Sonderstellung viel Anerkennung, empfinden leichter Befriedigung und verdienen ein Vielfaches der Einkünfte von jemandem, der nicht weiß, wie man sich als Experte positioniert.

Die beiden Seiten des Sterns

Es gibt kein »bestes Feld«. Jedes Feld hat seine eigenen Vor-, aber auch Nachteile. Welches Feld Sie letztendlich für sich auswählen, richtet sich nach Ihren Stärken und Schwächen, nach Ihrer Risikobereitschaft, nach Ihrer Persönlichkeit und nach Ihren Zielen.

Ganz gleich, in welchem Feld Sie sich befinden, Sie sind dort wichtig, und Sie können dort Erfüllung und ein höheres Einkommen erhalten. Jedes Dorf, jede Stadt und jedes Volk braucht Menschen auf beiden Seiten des Sterns. In der Schule lernen wir, wie wir gute Angestellte und Freiberufler werden. Wir werden auf Berufe vorbereitet, die Spaß machen können und die von Bedeutung sind: Polizisten, Ärzte, Feuerwehrleute, Mechaniker, Buchhalter, Köche, Krankenschwestern, Lehrer … Unsere Schulen leisten somit einen wesentlichen Beitrag zum Erhalt unserer Kultur.

Aber es ist wichtig, dass Sie ein Feld des Sterns *bewusst* auswählen. Es darf nicht sein, dass Sie ein Leben lang in einem Feld arbeiten, das nicht optimal für Sie ist – nur weil »man das eben tut«. Im zweiten Kapitel werden Sie für sich klarer festlegen können, welches Feld Ihrer Persönlichkeit entspricht.

Der große Verdienst befindet sich auf der linken Seite des Sterns

In den Industrienationen gibt es für jeden Investor, Unternehmer und Experten mindestens zwölf Angestellte und Freiberufler. Wenn also die Menschen auf beiden Seiten des Sterns gleich viel Geld und Einkommen hätten, dann müssten die Angestellten und Freiberufler zusammen zwölfmal so viel Geld besitzen wie die Investoren, Unternehmer und Experten. Tatsächlich sieht es natürlich ganz anders aus. Die kürzlich erstellte Studie der deutschen Bundesregierung hat ergeben, dass 50 Prozent aller Haushalte in der Bundesrepublik nur 4,5 Prozent der Geldmenge gehört.

Und die Kluft zwischen Arm und Reich wird immer größer. Ökonomen erwarten, dass in fünf Jahren nur noch halb so viele Menschen im Kernbereich eines Unternehmens arbeiten, die doppelt so gut bezahlt werden und dreimal so viel produzieren (1/2 x 2 x 3 = P).

Menge an Personen

Rechte Seite im Verhältnis zur linken Seite: 12 zu 1

Menge an Geld

Rechte Seite im Verhältnis zur linken Seite: 1 zu 12

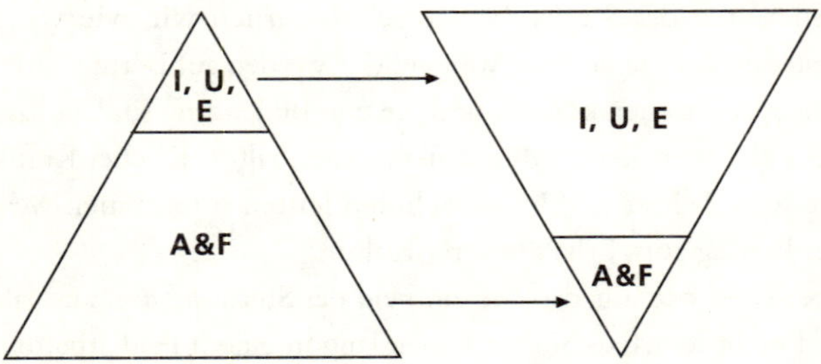

Die Frage, die sich sofort stellt, lautet: Warum verdienen einige so viel mehr? Die Antwort: *Weil sie vollkommen anders denken und nach ganz anderen Spielregeln spielen.*

Drei Wege, mehr zu verdienen

Der Fokus dieses Buches ist, wie Sie mehr verdienen können. Dazu müssen wir zunächst definieren, was mit Einkommen gemeint ist: Ich schlage folgende einfache Definition vor: **Alles, was reinkommt, ist Einkommen.**

Ausschlaggebend ist schließlich, wie viel Geld Sie monatlich zur Verfügung haben. Dabei spielt es keine Rolle, ob Sie dieses Geld in Ihrem Job, einem Nebenjob oder aus selbständiger Arbeit verdienen. Sie können Geld auch verdienen, indem Sie gar nicht dafür arbeiten, zum Beispiel als Investor. Die Amerikaner sprechen darum statt von Geld verdienen eher von *Geld machen* (to make money).

Es gibt drei Ansätze, wie Sie zu einem höheren Einkommen gelangen. Alle drei finden Sie in diesem Buch ausführlich beschrieben:

1. **Wie Sie innerhalb eines Feldes mehr Einkommen erzielen können.** Dazu erhalten Sie eine Vielzahl von Tipps. Aus meiner Erfahrung aus vielen Seminaren weiß ich, dass Sie innerhalb eines Jahres wenigstens 20 Prozent mehr Einkommen haben werden – wenn Sie sich an die Power-Tipps halten. Wahrscheinlich sogar bereits nach drei Monaten.
2. **Wie Sie zwar in einem bestimmten Feld bleiben, aber zusätzlich Geld aus einem anderen Feld beziehen.** Nicht jeder ist willens oder fähig, die rechte Seite des Sterns zu verlassen. Aber jeder kann lernen, zusätzlich zu seiner Angestellten- oder freiberuflichen Tätigkeit Einkommen als Investor zu erzielen. Vor allem aber können Angestellte und Freiberufler lernen, sich als Experten zu positionieren. Experten können erheblich mehr verdienen.
3. **Wie Sie einen Quantensprung vollziehen (und das Feld wechseln).** Der komplette Wechsel eines Feldes ermöglicht natürlich das höchste Einkommen. Der Preis, den wir dafür bezahlen müssen, ist aber auch am höchsten. Dazu ist es wichtig, die Grundsätze kennen zu lernen, die auf der linken Seite des Sterns zu Erfolg führen.

Sollten Sie bereits Unternehmer oder selbständig sein, so müssen Sie zwar nicht das Feld wechseln, aber Sie können dennoch einen Quantensprung machen und mit Hilfe dieses Buches Ihre Tätigkeit stark verändern.

Keiner der drei genannten Ansätze wird auf der Schule gelehrt. Es ist zwar wichtig, schul-klug zu sein. Aber wenn wir viel verdienen wollen, dann müssen wir zusätzlich straßen-schlau sein. Nun ist Straßen-Schlauheit kein akademisches Fach. Es ist auch nicht ausschließlich auf Logik aufgebaut.

Natürlich gibt es feste Richtlinien für Investoren, Unternehmer und Experten. Diese werden aber häufig missachtet. Das führt dann dazu, *dass viele Investoren und Unternehmer zwar die Nachteile ihres Feldes ertragen müssen, aber nicht die Vorteile genießen.* Wir werden also festlegen, welche Richtlinien Sie beachten müssen.

Zudem ist die Positionierung als Experte in Europa fast nicht bekannt. Wenn ich Menschen über das Thema Positionierung befrage, erhalte ich abenteuerliche Antworten. Dabei hat gerade der Experte große Vorteile. Darum liegt ein Schwerpunkt dieses Buches darin, aufzuzeigen, wie Sie zum Experten werden. *Sie werden erkennen, dass Sie als Experte Ihr Einkommen um 100, 200 Prozent, aber auch um mehr erhöhen können.* Auch für die Positionierung als Experte gibt es klare Richtlinien.

Das Hamsterrad

Schauen wir uns zunächst an, wie die Wirklichkeit für die meisten Menschen in unserem Land ausschaut. Millionen von Menschen können nachts nicht ruhig schlafen – ihre finanziellen Sorgen lassen es nicht zu. Morgens stehen sie auf und gehen zur Arbeit; in der Hoffnung, dass sie bald genug verdienen, um alle Rechnungen bezahlen zu können. Und wenn sie mehr verdienen, dann wachsen wie durch Zauberhand ihre Ausgaben. Oft werden die Probleme nun noch größer.

Die einzige Lösung scheint zu sein: *noch härter arbeiten.* Sie hoffen, dadurch mehr zu verdienen, um endlich sparen zu können. Aber der Lebensstandard steigt parallel zum Verdienst. Die Verbindlichkeiten nehmen zu … Diese Menschen müssen immer härter und länger arbeiten, um ihren Lebensstandard zu halten, die Schulden und die Rechnungen zu bezahlen. Sie erinnern an Hamster im Hamsterrad: Sie kommen nicht voran – trotz aller Anstrengung. Ganz gleich, wie hart jemand arbeitet, solange er im Hamsterrad ist, tritt er auf der Stelle.

Je mehr Sie verdienen, desto mehr nimmt man Ihnen weg

Der Staat tut sein Möglichstes, all diejenigen zu bestrafen, die härter arbeiten. Denn je mehr Sie verdienen, desto mehr nimmt er Ihnen weg in Form von Steuern und Sozialversicherungs-Beiträgen. Der durchschnittliche Bürger arbeitet über 200 Tage im Jahr nur für den Staat – *erst Ende Juli beginnt er für sich zu verdienen.*

Angestellte und Freiberufler im Hamsterrad

Viele Menschen im Hamsterrad sind Angestellte. Sie haben den Eindruck, nie »für sich« zu arbeiten, sondern immer für andere. Als Angestellte arbeiten sie, um ihren Chef reicher zu machen. Als Steuerzahler machen sie den Staat reicher; als Schuldner machen sie die Bank reicher; und als Konsument machen sie andere Unternehmer reicher.

Freiberufler befinden sich zunächst in demselben Hamsterrad; zusätzlich aber kommen einige Faktoren hinzu, sodass sie oft besonders unfrei sind: *Alles steht und fällt mit ihrer Person, sie sind unentbehrlich.* Wenn ein Arzt, Rechtsanwalt oder Architekt einige Wochen ausfällt, dann gibt es in der Regel kein System, das den Ausfall ersetzt. Die Patienten, Kunden, Mandanten sind oft vollkommen auf eine Person fixiert. *Der Freiberufler ist das System.*

Damit wird er leicht zu einem Gefangenen der eigenen Tätigkeit. Das Paradoxe daran ist: Je härter er arbeitet und je mehr Erfolg er hat, umso größer wird das System – und da er selbst das System ist, wird die Belastung immer größer.

Das Hamsterrad für Investoren

Auch Investoren sind betroffen. Viele Menschen behaupten zwar, dass sie investieren – die Realität sieht aber eher wie folgt aus: Meist haben sie mehr Verbindlichkeiten (Schulden und Hypotheken) als Vermögen. Für die Verbindlichkeiten zahlen sie 6 bis 10 Prozent Zinsen; auf ihr Vermögen bekommen sie 2 bis 5 Prozent; und dann müssen sie diese magere Ausbeute auch noch mit dem Finanzamt teilen.

Manchmal wagen diese »Investoren« einen Ausflug an die Börse; dieser endet aber meist wenig befriedigend, da sie nicht wissen, was sie kaufen sollen, wann sie kaufen und wann sie verkaufen sollten. Mit Verlusten ziehen sie sich dann in die »sicheren« Anlagen zurück.

Und dort lauert das Hamsterrad: Steuer und Inflation fressen die mageren Gewinne auf, und der »Investor« tritt auf der Stelle. Hat er obendrein Schulden, für die er mehr Zinsen bezahlt, als er an Renditen auf sein Guthaben erwirtschaftet, dann macht er unter dem Strich minus.

Ein solcher Mensch fühlt sich schnell wie auf einer Rolltreppe, die nach unten läuft, während er nach oben rennen will. Das System ist gegen ihn – weil er die Regeln nicht kennt.

Das Hamsterrad für Unternehmer

Ähnlich sieht es bei vielen »Unternehmern« aus. Sie nennen sich zwar so, aber sie handeln vollkommen anders. Die meisten arbeiten in ihrer Firma mit und sind somit *viel eher Angestellte als Unternehmer*. Zwar arbeiten sie für sich selbst – aber oftmals sind sie als Arbeitgeber viel strenger zu sich selbst, als ein anderer Boss dies wäre. Sie schuften länger und härter.

Natürlich ist es vollkommen in Ordnung, in seiner eigenen Firma angestellt zu sein – aber abgesehen von einer Startphase, sollte sich ein Unternehmer nicht vom Tagesgeschäft verschlingen lassen. Er sollte Systeme schaffen.

Damit sind wir beim zweiten Punkt, der wesentlich bedeutender ist: Viele Unternehmer versäumen es, ein System zu schaffen, das auch ohne sie funktioniert. Solange es ein solches System in ihrer Firma nicht gibt, haben sie keine Freiheit. *Wer kein System installieren kann, der muss das mit seiner Arbeitskraft wettmachen.*

Viele Familienbetriebe kranken genau an diesem Mangel. Sie haben nicht die Freiheit zu kommen und zu gehen, wann sie wollen. Sie sind buchstäblich an ihr Geschäft gefesselt. Und wenn ein Angestellter ausfällt und sie keinen Ersatz bekommen können, dann arbeiten sie eben für zwei. Das entspricht ganz und gar nicht meiner Vorstellung von Spaß.

So ist zum Beispiel jeder, der kochen kann, in der Lage, ein besseres Essen zuzubereiten als ein »Menü« von McDonald's. Gesünder wäre es außerdem. Aber wer kann schon ein System aufbauen wie McDonald's? In Kapitel 10 sprechen wir über das Schaffen von Systemen.

Letztlich versäumen die meisten Unternehmer es, eine *Exit-Strategie* festzulegen. Dadurch ist das Unternehmen meist unverkäuflich, bzw. es kann kein angemessener Preis erzielt werden. *Ein unverkäufliches Unternehmen gehört nicht dem Eigentümer, sondern der Eigentümer gehört dem Unternehmen.*

100 Prozent mehr verdienen ...

Der Schlüssel zu einem hohen Verdienst für alle Felder des Sterns ist, *sich als Experte zu positionieren.* Wer die Gesetzmäßigkeiten hierfür nicht kennt und anwendet, der wird im wahrsten Sinn vom Leben übergangen. Ein solcher Mensch wird nur einen Bruchteil der Früchte ernten, die ihm eigentlich gebühren. Er kämpft oftmals am Rande einer Minimalexistenz gemessen an dem Leben in Wohlstand, das er führen könnte.

In Kapitel 9 finden Sie die Anleitung, wie Sie sich als Experte positionieren – ganz gleich, in welchem Feld Sie arbeiten. Ich spreche über dieses Thema seit Jahren in unseren Seminaren. Sie sollten einmal die Erlebnisberichte von den Teilnehmern hören, die meine Grundsätze angewandt haben. Es kommt recht häufig vor, dass jemand *sein Einkommen innerhalb von zwei Jahren verdreifacht.* Und das oftmals, obwohl der Betreffende Jahre zuvor im Hamsterrad auf der Stelle getreten ist.

Kritische Journalisten melden manchmal Zweifel an: »Herr Schäfer, funktioniert das wirklich alles, was Sie sagen?« Ich lade sie dann gern ein, einige Zeit neben mir zu stehen, wenn ich nach einem Vortrag Bücher signiere. Das ist immer eine spannende Zeit: Viele Leser erzählen mir, wie sie mit meinen Ideen und Strategien gearbeitet haben. Ich höre zum Teil fantastische Erlebnisberichte. Ich hole einen großen Teil meiner Motivation aus diesen Feedbacks. Journalisten, die dabei einmal zugehört haben, haben keine weiteren Fragen …

Wo laufen Sie?

Erinnern Sie sich an die Laufbänder auf dem Flughafen? Ohne große Anstrengung können Sie die Fußgänger überholen, die neben dem Band herlaufen. Befinden Sie sich zurzeit auf einem Laufband, das Sie mit doppelter Geschwindigkeit zu Ihrem Ziel bringt? Oder befinden Sie sich in einem Hamsterrad?

Das Problem ist: Wer sich im Hamsterrad befindet, ist oftmals so beschäftigt, dass er seine Situation nicht erkennt. Ein Außenstehender kann die Situation mit geschultem Auge rasch durchschauen. Aber der Hamster selbst rennt und rennt …

Wir brauchen Zeit, um unsere Situation zu analysieren und wichtige Schritte zu unternehmen. Je mehr wir nachdenken, umso mehr

Geld können wir verdienen. Darum sagte wohl Rockefeller: *»Wer den ganzen Tag arbeitet, hat keine Zeit, um Geld zu verdienen.«*

Trifft die Beschreibung des Hamsterrads zumindest teilweise auch auf Sie zu? Willkommen im Club. Ich habe selbst einige Jahre darin verbracht. Mit 26 Jahren bekam ich Magenprobleme und war sehr unglücklich. Mein Selbstvertrauen löste sich buchstäblich auf, und ich sah keine Hoffnung mehr. In dieser Situation hatte ich das große Glück, meinen ersten Coach kennen zu lernen. Er hat mir den Weg zu einem hohen Einkommen und zu Erfolg und Erfüllung gezeigt.

Heute erlebe ich das genaue Gegenteil von einer solchen unfreien Existenz: Im Sommer lebe ich auf Mallorca, schreibe und lese. Die übrige Zeit im Jahr reise ich umher und übe meine zweite Leidenschaft aus: Ich halte Vorträge. Darüber hinaus faszinieren mich glückliche und erfolgreiche Menschen – ich treffe mich mit vielen von ihnen und führe inspirierende Gespräche.

Meine zurzeit acht Firmen und Firmenbeteiligungen nehmen mir keine Freiheit, sie geben mir welche. Ich habe mindestens ein halbes Dutzend verschiedene Einkommensströme, und ich könnte von jedem leben (Beraterhonorare, Renditen aus Anlagen, Autorenhonorare, Sprecherhonorare, Dividenden aus diversen Firmen …)

Wie ich das schaffen konnte? Indem ich zunächst einmal erkannte, dass ich im Hamsterrad sitze. Zuerst die Diagnose, dann das Rezept. Dann habe ich einige Zeit benötigt, um mit Hilfe meines Coaches meine Denkweise zu verändern: *Reiche sind die Gemeinschaft derjenigen, die anders denken.* Ich lernte die neuen Regeln kennen und ging nach diesen Regeln vor. Ich suchte mir Vorbilder und sah, dass sie alle nach den neuen Regeln leben. Und ich erlernte die Techniken und Strategien, die unser Einkommen erheblich vermehren. Der Anfang war sehr unbequem.

Das Traum-Einkommen

Was wollen Sie in drei Jahren monatlich verdienen – brutto? Als mein Coach mir vor Jahren diese Frage stellte, wusste ich zunächst keine Antwort. Ich war 26 Jahre alt und pleite; mich interessierte darum viel mehr, was ich innerhalb der *nächsten Wochen* verdienen würde. Aber es war das erste Gespräch mit dem Mann, den ich als meinen Coach gewinnen wollte. Ich musste ihm nicht nur antworten; ich musste ihn auch überzeugen, dass ich es wert wäre, gecoacht zu werden.

Ich antwortete: »20 000 Mark.« So viel konnte ich mir zwar nicht vorstellen; und ich hatte überhaupt keine Idee, wie ich so viel Geld monatlich verdienen sollte. Aber ich wollte den Mann beeindrucken. Das misslang vollkommen, denn er antwortete: »Menschen mit erbärmlich kleinen Zielen coache ich nicht; ich gebe Ihnen eine letzte Chance, die Frage zu beantworten: Wie viel wollen Sie in drei Jahren verdienen?«

Ich fühlte mich wie im falschen Film. 20 000 Mark waren alles, nur kein »erbärmlich kleines Ziel«. Aber ich hatte Vertrauen zu diesem Mann – mehr als zu mir selbst. Also überlegte ich fieberhaft, wie viel man wohl monatlich verdienen könnte. Ich kam auf 35 000 bis 45 000 Mark. Mein Coach schlug mir lächelnd vor: »Sagen wir doch 50 000 Mark, das ist eine rundere Zahl.« Ich musste den Betrag notieren.

Wie sieht Ihr Traum-Einkommen aus?

Ich möchte Ihnen die gleiche Frage stellen: Wie viel wollen *Sie* in drei Jahren monatlich brutto verdienen? Sie haben jetzt zwei Möglichkeiten, wie Sie an die Beantwortung herangehen. Erstens können Sie auf sich schauen: auf Ihre Bildung, Ihre Fähigkeiten, Ihre momentane Situation. Und dann können Sie überlegen, was angesichts Ihrer Analyse realistisch ist. *Sie schließen folglich von sich auf das Ziel.* In der Schule wird uns gezeigt, so zu planen. Diese Vorgehensweise beinhaltet allerdings die Gefahr, dass sich nicht viel verändert und alles beim Alten bleibt.

Sehr erfolgreiche Menschen gehen ganz anders an die Sache heran. Sie schauen überhaupt nicht auf sich, sondern auf eine bestimmte Vision. Sie malen sich aus, was sie gern erreichen wollen; und dann überlegen sie sich, zu was für einer Person sie werden müssten, um diese Vision umzusetzen.

Erfolgreiche Menschen sehen also ihr Ziel unabhängig von den jetzigen Gegebenheiten. Sie wissen: Wir können unsere Ziele an uns orientieren – dann bleiben wir stehen. Oder wir können uns an unseren Zielen orientieren – dann müssen wir wachsen.

Zwei Wege

In diesem Buch möchte ich Ihnen beides zeigen: den »realistischen Weg« – wie Sie innerhalb von einem Jahr *mindestens 20 Prozent mehr* verdienen können. Aber ich möchte Ihnen auch den *Quantensprung* zu einem sehr hohen Einkommen zeigen – die Möglichkeit, Ihr Einkommen zu *verdoppeln.*

Richtig wählen können Sie erst, wenn Sie beide Wege kennen gelernt haben und wissen, welchen Preis Sie jeweils zahlen müssen. Aber ich möchte Sie jetzt schon einmal bitten, aus dem Bauch heraus eine Vorentscheidung zu treffen, indem Sie die Frage beantworten: Wie viel wollen Sie in drei Jahren monatlich verdienen – brutto?

____________________ Euro

Herzlichen Glückwunsch: Sie haben etwas vollkommen Verrücktes getan. Ver-rückt im Sinne von außergewöhnlich, aus der Reihe gerückt, anders als die Masse. Sie wissen ja: *Wer tut, was alle tun, wird bekommen, was alle bekommen.*

Sie haben doch ein Zahl notiert – oder? Bitte lesen Sie nicht weiter, ohne die Frage oben schriftlich beantwortet zu haben. Sie werden überrascht sein, wie dieses Buch Ihre Vorstellung über Einkommen und Ihre Ziele verändern wird. Da wird es gut sein, wenn Sie später nachschauen können, was Ihr ursprüngliches Traum-Einkommen war.

Der Quantensprung

Nachdem ich die 50 000 Mark aufgeschrieben hatte, forderte mich mein Coach auf, die Zahl durchzustreichen und mal zwei zu nehmen.

Ich musste also aufschreiben: »Ich werde in drei Jahren brutto mindestens 100 000 Mark monatlich verdienen.« Meine Hand zitterte. Mein Coach gratulierte: »Herzlichen Glückwunsch, jetzt haben Sie ein Ziel.«

Ich hatte nicht das Gefühl, dass ich da gerade *mein* Ziel notiert hatte. Ich fühlte mich bei diesem Ziel sogar sehr unwohl. Ich versuchte die Zahl zu korrigieren, indem ich sagte: »So viel Geld brauche ich nicht; und es wäre auch gar nicht gut für mich.«

»Wie viel Sie brauchen, können Sie jetzt noch gar nicht wissen«, antwortete mein Coach. Dann fuhr er fort: »Und überhaupt geht es gar nicht um die 100 000 Mark. Dieser Betrag ist lediglich eine Messlatte, um zu sehen, ob Sie Ihr Ziel tatsächlich erreichen. *Es geht vielmehr um Ihre Persönlichkeit; wichtig ist, zu was für einem Menschen Sie in dem Prozess werden.*«

Mit diesen Worten hatte er etwas in mir berührt: Ich wollte mich zu einer Persönlichkeit entwickeln. Ich wollte mental stark werden. Und dann sagte er etwas, das mich heute noch motiviert: *»Das Leben ist zu kurz, um unbedeutend zu sein.«*

Damit hat sich mein Coach nicht auf den extrinsischen Sinn bezogen: also was »bedeutend« in den Augen anderer Menschen sein könnte; ihm lag vielmehr am Herzen, dass ich etwas täte, das mir wichtig war (intrinsisch), das mich erfüllte und durch das ich ständig lernen würde.

Er sagte oft: »Es geht nicht darum, eine Million zu haben, sondern Millionär zu sein. Es geht um finanzielle Intelligenz. Geld kommt und kann gehen; aber wenn wir über finanzielle Intelligenz verfügen, wenn wir wissen, wie Geld und Einkommen funktionieren, dann können wir immer wieder innerhalb kurzer Zeit ein Vermögen aufbauen.«

Ich konnte mir damals nicht annähernd vorstellen, 100 000 Mark im Monat zu verdienen. Es schien mir wie ein Wunder. Tatsächlich musste ich fünfmal mein Einkommen verdoppeln, bis ich es endlich geschafft hatte. Es dauerte zweieinhalb Jahre. Rückschauend mutete es allerdings gar nicht mehr wie ein Wunder an; schließlich hatte ich hart dafür gearbeitet und wusste, was ich getan hatte.

Eine Übersicht

Es ist nicht sehr sinnvoll, mit den Techniken zu beginnen. Ausschlaggebend ist nicht nur die Höhe Ihres Einkommens. Viel wichtiger ist, dass Sie glücklich und erfüllt sind. Darum müssen wir zuerst einige grundlegende Fragen klären:

Zunächst sollten Sie feststellen, ob Sie für sich das richtige Feld gewählt haben. Ein entscheidender Grund, warum sich so viele Menschen in einer Art Hamsterrad befinden, ist ihre Art zu denken: Überwiegt das Schul-Kluge oder das Straßen-Schlaue? Davon handelt das Kapitel 2.

Der zweite Grund ist, dass sie nach alten Regeln leben. In Kapitel 3 finden Sie die teilweise überraschenden neuen Regeln für ein Spitzen-Einkommen.

Dann werden wir in Kapitel 4 die Vor- und Nachteile der einzelnen Tätigkeitsfelder untersuchen. Sie werden genau festlegen können, welches Feld für Sie momentan das beste ist.

Im Kapitel 5 werden Sie sehen, wie wichtig es ist, viel Spaß an Ihrer Arbeit zu haben. Sie sollten häufig im Flow sein können – in dem Zustand, in dem Ihre Ziele, Wünsche, Gefühle und Fähigkeiten in Einklang stehen. In diesem Flow-Zustand erleben Sie vollkommenes Glück und sind zu ungewöhnlichen Leistungen fähig.

Dann können wir der entscheidenden Frage nachgehen: Haben Sie die Leidenschaft Ihres Lebens entdeckt? Wenn nicht, bietet Ihnen das Kapitel 6 eine Anleitung, wie Sie diese finden. Bis dahin haben Sie noch keinen Euro mehr verdient; aber Sie werden sich sehr viel besser fühlen. Und Sie haben damit die Grundlagen für den praktischen Teil dieses Buches gelegt: Nun kommen wir zu den technischen Tipps, den Strategien und den genauen Anleitungen. Jetzt kann das Einkommen reichlich fließen …

Kapitel 7 bietet Ihnen zahlreiche Möglichkeiten, Ihr Einkommen innerhalb des von Ihnen bewusst gewählten Feldes zu erhöhen. Sie erhalten hier auch eine genaue Anleitung, wie Sie eine Gehaltserhöhung bekommen können.

Kapitel 8 zeigt Wege, als Investor zusätzlich gutes Geld zu verdienen.

Schließlich erhalten Sie in Kapitel 9 den Leitfaden, um sich sich als Experte zu positionieren – mit zahlreichen Beispielen aus der Praxis. Wenn Sie die Power-Tipps aus diesem Kapitel anwenden, werden Sie mit Ihrem Einkommen einen Quantensprung machen. Sie werden staunen, was alles möglich ist. Natürlich ist das mit einigem Nachdenken und mit Arbeit verbunden. Aber die gute Nachricht ist: *Es ist für jeden möglich*.

Kapitel 10 beschäftigt sich mit den Grundsätzen, die ein Unternehmer beachten sollte, um ein leistungsstarkes und profitables Unternehmen aufzubauen. Hier erfahren Sie auch, worauf Sie achten müssen, wenn Sie zum ersten Mal von der »sicheren« rechten Seite auf die linke Seite des Sterns wechseln.

Bei allem Erfolg sollten Sie die anderen nicht vergessen. Wir werden darum in Kapitel 11 dem Stern eine andere Bedeutung geben. Anstatt wie bisher darüber nachzudenken, wie wir mehr *bekommen* können, denken wir nun darüber nach, wie wir mehr *geben* können. Vergessen wir nicht: Verdienen hat mit »dienen« zu tun.

Wenn Sie Ihr Einkommen verdoppeln wollen, sollte das auf keinen Fall auf Kosten Ihrer Freizeit gehen. Das wäre kein wirklicher Erfolg. Darum lesen Sie im Kapitel 12, wie Sie Freizeit und Arbeit unter einen Hut bekommen können – ohne dass eines unter dem anderen leidet. Hohes Einkommen und viel Freizeit sind gleichzeitig möglich.

Eine wichtige Bitte an Sie

Bitte beachten Sie, dass sich Ihr Einkommen nicht verdoppeln wird, weil dieses Buch in Ihrem Regal steht. Auch es zu lesen wird die gewünschten Veränderungen nicht herbeiführen. Sie müssen handeln. Es reicht nicht zu wissen, *wie* man es tut. Man muss es auch tun – genau wie Sportler und Musiker immer wieder üben müssen, was sie theoretisch genau wissen. Ein Buch einmal zu lesen und zu hoffen, das könne das Leben verändern, ist wie einmal essen und für immer satt sein wollen. Mein Vorschlag lautet darum: Stellen Sie sich während des Lesens ständig zwei Fragen:

- **Was ist daran gut für mich?**
- **Wie kann ich sofort handeln?**

Aristoteles sagte: »Es gibt Dinge, die wir lernen müssen, bevor wir sie tun können; und wir lernen sie, indem wir sie tun.«

Warten Sie nicht, bis der »richtige Zeitpunkt« gekommen ist. Der beste Zeitpunkt ist *jetzt*. Beginnen Sie sofort mit diesem Buch zu arbeiten. Nehmen Sie am besten einen Stift zur Hand, unterstreichen Sie und schreiben Sie Anmerkungen neben den Text. Auf diese Weise machen Sie das Buch zu *Ihrem* Buch. *Zu wissen, was richtig ist, und es nicht zu tun ist Feigheit.*

Handeln Sie! Das Schöne am Thema Einkommen ist, dass Sie Ihren Erfolg jederzeit messen können. Letztendlich gibt es nur einen Grund, warum Sie Ihre Träume aufgeben könnten: *Der kleinere Mensch in Ihnen besiegt den größeren Menschen.* Das dürfen Sie niemals zulassen.

2

Schul-klug und straßen-schlau

Die Ausbildung wird sich radikal ändern müssen; denn die Art,
wie die Menschen denken, kann nur durch die Revolutionierung der Art
ihres Lernens und des Denkens über das Lernen geändert werden.
Tom Peters

Sie haben in Kapitel 1 aufgeschrieben, was Sie in drei Jahren monatlich verdienen wollen. Jetzt wollen wir darüber nachdenken, ob Sie auch bereit sind, den notwendigen Preis zu zahlen. Die meisten Menschen wollen die Belohnung – aber nicht um den Preis, einen Preis zu zahlen. So wollen zwar viele ein Höchstmaß an Freiheit, aber sie übersehen dabei: *Freiheit ist zwar frei, aber nicht umsonst. Freiheit gibt es nur für diejenigen, die bereit sind, den Preis zu bezahlen.*

Je größer der Betrag ist, den Sie eingetragen haben, umso höher wird der Preis sein. Über zwei Aspekte dieses Preises werden wir ausführlich sprechen:

1. das Risiko, das Sie eingehen;
2. das Wissen, das Sie brauchen.

Überhaupt sind diese beiden Punkte die entscheidenden Unterschiede zwischen den meisten Menschen auf der linken Seite und auf der rechten Seite des Sterns: Risiken eingehen und straßen-schlaues lebenslanges Lernen.

Ohne Risiken einzugehen, können Sie auf der linken Seite kein Geld verdienen. Ohne wirkliches Wissen ist ein Experte ein Clown, ein Unternehmer ein potenzieller Bankrotteur und ein Investor nur ein amateurhafter Zocker. Darum möchte ich es sehr klar formulieren: *Wenn Sie wirklich viel Geld verdienen wollen, dann müssen Sie bereit sein, Risiken einzugehen, und sich zu konstantem Lernen und Wachsen (k.l.u.w.) entschließen.*

Beschreibung:
- mehr Geld
- mehr Freiheit
- mehr Sicherheit
- volle Verantwortung

Beschreibung:
- bequemeres Leben
- weniger Risiko
- weniger k.l.u.w.
- gibt Verantwortung ab

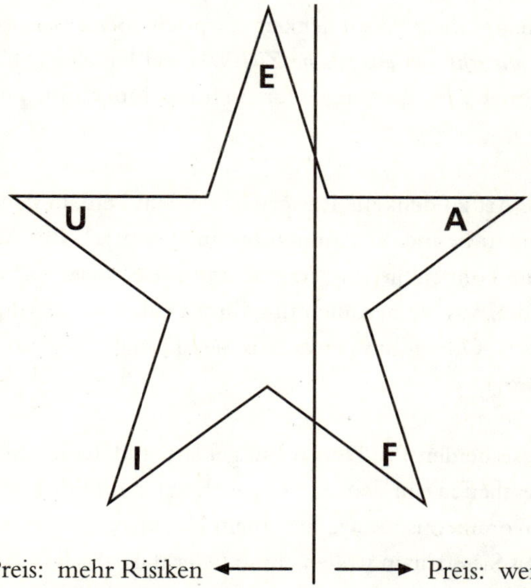

Preis: mehr Risiken
mehr k.l.u.w. ←

→ Preis: weniger Freiheit
weniger Sicherheit
weniger Geld

Ihre Art zu denken

Wenn Sie mit diesem Buch arbeiten, wird es Sie zu Ihrem Traum-Verdienst führen – und Ihre Erwartungen sogar übertreffen. Bevor wir aber im zweiten Teil zu den Techniken, Strategien und Tipps kommen, möchte ich Sie einladen, zwei »Umwege« zu machen. *Umwege sparen manchmal Zeit* – so auch hier. Die beiden Umwege führen Sie nicht nur schneller zum Ziel; durch sie wird ein hoher Verdienst überhaupt erst möglich.

Es kann *nicht* sinnvoll sein, so schnell wie möglich viel zu verdienen, ohne darüber nachzudenken, ob das, was Sie tun – und wie Sie es tun –, überhaupt Ihrer Persönlichkeit entspricht. *Sonst kommen Sie möglicherweise nur schneller ans falsche Ziel.* Wir werden also zunächst über zwei wichtige Voraussetzungen für ein hohes Einkommen nachdenken:

1. Wie ist Ihre Art zu denken? Entspricht sie dem Feld, in dem Sie sich momentan befinden? Können Sie in Ihrem Job Ihre Werte ausleben; und können Sie Ihre Träume und Ziele umsetzen?
2. Entspricht das, was Sie beruflich tun, Ihrer Leidenschaft? Tun Sie, was Sie lieben? Oder gibt es etwas, das Sie mit mehr Begeisterung erfüllen würde?

Nur wenn diese beiden Punkte für Sie geklärt sind, haben Sie das Fundament geschaffen, auf dem Sie zu ganzheitlichem Erfolg gelangen. Beim Einkommen ist es wie bei einem Hochhaus: Je größer das Gebäude ist, das Sie erbauen wollen, umso tiefer muss das Fundament sein. Das heißt, umso mehr Gedanken müssen Sie sich über Ihre Denkweise und Ihre Leidenschaft machen.

Ich war damals sehr ungeduldig, wenn mein Coach über die Einstellung sprach. Viel lieber wollte ich erfahren, wie ich so schnell wie möglich mein Einkommen verdoppeln könnte. Aber mein Coach hat mit seinen Lehren die entscheidende Grundlage gelegt.

Der Mensch muss Ausgangspunkt und auch Mittelpunkt sein. Für jeden von uns bedeuten Erfolg, Glück und Erfüllung etwas anderes.

Damit sind wir bei einem wichtigen Paradoxon: In diesem Buch über Einkommen geht es erst *nachrangig* um den Verdienst als solchen. Wer seine Denkweise ändert und etwas tut, das ihn mit Leidenschaft erfüllt, dem folgen Glück und Geld automatisch nach. Dies veranschaulicht die folgende Fabel:

Es treffen sich zwei Katzen. Die eine sagt: »Ich war auf der Katzen-Philosophie-Schule; und da habe ich gelernt, dass Glück für uns das Wichtigste ist und dass sich Glück bei uns im Schwanz verbirgt. Immer wenn ich meinem Schwanz nachjage, komme ich dem Glück nahe.«

Die zweite Katze antwortet: »Ich bin nicht so weise wie du; und ich war auch nicht auf der Philosophie-Schule. Aber es stimmt: Glück ist für uns das Wichtigste, und Glück liegt im Schwanz verborgen. Aber das Leben hat mich etwas anderes gelehrt: *Wenn ich etwas tue, das ich liebe, dann folgt mir das Glück im Schwanz automatisch nach.*«

Lieben Sie Ihren Job?

Wie bereits erwähnt, war auch ich damals in einem Hamsterrad übelster Art. Darum hatte ich mir einen Coach gesucht. Ich wollte von ihm Hilfe – aber ich wollte sie auf *meine* Weise. Eigentlich wollte ich nur lernen, noch schneller zu rennen. Da spielte mein Coach jedoch nicht mit.

Er pflegte immer zu sagen: »Ihre Art zu denken hat Sie zu dem gebracht, was Sie heute sind. Die gleiche Art zu denken wird Sie nicht zu dem machen, der Sie gern wären.«

Während unseres ersten Gesprächs stellte mein Coach mir eine zweite Frage: »Herr Schäfer, lieben Sie Ihren Job?«

Ich war zwar damals Student, aber ich hatte auch zwei Geschäfte, die nicht besonders gut liefen. Also hatte ich zusätzlich einen Job mit einem »sicheren« Grundgehalt angenommen – bei einer Versicherungsagentur. Den Job selbst mochte ich nicht besonders; von »lieben« konnte also keine Rede sein. Ich antwortete darum wahrheitsgemäß: »Nein.«

»Warum tun Sie denn eine Arbeit, die Sie nicht lieben?«, fragte er mich. Ich antwortete: »Weil ich Geld verdienen muss.«

Mein Coach sagte bestimmt: »Das ist kein ausreichender Grund. Sie sollten nur etwas tun, das Sie lieben. Kündigen Sie. Sofort!«

Ich fühlte, wie meine Knie weich wurden. Ich konnte doch unmöglich meine letzte Sicherheit aufgeben. Zuerst musste ich mir doch ein gewisses Polster schaffen. Ich sagte: »Wenn ich jetzt kündige, dann weiß ich nicht, wie ich im nächsten Monat die Miete bezahlen soll.«

Mein Coach entschied mit recht harter Stimme: »Ich diskutiere nicht mit Menschen, die mich um Rat fragen und den Rat dann nicht annehmen wollen. Ich gebe Ihnen jetzt dreißig Minuten Zeit. Setzen Sie sich draußen vor mein Büro und schreiben Sie eine Kündigung, die wir dann sofort wegfaxen – damit Sie Weichei nicht wieder umfallen können. Wenn Sie den Job nicht kündigen, suchen Sie sich einen anderen Coach.«

Ich setzte mich draußen hin und schwitzte aus allen Poren. Ich wollte unbedingt von dem Mann lernen. Aber in meiner Situation zu kündigen empfand ich als Wahnsinn. Aus einem Grund, den ich nicht genau benennen kann, habe ich dann in den letzten zwei Minuten der halben Stunde schnell die Kündigung geschrieben und sie meinem Coach gegeben. Er faxte sie an die Agentur.

Es war nicht einfach ...

Das war nicht der Beginn einer Erfolgsgeschichte. Zunächst einmal hatte ich nur noch mehr Probleme. Die nächsten zwei, drei Monate waren finanziell gesehen die härtesten in meinem Leben. Es ging mir richtig schlecht.

Ich war einige Male drauf und dran, mir wieder einen Job zu suchen. Aber ich tat es nicht. Ich hatte inzwischen verstanden, dass es die zwei Seiten des Sterns gibt. Ich gehörte auf die linke Seite; und ich wusste, dass der Anfang dort schwer werden würde. Auf keinen Fall wollte ich auf die rechte Seite zurück. Es sollte keinen Chef mehr in meinem Leben geben. Die momentane miserable Lage war mir nicht so wichtig wie die Aussicht auf ein Leben in Freiheit und Spaß. Statt meine Zeit in einem Job zu verschwenden, schränkte ich mich auf ein Minimum ein und nutzte die Zeit, um zu lernen.

Das hört sich einfach an. War es aber nicht. Ganze zwei Jahre lang kamen mir immer wieder Zweifel, ob ich die richtige Entscheidung getroffen hatte. Bei jedem Misserfolg haderte ich mit meinem Schicksal. Ich musste erst mühsam lernen, mit Problemen und Fehlschlägen umzugehen. Und es war gut, dass ich meinen Coach zur Seite hatte, der mir nach und nach die Gesetze beibrachte, nach denen Gewinner leben.*

Keiner konnte es verstehen

Meine Familie konnte das Ganze natürlich überhaupt nicht verstehen. Wer sein ganzes Leben lang Sicherheit gesucht hat, der musste meinen Schritt für den reinen Wahnsinn halten.

Ich war damals zu schwach, um ständig mit meiner Mutter zu diskutieren. Also schlug ich ihr vor, drei Jahre lang nicht über dieses Thema zu sprechen. Später würden wir ja sehen, ob ich das Richtige getan hätte. Bis auf ganz wenige Ausnahmen hat sie sich auch daran gehalten. Schon vor Ende der verabredeten Zeit verdiente ich monatlich über 100 000 Mark. Nun waren Diskussionen nicht mehr nötig.

Damit möchte ich für diese Vorgehensweise keine Werbung machen. Ich will sogar ausdrücklich davor warnen: Ein solcher Weg ist nicht für alle Menschen geeignet. In den nächsten Kapiteln werden Sie feststellen, was Ihrem Typ entspricht. Für mich aber war es genau das Richtige; und es war die wichtigste Entscheidung meines Berufslebens.

* Die entscheidenden Lehren habe ich in dem Buch »Die Gesetze der Gewinner« zusammengefasst.

Hilfe hilft nicht wirklich

Ich hatte mich damals oft gefragt: »Warum hilft mir mein Coach nicht? Warum greift er mir nicht unter die Arme?« Er gab mir zwar Ratschläge, aber er sagte auch: »Ich kann Ihnen den Weg zeigen; aber gehen müssen Sie ihn selbst.«

Hätte er mir geholfen, so hätte ich heute viel weniger Selbstbewusstsein. So aber hatte ich eine Lektion für mein ganzes Leben gelernt; ich weiß seitdem: Ich komme aus jedem noch so tiefen Loch wieder heraus. Wenn ich ein Ziel habe, kann ich mich einschränken und finde immer einen Weg.

Wenn ich hinfalle, stehe ich wieder auf. Fehler sind okay; ich lerne aus ihnen und verzeihe mir selbst. Auch wenn ich damals einige Male geflucht und geheult habe: Ich bin meinem Coach sehr dankbar für sein Handeln. Selbstsicherheit und die Gewissheit der eigenen Stärke können wir nur aufbauen, indem wir schwere Zeiten meistern.

Manche Menschen sind wie Sonnenuhren – man kann sie nur gebrauchen, wenn die Sonne scheint. Die Sonne scheint aber nicht immer. Es gibt auch Regentage. Manchmal stürmt es sogar gewaltig. Dann ist es wichtig, dass wir wissen: Damit werde ich auch fertig.

Indem ich dies schildere, möchte ich Sie ermutigen: Weichen Sie schwierigen Zeiten nicht aus. Geben Sie nicht auf. Niemals. In solchen Zeiten schaffen Sie sich die Basis für Ihre Zukunft.

Sein – tun – haben

Die meisten Angehörigen der ärmeren Schicht und der Mittelschicht wollen *haben*, was die Reichen haben. Sie wollen teure Autos fahren und großartige Reisen unternehmen. Sie wollen schöne Möbel und viel Freizeit – viele wollen sogar kostspielige Hobbys wie Tennis und Golf. Sie wollen aber nicht so *sein* wie die Reichen; und sie wollen nicht *tun*, was diese tun. Benjamin Franklin sagte: »Wenn der Arme den Reichen nachäffen will, ist das genauso töricht, wie wenn der Frosch sich aufbläht, um dem Ochsen zu gleichen.«

Und um sich die gleichen Dinge leisten zu können, kennen Angehörige der ärmeren Schicht und der Mittelschicht meist nur zwei Wege: härter arbeiten – und wenn das nicht reicht, einen Kredit aufnehmen. Die Gesellschaft, das amateurhafte Verhalten der Regierung und die Medien liefern schlechte Vorbilder und schaffen neue Begehrlichkeiten. Man will den Reichen immer ähnlicher werden. Aber man wählt einen völlig falschen Weg, dies zu erreichen: *Man will etwas haben, um etwas zu sein.*

Und so geraten immer mehr Menschen in das beschriebene Hamsterrad. Noch einmal Benjamin Franklin: »Kein frei geborener Mensch sollte vor irgendeinem anderen Scham oder Angst empfinden. Aber die Armut raubt einem Menschen oft Rückgrat und Mut. Ein leerer Sack kann nicht aufrecht stehen.«

Der richtige Weg wäre: zuerst sich einzuschränken und zu lernen, um etwas zu *sein*. Wenn wir eine Persönlichkeit sind und feste Werte und Charaktereigenschaften entwickelt haben, dann können wir die richtigen Dinge *tun*. Und dann werden wir auch die Dinge *haben*, von denen wir träumen.

Aber dieser Weg ist den meisten Menschen zu unbequem. Sie wollen diesen Preis nicht zahlen.

Wir pauken Mathematik – aber das viel praktischere Thema Geld wird nicht behandelt. Und trotzdem behaupten die meisten Eltern, dass Schüler für das Leben lernen und nicht für die Schule. Die Schulen bereiten unsere Kinder darauf vor, für Geld zu arbeiten und ihre Sicherheit bei anderen zu suchen – anstatt den Umgang mit Geld zu erklären und anzuleiten, die Sicherheit in sich selbst zu suchen.

Die unterschiedliche Art zu denken

Ich habe etwas Faszinierendes festgestellt: Die Menschen, die innerhalb eines bestimmten Feldes des Sterns arbeiten, unterscheiden sich in ihrem Denken erheblich von denen, die jeweils in anderen Feldern arbeiten. Sie haben vollkommen verschiedene Einstellungen zu Risiken, Bildung, Sicherheit, Erfüllung, Freiheit, Einkommen und Verantwortung.

Besonders stark sind die Unterschiede zwischen den Menschen, die auf der linken, und denen, die auf der rechten Seite des Sterns arbeiten. Sie denken dermaßen anders, dass sie einander kaum verstehen. Für jede Seite haben sich eine eigene Wahrheit und eine eigene Philosophie entwickelt. Oftmals ist die eine Seite blind für die »Realität« der anderen Seite, und es entstehen Meinungsverschiedenheiten und Streit.

In diesem Buch soll es nicht darum gehen, eine Art zu denken als die *»richtige«* herauszustellen. Wichtig ist aber, dass Sie für sich festlegen, welche Denkweise für Sie die *hilfreichere* ist. Die entscheidende Frage lautet: *Mit welcher Philosophie erreichen Sie Ihre Ziele leichter?* Wenn Sie sich einmal für eine Art zu denken entschieden haben, resultiert alles andere fast automatisch daraus.

Auf den folgenden Seiten erhalten Sie einen »Vorgeschmack« auf die unterschiedlichen Denkweisen. In den Kapiteln 3 und 4 behandeln wir dann die Vor- und Nachteile der einzelnen Felder ausführlich. Bitte überprüfen Sie, während Sie die nächsten Seiten lesen, wie Ihre Art zu denken ist: Ist sie eher für die rechte oder für die linke Seite des Sterns geeignet? Denken Sie eher wie Angestellte/Freiberufler – oder wie Investoren/Unternehmer/Experten? Fragen Sie sich ferner: Erreichen Sie Ihre Lebensziele, wenn Sie Ihre Denkweise beibehalten?

Meine Eltern und mein Coach

Die Art, wie Investoren, Unternehmer und Experten denken, unterscheidet sich stark von der, die auf unseren Schulen gelehrt wird. Wenn sie ihre Denkart aber nicht auf dem »akademischen« Weg gelernt haben – wo dann? Die Antwort: *Auf dem Weg zu ihrem Ziel*, gewissermaßen *auf der Straße*. Von Vorbildern, durch Ausprobieren und Experimentieren, vor allem aber aus Fehlern und von persönlichen

Coaches. Investoren, Unternehmer und Experten sind darum straßenschlau.

Geld und Einkommen sind in erster Linie auf eine Art zu denken zurückzuführen. Meine Eltern waren strenge Befürworter der Schul-Klugheit; mein Coach dachte straßen-schlau. Er hatte keinen Universitätsabschluss und auch sonst keine nennenswerte Schulbildung. Wenn ich anfänglich große Schwierigkeiten hatte, den Ideen meines Coaches zu folgen, dann deshalb, weil ich durch meine Eltern und die Schule viel stärker geprägt war, als ich es mir vorstellen konnte.

Mein Vater war gestorben, als ich dreizehn Jahre alt war. Aber meine Mutter fasste seine und ihre »Philosophie« mit Sätzen zusammen wie:

»Du musst in der Schule fleißig lernen, dann bekommst du einen guten Job.«

»Du darfst keine Fehler machen.«

»Gehe keine Risiken ein.«

»Suche Sicherheit in einem sicheren Job, damit es dir gut geht.«

Mein Coach sagte dagegen Dinge wie:

»Lerne von Menschen, die bereits so sind, wie du einmal werden willst.«

»Fehler sind gut. Von Erfolgen lernen wir nicht, wohl aber durch Fehler.«

»Wer keine Risiken eingeht, tut nichts, hat nichts und ist nichts.«

»Es gibt keine Sicherheit – außer unserer Fähigkeit, Chancen zu nutzen.«

Rechte oder Pflichten

Mein Coach fragte mich, wie viel Geld ich hätte. Ich antwortete ihm, dass ich nichts hätte und arm sei. »Sie sind *pleite* und nicht *arm*!«, erwiderte er. Dann erklärte er mir den Unterschied zwischen dem vorübergehenden Zustand, pleite zu sein, und Armut, was ein dauerhafter Zustand sei. Das bedeutete für mich einen gewaltigen Unterschied, denn ich hatte begonnen, mich damit abzufinden, ein finanzieller Versager zu sein.

Als ich anfing, regelmäßig von meinem Coach zu lernen, musste ich bald eine Entscheidung treffen. Was er mir sagte, unterschied sich zu stark von dem, was mir meine Mutter und meine Verwandten sagten. Meine Mutter sagte: »Das kann ich mir nicht leisten.« Mein Coach lehrte mich zu *fragen*: »*Wie* kann ich mir das leisten?«

Meine Familie suchte »ihre Rechte«; mein Coach sprach davon, zuerst die Pflichten zu sehen.

Meine Familie vertraute auf die Leistungen unseres Sozialstaats. Sie war der Überzeugung: »Die Hilfen stehen uns zu, schließlich haben wir hart dafür gearbeitet.« Mein Coach sprach sich gegen diese »Es-steht-mir-zu-Mentalität« aus. Er war der Meinung, dass dadurch finanzielle Abhängigkeiten geschaffen würden und Menschen schwach blieben. Er glaubte an das Verantwortungsprinzip. *Er überlegte, wie er anderen helfen könnte – anstatt darüber nachzudenken, wer ihm helfen sollte.*

Die unterschiedliche Denkweise über Geld

Meine Familie glaubte, Geld sei nicht wichtig. Mein Coach sagte: »Geld ist Wahlmöglichkeit und Freiheit.« Als Kind hörte ich oft: »Geld ist die Wurzel alles Bösen.« Mein Coach meinte: »Geld haben zu wollen, aber *keines* zu besitzen ist schlecht.«

Die meisten Menschen lernen den Umgang mit Geld von ihren Eltern. Was können aber Eltern ihren Kindern sagen, wenn sie selbst finanzielle Sorgen haben? Sie sprechen einfach den verbreiteten Ratschlag nach: »Lerne fleißig, damit du gute Noten bekommst; und dann suche dir einen guten Job.«

Mein Coach glaubte nicht an die Sicherheit eines guten Jobs. Er sagte: »Entwickle finanzielle Intelligenz und lerne, Jobs zu *schaffen*.« Wahrlich ein ganz anderes Denken: Ich hatte bis vor kurzem nur zu gern einen sicheren Job haben wollen; und mein Coach sprach davon, *dass ich Jobs schaffen sollte*. Das hat meinen Blickwinkel vollkommen verändert.

Natürlich erfüllte es meine Familie mit Sorge, als sie meine Veränderung beobachtete. Meine Mutter fragte mich: »Dein Vater ist Rechtsanwalt mit einem Doktortitel gewesen. Was hat dein Coach?«

Ich erwiderte nach kurzem Überlegen: »Er hat Geld, viel Spaß und sehr viel Freiheit.«

Unser Schulsystem scheint alles dafür zu tun, unsere Kinder *für die Vergangenheit* zu erziehen – und nicht für die *Zukunft*. Die Schulen sollten weniger ausbilden und dafür mehr bilden. Wissen ohne Gewissen ist wenig wert. Unsere Kinder dürfen nicht länger zu bloßen Datenträgern geformt werden.

Schüler gleichen oft einer Festplatte, die nicht weiß, was sie mit all der Information anfangen kann. Trotzdem sind unsere Schulen unermüdlich darin, unsere Kinder mit Informationen voll zu stopfen, von denen längst keiner mehr weiß, wozu sie nützlich sein sollen. Und dann behaupten wir: »Du lernst nicht für die Schule, du lernst für das Leben.«

Unsere Kinder sollten dazu erzogen werden, ihre Stärken auszubauen, sich auf eine Arbeit vorzubereiten, die sie erfüllt; sie sollten die linke Seite des Sterns kennen lernen. Da ist es erschreckend, dass die entscheidenden Stellen angesichts dieser Misere, in der Verbesserungen überfällig sind, nichts Wichtigeres zu tun hatten, als eine Rechtschreibreform zustande zu bringen, deren Nutzen zweifelhaft ist.

Wie können wir dem Hamsterrad entkommen?

Vielen Menschen erscheint ihre Lage hoffnungslos. Und wahrscheinlich haben sie auf gewisse Weise Recht: Wir alle nehmen an einem großen Spiel teil; und solange wir die Regeln zu diesem Spiel nicht kennen, können wir nicht gewinnen.

Wer dagegen die Regeln kennt und sich daran hält, der wird auf längere Sicht immer gewinnen und sein Einkommen kontinuierlich weiter erhöhen.

Wir befinden uns längst nicht mehr im Industrie-Zeitalter, sondern im Informations-Zeitalter. Das System hat sich vollkommen gewandelt. Mit dem neuen System sind auch neue Regeln entstanden. Es gibt neue *Chancen*, aber auch neue *Gefahren*.

In dem neuen System gelten die alten Regeln weitgehend nicht mehr. Dennoch versuchen die Schulen und die meisten Eltern ihre Kinder nach den alten Regeln zu erziehen. Sie meinen es gut, aber sie erweisen ihren Kindern oftmals einen Bärendienst. Wer nach veralteten Regeln leben will, kommt in der heutigen Zeit nicht mehr zurecht.

Schauen wir uns im nächsten Kapitel die neuen Regeln an. Die eine oder andere haben Sie vielleicht schon in Ihr Leben integriert; andere werden wahrscheinlich vollkommen neu für Sie sein.

3

Die neuen Regeln

»Wir leben in einer Zeit, in der das, was wir für selbstverständlich gehalten haben, nicht gilt.«
Charles Handy

Wissenschaftler setzten Mäuse in einem Raum aus, in den zahlreiche Röhren mündeten. In nur eine der Röhren legten sie Futter. Die hungrigen Mäuse verharrten nicht lange in dem Raum, sondern begannen schnell, die Röhren zu inspizieren. Sie suchten so lange, bis sie in die Röhre gelangten, in der sich das Futter befand.

Wenn sie in den Tagen darauf wieder in den Raum gesetzt wurden, so liefen sie sofort in die Röhre, in der das Futter war. Nach einigen Tagen legten die Wissenschaftler das Futter in eine andere Röhre. Die Mäuse liefen – wie immer – zu der gewohnten Röhre. Was, glauben Sie, taten die Mäuse, als sie dort nichts fanden? Setzten sie sich schmollend in die Röhre und haderten mit den veränderten Gegebenheiten, oder suchten sie sofort weiter? Natürlich suchten sie weiter.

Menschen sind doch intelligenter als Mäuse … Oder etwa nicht? Wie viele Menschen kennen Sie, die in ihrer Röhre nichts mehr finden und sich dann betrogen fühlen und … nichts tun? Leider ignorieren die meisten Menschen Änderungen und hoffen, sie gehen vorüber. Aber das tun sie nicht; fast niemals. Andere verschwenden ihre Zeit mit relativ unsinnigen Dingen wie massenhaft Bewerbungen schreiben oder zum Arbeitsamt laufen. Beides ist sehr mühselig und hat wenig Aussicht auf Erfolg.

Wäre es nicht klüger, nach neuen Wegen und Möglichkeiten

zu suchen? Neue Wege, die in einer neuen Zeit zum Erfolg führen? Weiter hinten im Buch erhalten Sie praktische Tipps, wie Sie nicht nur neue Arbeit finden, sondern auch eine, die Ihnen Spaß macht.

Vorsicht vor der Gerechtigkeitsfalle

Es gibt Röhren, in denen war vor wenigen Jahrzehnten ausreichend Futter – und heute gibt es dort nur noch karge Rationen. Manch einer mag es zwar nicht als »gerecht« empfinden, dass ein guter Verdienst nicht mehr in den gewohnten Feldern zu finden ist. Schließlich hat er sich womöglich genau an das gehalten, was ihm geraten wurde: »Lerne fleißig und arbeite fleißig.«

Aber die Zeiten haben sich geändert – Wandel ist ein fester Bestandteil alles Seins und damit ein Naturgesetz: Alles verändert sich. Das ist nicht ungerecht und unfair. So ist einfach das Leben.

Die Welt ist selten gerecht. Wer Gerechtigkeit sucht, wird meist bitter enttäuscht. Der Hund jagt die Katze; die Katze frisst den Vogel; der Vogel frisst den Wurm; der Wurm daneben bleibt verschont ... Wo ist da die Gerechtigkeit? Wir müssen Acht geben, dass wir nicht in die »Gerechtigkeitsfalle« tappen. In dieser Falle sitzt man immer dann, wenn man die fehlende Gerechtigkeit als Rechtfertigung für sein Unglücklichsein nimmt. Nach dem Motto: »Ich habe keine Möglichkeit, glücklich zu sein, solange die Ungerechtigkeit nicht verschwunden ist.«

Eine solche Strategie ist fatal. Denn es wird nicht lange dauern, bis die nächste Ungerechtigkeit auftaucht. Viele Menschen lassen es zu, dass die Ungerechtigkeitsfalle ihr gesamtes Leben zerstört. Fortan fühlen sie sich nur noch als Opfer. Eine der wichtigen Lehren im Leben ist: *Es gibt in der Evolution keine Gerechtigkeit und Ungerechtigkeit*. So etwas ist in der Natur gar nicht vorgesehen.

Es gibt nur Ereignisse, die wir nach unseren Werten interpretieren. Wenn also eine »Ungerechtigkeit« in unser Leben tritt, dann können wir uns vor Selbstmitleid winden, oder wir können nach den Chancen für einen Neustart Ausschau halten. *Nicht die Ungerechtigkeit ist bedeutsam, sondern was wir dagegen tun.*

Das Informations-Zeitalter

Vor zwei- bis dreihundert Jahren waren über 90 Prozent aller Haushalte selbständig. Jeder sorgte weitgehend für sich selbst. Im Industrie-Zeitalter hat sich das erheblich verändert. Firmen und der Staat boten Sicherheiten in festen Jobs. Indem unsere Vorfahren von den Höfen und kleinen Geschäften in die Fabriken gezogen sind, haben sie ihre Freiheit aufgegeben und sie eingetauscht gegen eine »sichere Arbeitsstelle«. Sie haben ihre unternehmerischen Qualitäten verloren.

Anfangs gab es keine Regeln für die Arbeitnehmer, und sie hatten kaum Rechte. Denken Sie an die Weber: Kinder wurden bereits als Fünfjährige von den »Fabriken des Satans« verschluckt und mussten siebzig Stunden pro Woche arbeiten. Viele sind vor Erschöpfung tot umgefallen.

Es war wichtig, dass Gewerkschaften gegründet wurden, um die Rechte der Arbeiter zu vertreten. Und es mussten Regeln entstehen, an denen sich die Menschen in der neuen Umgebung orientieren konnten.

Seit einigen Jahren aber haben sich die Gegebenheiten grundlegend verändert – ähnlich dramatisch wie damals mit Beginn des Industrie-Zeitalters. Aber kaum jemand hat es wahrgenommen. Fast alle wollen im neuen System nach den alten Regeln leben; wenn sie feststellen, dass dies nicht möglich ist, fühlen sie sich hilflos und ungerecht behandelt.

Aber wir können die Uhr nicht zurückdrehen: Firmen und der Staat bieten nicht länger die gewohnte Sicherheit. Wer einer »Sparmaßnahme« in Form einer Entlassung zum Opfer gefallen ist, weiß genau, wovon ich rede.

Verantwortung kann nicht länger delegiert werden, wir müssen uns wieder selbst verantwortlich zeigen für unser Leben. Die Verantwortung muss von den Firmen und Konzernen weg wieder hin zu dem Einzelnen fließen.

Genau wie es für das Industrie-Zeitalter bestimmte Regeln gab, so gibt es auch neue Regeln für das Informations-Zeitalter. Aber diese Regeln sind kaum bekannt. Die meisten von uns versuchen im neuen System nach den alten Regeln zu leben. Das kann nicht funktionieren.

Immer wenn ein neuer Zeitabschnitt begonnen hat, dann gab es Gewinner und Verlierer. Wer die neuen Regeln schnell erkannte und nach ihnen lebte, gehörte zu den Gewinnern. Die Verlierer verließen sich weiter auf die alten Regeln – meist waren sie sich nicht einmal bewusst, dass bereits ein neues Zeitalter begonnen hatte. Es ist so, als ob Sie ein Spiel beginnen und die falschen Spielregeln benutzen. Sie können nicht gewinnen.

Power-Tipp

Legen Sie ein Journal an mit dem Titel: »Verdienst-Journal«.

- Legen Sie für jede Regel, die Sie anspricht, ein eigenes Kapitel an.
- Überlegen Sie zu jeder Regel, welche Möglichkeiten Sie haben.
- Notieren Sie alle Ideen, die Ihnen durch den Kopf schießen.
- Besprechen Sie Ihre Ideen mit anderen kreativen Menschen (die möglichst vorher dieses Buch gelesen haben sollten).
- Erstellen Sie sich eine Zusammenfassung der wichtigsten Regeln und schreiben Sie diese in Ihr Journal. Was wie eine unsinnige Arbeit aussehen mag, ist wichtig: Neutrale Regeln werden zu Ihrem gedanklichen Eigentum.

Die alten traditionellen Wahrheiten bestehen leider aus viel Tradition und wenig Weisheit.

Wenn wir die neuen Regeln beachten, gelangen wir fast automatisch zu einem höheren Einkommen. Schauen wir sie uns im Einzelnen an.

Regel 1: Nicht einmal, sondern vielfach

Mein Coach fragte mich: »Wie oft werden Sie für Ihre Arbeit bezahlt?« Hinter dieser Frage steht eine der wichtigsten neuen Regeln: Sorgen Sie dafür, dass Sie für Ihre Arbeit nicht nur einmal bezahlt werden. Das ist auf der rechten Seite des Sterns aber fast immer der Fall. Als Angestellter erhalten Sie Stundenlohn: Sie arbeiten eine Stunde, und dafür werden Sie *einmal* bezahlt. Die nächste Bezahlung erhalten Sie in der Regel erst für die nächste gearbeitete Stunde. Das Gleiche gilt für die meisten freiberuflichen Tätigkeiten: Sie werden einmal für Ihre Arbeit bezahlt. Wenn Sie nicht mehr arbeiten, erhalten Sie auch kein Einkommen mehr. Diese Form der Arbeit ist nicht die optimale. Arbeit ist heute kein Ort, zu dem man fährt (»Ich fahre zur Arbeit«), und auch keine Art des Zeit-Füllens. Zum Letzteren ist bekannt, wie wenig effektiv das ist. Das entsprechende Parkinson-Gesetz lautet: Arbeit dehnt sich wie Gummi, um die Zeit auszufüllen, die zur Verfügung steht.

Bei einem Experten, Investor und Unternehmer ist das im Idealfall völlig anders. Sie werden für ihre Arbeit vielfach bezahlt; oft werden sie für eine einmal geleistete Arbeit ein Leben lang Geld bekommen – sogar ihre Erben können noch davon profitieren.

Als ich mein erstes Buch schrieb, investierte ich viele Stunden, ohne zunächst auch nur eine Mark dafür zu erhalten. Anschließend suchte ich fast anderthalb Jahre einen Verlag. Das Buch wurde von fast fünfzig Verlagen abgelehnt. All die Zeit und Mühe hat mir niemand bezahlt. Jeder, der in diesen Monaten nebenbei als Kellner arbeitete, verdiente wesentlich mehr als ich durch mein Schreiben und Suchen.

Ich bin also Risiken eingegangen und habe die ganze Zeit über gelernt – schließlich wusste ich vom Schreiben und vom Verlagswesen so gut wie nichts. Aber dann wurde das Buch innerhalb von vier Jahren über drei Millionen Mal verkauft, und ich habe Millionen verdient. Auch heute noch verdiene ich an jedem Buch, das gekauft wird.

Dieses System – vielfach zu verdienen – existiert in vielen Bereichen. Im Folgenden finden Sie einige Möglichkeiten aufgelistet:

- Investoren verdienen an einem Euro immer wieder
- Komponisten, Liedschreiber, Sänger, Musiker erhalten »Royalties«
- Marketing-Berater, die am Umsatz beteiligt sind
- Eigentümer von Immobilien, die Miete erhalten
- Besitzer von Mailing-Listen, die diese vermieten
- Vertriebler mit passivem Einkommen
- Erfinder mit angemeldetem Patent
- Schauspieler mit Umsatzbeteiligung
- Erfinder von Spielen erhalten Honorare
- Unternehmer erhalten Gewinne
- Franchise-Geber erhalten Franchise-Gebühren
- Programmierer mit vereinbarten Beteiligungen

Im Informations-Zeitalter müssen Sie nicht länger Ihre Zeit gegen Geld tauschen; Sie können Ideen gegen Geld tauschen und so immer wieder verdienen – ohne neuen Zeiteinsatz.

Die alte Regel lautete: An seiner Arbeit verdient man nur einmal. Wer einen Job mit möglichst guter Bezahlung sucht und hart arbeitet, verdient gut.
Die neue Regel heißt: Verdienen Sie vielfach an Ihrer Arbeit. Seien Sie kreativ, gehen Sie Risiken ein und suchen Sie Wege, um möglichst lebenslang an einer Arbeit zu verdienen.

Power-Tipp

Überlegen Sie, wie Sie vielfach verdienen können.

- Widmen Sie dieser Regel unbedingt ein eigenes Kapitel in Ihrem Verdienst-Journal.
- Listen Sie die Dinge auf, die Sie gern tun und die Ihren Fähigkeiten entsprechen: Was davon kann Ihnen vielfach Geld bringen?
- Analysieren Sie Menschen, die auf einem Gebiet erfolgreich sind, wo auch Sie Fähigkeiten haben. Woran verdienen diese Personen vielfach? Was können Sie davon übernehmen? (Zwischen uns und manchem Star liegen oft nur harte Arbeit und der unbedingte Wille zum Erfolg.)
- Lesen Sie noch einmal die obige Auflistung von Arbeiten, die vielfach Geld bringen: Was können Sie davon tun?
- Fassen Sie den festen Vorsatz, jedes Jahr etwas zu schaffen, an dem Sie vielfach verdienen können.

Regel 2: Verkaufen können

Mein Coach fragte manchmal mit einem Augenzwinkern: »Wie viel bekommen Sie für Ihren Job, wenn Sie ihn verkaufen?« In der Regel erntete er ein verständnisloses Achselzucken. Aber hinter dieser Frage steckt eine wichtige Überlegung: Einen Job kann man nicht vererben und auch nicht verkaufen. Wenn Sie nicht mehr arbeiten, ist Ihr Job nichts mehr wert.

Wenn andererseits der Eigentümer der Firma, in der Sie arbeiten, das Unternehmen verkaufen will, dann kann er das tun. Im nächsten Kapitel werden Sie für sich ermitteln, in welchem Feld Sie sich zukünftig hauptsächlich aufhalten wollen. Aber selbst wenn Sie entscheiden, als Angestellter zu arbeiten, so können Sie immer noch überlegen, ob Sie nebenher etwas aufbauen, das Sie verkaufen können: ein Haus, Patente, geistiges Eigentum … Insoweit gleicht diese Regel sehr der ersten.

Die alte Regel lautete: Das wichtigste Gut ist die Arbeitskraft. Diese muss man so gut wie möglich verkaufen.
Die neue Regel heißt: Im Informations-Zeitalter sind Ideen Ihr wichtigstes Kapital. Überlegen Sie, wie Sie diese verkaufen können.

Regel 3: Zeitgemäße Vorbilder suchen

Unsere Vorbilder haben sich geändert. Das wird in fast jeder Erziehung und in den Schulen vollkommen ignoriert. Es ist längst nicht mehr der Traum der meisten jungen Menschen, ein Leben lang einen sicheren Job zu besetzen; auch Arzt oder Rechtsanwalt zu werden hat für sie an Reiz verloren. Die Gesundheitsreformen haben den Arztberuf zunehmend unattraktiv gemacht. Freiberuflern haben die veränderten Gesetze das härteste Dasein überhaupt beschert. Im nächsten Kapitel werden wir uns die Gründe ausführlich anschauen. Was vor fünfzig Jahren erstrebenswert war, muss heute ernsthaft hinterfragt werden.

Wen nehmen sich die heutigen Kids zum Vorbild? Popstars wie Janet Jackson und Britney Spears, Spitzensportler wie Michael Schumacher und Andre Agassi, Schauspieler wie Brad Pitt oder Julia Roberts und Unternehmer wie Richard Branson.

Natürlich gab es solche Stars auch schon vor fünfzig Jahren. Aber erstens waren es nicht so viele wie heute, und zweitens wurden sie uns nicht durch die Medien so nahe gebracht. Das Entscheidende aber ist der dritte Punkt: *Junge Menschen können sich heute stärker mit den Stars identifizieren.* Immer mehr Jugendliche spüren, dass auch sie etwas Besonderes sein könnten. Auch sie wollen ihre Stärken ausbauen und etwas Außergewöhnliches tun. Sie wollen aus ihren Hobbys eine Karriere entwickeln. Sie wollen etwas tun, das ihnen Spaß macht und ihren Fähigkeiten entspricht.

Anstatt darin ermutigt zu werden, hören sie: »Lerne fleißig und suche dir einen sicheren Job.« Institute ermitteln für sie die »Jobs der Zukunft«, also die Tätigkeiten, die ein ordentliches Einkommen garantieren. Obendrein lernen sie in einem Schulsystem, in dem Kinder gleichförmig auf Jobs und freiberufliche Tätigkeiten vorbereitet werden.

Erinnern Sie sich an die Fabel mit den zwei Katzen? Es ist nicht der Sinn der Arbeit, einen Job allein danach auszusuchen, ob er gut bezahlt wird. Viel wichtiger ist es, sich zuerst nach seinen Fähigkeiten und seiner Leidenschaft zu richten. Geld folgt uns automatisch nach, wenn wir etwas tun, das wir lieben und das unseren Fähigkeiten entspricht. Natürlich müssen wir auch wissen, wie wir uns als Experten positionieren, um unser Einkommen zu multiplizieren. Aber alle Techniken wären für unseren Lebenserfolg nicht sonderlich nützlich, wenn wir nicht etwas täten, das uns mit Leidenschaft erfüllt.

Die alte Regel lautete: Suche ein realistisches Vorbild: Menschen mit einer sicheren »Position«, oder werde Arzt bzw. Rechtsanwalt. Das kann man schaffen, wenn man fleißig ist.
Die neue Regel heißt: Orientieren Sie sich an Vorbildern, die eine Arbeit haben, die Ihnen Spaß machen würde. Überlegen Sie, was Ihren Fähigkeiten und Neigungen entspricht, und entwickeln Sie daraus eine Karriere.

Regel 4: Selbst für Sicherheit sorgen

Firmen haben sich im Informations-Zeitalter verändert. Sie können und wollen nicht länger die Verantwortung für ihre Mitarbeiter übernehmen – zumindest nicht in dem Maße, wie es früher der Fall war.

Heute weiß man: Nur zufriedene Kunden sichern den Fortbestand einer Firma. Unternehmen können darum gar keine lebenslange Beschäftigung mehr garantieren. Wer hart arbeitete, durfte im Industrie-Zeitalter davon ausgehen, dass ein Unternehmen sein Leben lang für ihn sorgen würde. Heute aber muss ein erfolgreiches Unternehmen sich selbst zerstören. Um Neues zu schaffen, muss es willens sein, das Altbewährte zu vernichten, obwohl es damit noch erfolgreich ist. Nur so kann es auch in Zukunft am Spiel teilnehmen. Zerstört sich ein Unternehmen nicht selbst, werden es andere tun. Und mit jeder Zerstörung gehen auch Jobs verloren.

Auch der Staat hat durch das veränderte Verhältnis von Sozialversicherungszahlern und Rentenempfängern nicht mehr die Möglichkeit, wie bisher für alle zu sorgen.

Und selbst wenn der Staat das könnte – geschenkt waren staatliche Leistungen nie. Was glauben Sie wohl, mit wessen Geld der Staat »für alle sorgen« wollte? Hölderlin sagte: »Indem Ihr den Staat zu Eurem Himmel machen wolltet, ist er zu Eurer Hölle geworden.« Oder anders ausgedrückt: Käse geschenkt gibt es nur in der Mausefalle.

Wenn Ihnen keine lebenslange Beschäftigung garantiert wird, wie können Sie dann ein Höchstmaß an Sicherheit erhalten? Die Antwort: *Indem Sie alles tun, um die Fähigkeiten zu erwerben, die Ihnen eine lebenslange Beschäftigung garantieren.* Vielfach heißt das: Sie müssen Ihren eigenen Job zerstören, bevor es andere tun. Ihre Sicherheit liegt in Ihrer Bereitschaft zu lernen und zu wachsen; kurz: im Wandel.

Wir müssen selbst Verantwortung übernehmen: für unsere Karriere, für unser Leben und für unser Geld.

War es nach den alten Regeln vernünftig, sein Haus als Investition zu sehen und es möglichst bald abzubezahlen, so ist heute das Haus, in dem wir wohnen, überhaupt keine Investition. Es ist Luxus, aber es bringt keine Renditen, von denen wir leben können. Natürlich ist es nach wie vor erstrebenswert, in seinen eigenen vier Wänden zu leben. Aber eine Investition, die uns zu finanzieller Freiheit führt, ist unser Haus nicht. Es ist auch nicht mehr klug, das Haus so schnell wie möglich abzubezahlen. Weiter hinten im Buch erkläre ich die Gründe.

Die alte Regel lautete: Die Firma und der Staat sorgen für uns. Wir sollten unser Geld sicher anlegen; unsere wichtigste Investition ist unser Haus.

Die neue Regel heißt: Wir müssen für uns selbst sorgen. Wir können die Verantwortung nicht länger delegieren. Wir müssen selbst unseren Wohlstand schaffen und dabei auch Risiken eingehen. Unser Haus ist keine Investition, sondern Luxus.

Regel 5: Spielen, um zu gewinnen – Risiken eingehen

Im Industrie-Zeitalter stand man Risiken skeptisch gegenüber. Warum sollte man sich auch auf Risiken einlassen? Man war doch versorgt. *Heute gilt: Wer Risiken eingeht, bekommt in jeder Hinsicht mehr zurück.* Investoren, die auf Risiko setzen, erhalten 12 Prozent und oft erheblich mehr pro Jahr; Unternehmer mit Risikobereitschaft können reich werden.

Allerdings gibt es hier ein Paradoxon: Die besten Unternehmer und Investoren, die ich kenne, sehen das vollkommen anders: Sie sind ihrer Meinung nach überhaupt nicht unvorsichtig. Sie tun einfach nur das Naheliegende, das offensichtlich Richtige.

Sie sind sich einfach sicher, dass sie Erfolg haben müssen. Natürlich haben sich diese Menschen ihre Sicherheit erarbeitet: Sie haben sich Wissen und ein klares Verständnis vom Wesen der Veränderung erworben. Veränderung erscheint immer nur den Menschen riskant und bedrohlich, die sie nicht verstehen und sich darum am Althergebrachten festklammern wollen.

Wie ist es bei Ihnen? Sind Sie in den letzten fünf Jahren größere Risiken eingegangen? Die meisten Menschen meiden Risiken. Mangelnde Bereitschaft, sich weiterzubilden, und das Vermeiden von Risiken sind die Hauptgründe, warum so wenig Menschen das verdienen, was sie verdienen könnten.

Wir müssen uns heute entscheiden, ob wir Freiheit wollen oder Sicherheit. Beides ist nicht möglich. *Wer Sicherheit sucht, findet Angst.* Cervantes warnt: »Furcht verwirrt die Sinne und lässt uns die Dinge anders wahrnehmen, als sie sind.« Die Welt eines auf Sicherheit Bedachten ist klein und ohne große Abwechslung. Von Zeit zu Zeit wird er in den Medien lesen, dass einer der Großen hingefallen ist. Das erfüllt ihn dann mit Genugtuung, und er sieht sich in seiner Philosophie bestätigt. Dabei fällt mir ein altes Sprichwort ein:

Riesen stolpern oft und fallen,
Würmer nicht,
denn alles, was sie tun,
ist graben und kriechen.

Tatsächlich gibt es nichts umsonst. Auch die »Sicherheit« nicht. Für sie zahlen wir mit Lebensqualität. Zu viele Menschen tauschen ein spannendes Leben voller Abenteuer und Schönheit ein für die Illusion der Sicherheit, also ein Leben voller Angst und Unsicherheit. Und von der Angst wissen wir, dass sie oft genau die Dinge anzieht, vor denen man sich fürchtet.

Es gibt ein wichtiges letztes Argument für die Risikobereitschaft: Wir können sehr viel mit kleinen, wohl überlegten Schritten erreichen. Wahrscheinlich sogar fast alles. *Aber um zu den wirklichen Erfolgen zu gelangen, brauchen wir den Mut, einen großen Sprung zu wagen. Einen Abgrund können wir nicht mit mehreren kleinen Sprüngen überqueren.*

Wir sollten uns nicht bemühen, immer Herr der Lage zu sein; das geht nicht. Vielmehr sollten wir uns die Stärke aneignen, mit schwierigen Situationen umzugehen. Ich weiß nicht, wie das bei Ihnen ist. Aber bei allen bedeutsamen Meilensteinen und Erfolgen meines Lebens musste ich zuvor Risiken eingehen. Und das gilt für alle Bereiche meines Lebens

Die alte Regel lautete: Risiken vermeiden. Risiken bringen einen nur unnötig in Gefahr. Man sollte so spielen, dass man nicht verliert. **Die neue Regel heißt**: Spiele, um zu gewinnen. Gehen Sie Risiken ein.

Regel 6: Fehler sind gut

Fehler und Fehlschläge sind ein Teil des Geschäfts. Ich habe so viele Fehlschläge erlebt, dass der Fehlschlag anerkennend grinst, wenn er mich sieht. Aber diese Einstellung musste ich mühsam erlernen. Als ich mit 26 Jahren meinen Coach kennen lernte, war es mein größtes Problem, dass ich pleite war. Ich hatte im finanziellen Bereich viele Fehler gemacht. Für meine Familie war das eine große Schande. Mein Coach hingegen sah in jedem Fehler ein Stück Magie. Er sagte: »Zuerst machen wir Fehler, und dann suchen wir die Lehre darin. *Nach jedem Fehler wird unsere Welt entweder ein Stück größer oder ein Stück kleiner.* Es liegt an uns.«

Ich weiß nicht, wo Sie finanziell stehen. Aber es spielt auch keine Rolle. Wichtig ist, wie Sie auf dieses Buch reagieren und in welche Richtung Sie nun gehen. Tatsächlich können wir wählen, wie wir auf unsere finanzielle Situation und unsere Fehler reagieren.

Können Sie sich an einen Fehler erinnern, den Sie in letzter Zeit gemacht haben? Wie haben Sie reagiert? Sie haben grundsätzlich die Wahl zwischen sechs verschiedenen Reaktionen. Manche Menschen

- **lügen**. Kennen Sie Personen, die ihre Taten einfach abstreiten: »Das habe ich nicht getan«?
- **verleugnen**. Menschen, die in eine Scheinwelt flüchten und sagen: »Alles ist in Ordnung; alles wird gut.«
- **rechtfertigen**. »Ich konnte nicht anders.«
- **beschuldigen**. Andere sind schuld: die Gene (»Ich bin, wie ich bin«), die Erziehung (»Ich wurde so geprägt«), andere Menschen

(»Der andere hat angefangen«). Wem wir die Schuld geben, geben wir die Macht.

- **geben auf**. »Es ist zu hart; es macht keinen Spaß; ich brauche das alles nicht.«
- **lernen**. Fragen Sie sich: »Was kann ich lernen: Was muss ich tun, um in Zukunft solche Fehler zu vermeiden? Wie löse ich das Problem? Wie kann ich dabei Spaß haben?« Jede Erfahrung sollte ein Leuchtturm sein, der uns den Weg weist, kein Liegeplatz, an dem man festmacht.

In unserem Schulsystem und in der akademischen Welt gelten Fehler als dumm und als Folge von Unaufmerksamkeit. Das sind Überbleibsel aus dem Industrie-Zeitalter. Schulnoten kommen heute noch überwiegend durch das Zählen von Fehlern zustande. Je weniger Fehler, desto besser. Dabei gelten längst neue Regeln. *In der straßen-schlauen Welt weiß man: Wir werden immer Fehler machen – solange wir leben.* Wer nur darauf aus ist, Fehler zu vermeiden, dessen Welt wird buchstäblich immer kleiner. Churchill sagte: »Erfolg ist, von einem Fehlschlag zum nächsten zu gehen, ohne die Begeisterung zu verlieren.«

Die Unterschiede in der Bewertung von Fehlern sehen wir deutlich, wenn wir die USA und Japan vergleichen. In Japan gilt ein Konkurs als verabscheuungswürdig; der Verantwortliche nimmt sich oft das Leben. In den USA geht man mit einer Pleite ganz anders um: Dort erkennt man unternehmerische Qualitäten in dem Verantwortlichen. Man gibt ihm gern eine neue Chance. Die wirtschaftliche Situation der beiden Nationen spricht Bände.

Nichts ist erfolgloser als der Erfolg – weil man oftmals rein gar nichts daraus lernt. Fehler bringen Spannung und Fortschritt in unser Leben. Es waren die Fehler, aus denen ich hauptsächlich gelernt habe – nicht die Erfolge. Der Weg des Lernens und Wachsens führt immer über Fehler. *Wenn Menschen lernen sollen, müssen sie experimentieren und Fehler machen dürfen.*

Das Dilemma einiger Berufe auf der rechten Seite des Sterns ist, dass sie möglichst perfektionistisch ausgeführt werden und Fehler dort nicht vorkommen sollten (zum Beispiel bei Buchhaltern und Ärzten).

Dadurch ergibt sich automatisch ein Widerspruch zu den neuen Regeln, die ein hohes Einkommen fördern. Wir gehen später im Buch auf diese Problematik ein.

Bis auf wenige Ausnahmen gilt: *Fehler strahlen in die Zukunft aus. Es liegt an uns, ob sie dies tun als Verbindlichkeit oder als Investition.* Wenn Fehler zu einer Verbindlichkeit werden, dann ziehen wir uns immer in unser Schneckenhaus zurück, sobald wir in eine riskante Situation kommen.

Wenn jemand sagt: »Das tue ich nie wieder!«, dann weiß ich: Dieser Mensch hat aufgehört zu lernen. Die Enttäuschung hat ihn aufgehalten. Tatsächlich gibt es so wenig Reiche, weil die meisten Menschen sich durch ihre Fehler aufhalten lassen. Anstatt zu lernen, wie sie mit Enttäuschungen umgehen, wollen sie diese zukünftig vermeiden.

Erfolgreiche Menschen erkennen ihre Fehler als Investition in die Zukunft. Sie freuen sich, wenn sie Fehler früh in ihrem Leben machen. *Fehler sind für sie gedankliches Guthaben.* Daraus lernen sie und sorgen dafür, dass die Investition reichlich Früchte bringt.

Die alte Regel lautete: Fehler sind schlecht, ein Zeichen von Dummheit und eine Belastung für die Zukunft.
Die neue Regel heißt: Fehler sind der Beweis dafür, dass jemand lebt, und eine Investition für die Zukunft. Der Weg zum Erfolg führt immer über Fehler.

Regel 7: Konstant lernen und wachsen

Nach dem Mittagessen musste ich als Kind zuerst meine Hausaufgaben machen. Die Begründung lautete: »Zuerst die Pflicht, dann das Spiel!« Aus heutiger Sicht ist es interessant, darüber nachzudenken, warum die Hausaufgaben kein Spiel sein sollten.

Ich erinnere mich besonders an eine Szene: Ich machte meine Erdkunde-Hausaufgaben und schaute im Schulbuch auf eine lustige Fotografie. Ich musste laut lachen. Sekunden später ging die Tür auf, und meine Mutter fragte mit strenger Stimme: »Bodo, du lachst? Ich dachte, du machst Hausaufgaben?!«

Die meisten Menschen lernen als Kinder ähnliche Botschaften:

1. Lernen ist harte Pflicht und macht keinen Spaß.
2. Außerdem lernt man sehr viel nutzloses Zeug, das man wenig später eh wieder vergisst – mangels Bezug zum wirklichen Leben.
3. Lernen findet in der Schule statt. Wenn man die Schule abgeschlossen hat, will man nicht mehr lernen; denn lernen macht keinen Spaß.

Lebenslanges Lernen erscheint darum vielen wie ein schlechter Witz: Noch mehr Schule? Sofort kommt das Bild eines finsteren Paukers hoch, der uns gequält hat.

Mit »Konstant lernen und wachsen« meine ich aber nicht in erster Linie die Schule; ich meine Straßen-Schlauheit; Lernen, das Spaß macht. Und da werden sowohl für Kinder als auch für Erwachsene zusätzlich andere Ausbilder nötig sein, als wir heute haben: gute Trainer und Seminarleiter, die bilden und unterhalten, damit wir spielerisch lernen; gute Redner, die nicht nur einen weiteren Teil unserer Festplatte mit nutzloser Information bespielen, sondern die auch zum Handeln anregen. Veränderungen werden nur bewirkt, wenn wir etwas tun. Schul-Klugheit ist leider oft die Vermittlung von Wissen ohne Spaß. Straßen-Schlauheit ist Anregung zum Tun durch spielerische Vermittlung von nützlicher Bildung.

Erfolgreiche Menschen lernen lebenslang. Sie wachsen und lernen konstant. Die Schule mit ihren schul-klugen Lehren ist für sie nur ein Teil des lebenslangen Lernens. Sie ergänzen das theoretische Schulwissen um Straßen-Schlauheit. Sie lernen die Dinge, die sie erfolgreicher und glücklicher machen. Sie lernen über Gesundheit, Geld, Beziehungen, über sich selbst und andere Menschen, über Werte, Motive, Ziele … Sie lernen, indem sie es von erfolgreichen Menschen abschauen – *»learning by looking«*, wie die Skiläuferin Christa Kinshofer es nennt.

Im Industrie-Zeitalter hießen die beiden großen Klassen: die Armen und die Reichen. Heute bilden die beiden großen Klassen die *Informierten* und die *Ahnungslosen.* Der Analphabet der Zukunft wird nicht der Mensch sein, der nicht lesen kann; es wird der Mensch sein, der nicht weiß, wie man lernt. In vier bis fünf Jahren wird ein Viertel all dessen, was wir heute wissen und tun, veraltet sein. Wir dürfen nie aufhören zu lernen: *Was Sie lernen, nachdem Sie »alles wissen«, das zählt.* Lernen ist im Informations-Zeitalter das zentrale Thema (neben der Bereitschaft, Risiken einzugehen). *Arbeit und Lernen sind zu einer untrennbaren Einheit verschmolzen. Niemand kann heute erfolgreich arbeiten, ohne ständig zu lernen.* Wir müssen reich an Informationen sein, bevor wir reich an Einkommen werden. Und wir sind umso erfolgreicher, je mehr wir mit Spaß lernen.

Wir müssen dafür sorgen, dass wir als Gesellschaft eine andere Einstellung zum Lernen entwickeln: Lernen zu können ist ein Geschenk, es macht unglaublichen Spaß – wenn es uns interessiert. Wir müssen in unseren Schulen damit anfangen. *Die wichtigsten Fachkräfte in jeder Schule sollten Experten für gehirngerechtes Lernen sein*; sie sollten darauf achten, dass Lernen zu einem spielerischen, freudigen Erlebnis wird. Das Wissen dazu ist heute vorhanden; aber leider ist es noch nicht zu den Schulen vorgedrungen.

Wir brauchen endlich das Fach »Geld« in unseren Schulen. Unterrichtet von vermögenden Menschen, die freiwillig einmal im Leben ein halbes Jahr lang eine Doppelstunde in der Woche an Schulen unterrichten. Dadurch werden wir nicht erreichen, dass alle Menschen wohlhabend werden. Eine solche Schlussfolgerung wäre ziemlich dumm. Schließlich ist jeder frei, darüber zu bestimmen, wie viel Geld er haben möchte und welchen Preis er dafür bezahlen will.

Aber wir werden etwas anderes erreichen: Niemand kann mehr sagen: »Ich weiß nicht, wie ich wohlhabend werden kann.« Denn unsere Kinder kennen dann den Weg. Wir werden auch nie erreichen, dass jedes Kind die gleiche Chance hat. Aber jedes Kind hat dann eine bessere Chance.

Die alte Regel lautete: Lernen findet hauptsächlich in der Schule und während der Ausbildung statt; es ist mühsam und macht keinen Spaß; nach dem Lernen folgt das Arbeitsleben.
Die neue Regel heißt: Wir sollten konstant lernen und wachsen – unser ganzes Leben lang. Wenn wir die Schule verlassen, endet der Lernprozess nicht. Wir müssen auch straßen-schlau die Dinge lernen, die uns im Moment beschäftigen.

Power-Tipp

K.l.u.w. (konstant lernen und wachsen) sollte ein fester Bestandteil Ihres Lebens sein. Die besten Möglichkeiten sind:

1. Lesen Sie (mehr) gute Sachbücher.
2. Schreiben Sie Journale.
3. Besuchen Sie drei bis vier Seminare pro Jahr.
4. Suchen Sie die Nähe von Vorbildern.

- Kaufen Sie sich ein Buch über Schnelllesen. Sie können damit relativ leicht Ihre Lese-Geschwindigkeit verdoppeln.
- Lesen Sie zwei, drei Bücher über gehirngerechtes Lernen. Es ist unglaublich, wie spielerisch leicht wir lernen können, wenn wir wissen, wie.
- Schauen Sie in unsere Website, um sich aktuelle Anregungen für lesenswerte Literatur zu holen (*www.finwismedia.de*).
- Legen Sie nach Bedarf mehrere Journale an: ein Erfolgs-Journal, Einkommens-Journal, Erkenntnis-Journal, Ideen-Journal, Beziehungs-Journal … Wir sollten uns wichtig genug nehmen, um über uns zu schreiben.
- Suchen Sie sich einige Seminare heraus, die Sie in den nächsten zwölf Monaten besuchen wollen (*www.finwis.de*).
- Fertigen Sie eine Liste mit den Namen der Menschen an, von denen Sie lernen wollen. Sollten Sie einige davon nicht kennen, überlegen Sie, wer diese Menschen kennen könnte.

Regel 8: Den eigenen Job neu erfinden

Nach der alten Regel wurde in Schule, Studium und Ausbildung gelernt, und dann kam die Arbeitsphase. Wer sich heute nicht ständig verbessert, hat bald keine Chance mehr. Die Regel 7 besagt, dass Lernen lebenslang stattfinden muss. Wir müssen uns ständig verbessern.

Die Regel 8 zeigt, dass auch dies allein nicht ausreicht. Es genügt nicht mehr, sich zu verbessern. Wer sich verbessert, erreicht oft nur ein Mehr an Vergangenem. Wesentlich erfolgreicher sind Sie im neuen Zeitalter, wenn Sie sich von Zeit zu Zeit von der Vergangenheit vollkommen lösen können.

Der beste Beweis für diese These ist folgende Tatsache: Das Einkommen von älteren Arbeitnehmern ist in den letzten zehn Jahren stark gesunken, und es sinkt weiter rapide. Je niedriger der Bildungsstand, desto einschneidender fielen die Lohnkürzungen aus. Aber auch das Einkommen sehr qualifizierter Arbeitnehmer ist erheblich gesunken. *Erfahrung hat ihren Wert verloren.*

Während die älteren Angestellten über Erfahrung und Know-how verfügen, können die jungen mit neuem andersartigem Wissen aufwarten. In vielen Jobs steht ein solcher Generationswechsel an: Bald wird einer kommen, der dafür sorgt, dass die alte Strategie veraltet. Und der Neue wird dem Alten die besten Jobs wegnehmen.

Kein Arbeitnehmer darf diesen Punkt unterschätzen, sonst hat er schnell seinen Job verloren. *Sie müssen sich nicht nur eingestehen, dass Sie viele Dinge nicht wissen, sondern sich auch darüber im Klaren sein, dass Sie viele Dinge auf die falsche Weise wissen.* Mit einer alten Karte können Sie kein neues Land finden; auch wenn Sie die Wege darauf deutlicher malen.

Wer nur der Regel 7 folgt – so wichtig sie auch ist –, der wird neue Gedanken entweder in bestehende Gedankengebäude einfügen, wo sie nicht zur Geltung kommen, oder er wird sie einfach ablehnen.

Das Fatale ist: Meist deutet nichts darauf hin, dass eine Änderung bevorsteht. Im Gegenteil, es »läuft gut«, man ist »erfolgreich«. Während man noch denkt, wie gut doch alles funktioniert, wird die Zukunft bereits neu erfunden. Darum ist es so wichtig, dass Sie es selbst sind, der Ihre Zukunft neu erfindet. Sie müssen es sein, der schneller eine neue Strategie entwickelt, als ein anderer es könnte.

Sie sollten Ihre Strategie wechseln, während Sie noch erfolgreich sind. Fragen Sie sich ständig: »Werden meine Fähigkeiten in der neuen Welt so wertvoll sein wie in der alten? Was werde ich verändern müssen?«

Die alte Regel lautete: Kontinuität ist gut; man sollte niemals ein gewinnendes Pferd austauschen.
Die neue Regel heißt: Es genügt nicht, sich zu verbessern; Sie müssen sich manchmal komplett von der Vergangenheit lösen und Ihren Job neu erfinden.

Regel 9: Geldverdienen ist ein Spiel

Für viele Menschen ist Geldverdienen harte Arbeit. Sie sind so erzogen worden und darauf programmiert: Arbeit macht keinen Spaß; wer hart arbeitet, ist ein guter Mensch. »Du sollst im Schweiße deines Angesichts dein Brot verdienen.«

Von klein auf lernen Kinder: Du musst auch Pflichten übernehmen. Das ist sicherlich richtig. Aber müssen die Pflichten hauptsächlich aus Dingen bestehen, die keinen Spaß machen? Wahrscheinlich waren diese Art Erziehung und auch das Schulsystem eine ideale Vorbereitung für viele Jobs, die das Industrie-Zeitalter anzubieten hatte. In einer Wechselschicht im Akkord für vier Schrauben verantwortlich zu sein – dreißig Jahre lang –, das wird man schwerlich als Spaß verkaufen können. Und wer gelernt hat, sich in seiner Arbeit zu verwirklichen und sie als Spiel zu sehen, der wird so etwas auch nicht sehr lange machen.

Schrauben habe ich nie gedreht. Aber als Student habe ich einmal etwas Ähnliches gemacht: Ich bekam morgens einen Stapel Karteikarten, die ich in ein Register von 13,5 Meter Länge und 2,3 Meter Höhe einsortieren musste. Der Stapel war mannshoch, und man sagte mir, dass die Frau, die ich in meinem Ferienjob vertrat, diesen Stapel innerhalb von sechs Stunden einsortieren konnte. Ich brauchte anfangs vierzehn Stunden, dann irgendwann elf; meine einzige Genugtuung bestand darin, immer schneller zu werden.

Eines Tages stellte ich eine verwegene Frage: Ich wollte wissen, wofür dieses Karteisystem gut sei – denn ich hatte es noch niemals jemanden nutzen sehen. Keiner konnte mir meine Frage beantworten, also ging ich zum Abteilungsleiter und zum Hauptabteilungsleiter. Als ich auch ihnen keine Erklärung entlocken konnte, kündigte ich den Job.

Vor einiger Zeit habe ich zufällig einen damaligen Mitarbeiter dieser Abteilung getroffen. Er war immer noch dort beschäftigt. Und er war immer noch unglücklich; er empfand seine Arbeit nach wie vor als wenig befriedigend. Das Karteikartensystem war inzwischen überflüssig geworden, weil es durch ein Computerprogramm ersetzt worden war; die Frau hatte man entlassen – und das, obwohl sie alle Karteikarten innerhalb von sechs Stunden einsortieren konnte (was eine unglaubliche Leistung war, glauben Sie mir).

Wissen Sie, was den Unterschied ausmachte? Dass ich dort überhaupt einige Zeit gearbeitet hatte, hing mit meiner Erziehung zusammen: Mir war eingetrichtert worden, dass Arbeit hart sein müsse. Aber ich hatte in den USA bereits einige neue Regeln gelernt, die mich nachdenklich machten. Der Mitarbeiter, der heute noch dort arbeitet, war seinen Regeln gefolgt, die lauteten: »Wer einer harten Arbeit nachgeht, ist fleißig und ein guter Mensch.« Gemessen an seinen Regeln ist er erfolgreich – und ich bin ein Drückeberger. Für ihn kann meine Lebensform »nicht mit rechten Dingen zugehen«; sie ist ihm suspekt.

Ich muss es wahrscheinlich nicht erwähnen: Heute würde ich dort nicht mal eine Minute arbeiten, denn ich habe feste Regeln: Arbeit muss Spaß machen und ist ein Spiel. Damit will ich sagen: *Wirklich gut sind wir nur dann, wenn wir etwas tun, das wir richtig mögen; etwas, das uns mit Begeisterung erfüllt. Es muss uns so viel Spaß machen wie unser Lieblingsspiel oder Hobby.*

Das Leben ist zu kurz, als dass wir unsere Arbeitszeit darauf verschwenden sollten, etwas zu tun, das wir nicht von Herzen mögen. *Arbeiten Sie niemals nur, um Geld zu verdienen.* Erstens verdienen Sie dann nicht so viel, wie Sie könnten; und zweitens entspricht das nicht der Lebensqualität, die Ihnen gebührt.

Es gibt Leute, die sich innerlich geradezu verkrampfen, wenn sie solche Gedanken lesen. Das hat damit zu tun, das sie vollkommen innerhalb der alten Regeln fühlen und leben. Sie empfinden meine Gedanken oftmals als Angriff auf alles, was ihnen in Bezug auf Arbeit heilig ist. Ich verstehe diese Menschen, denn was wäre, wenn ich mit meinen neuen Regeln Recht hätte? Wo wäre dann die Grundlage für den unbefriedigenden Job, den sie tagtäglich ausüben?

Unsere Lebensqualität ist nur eine logische Folge der Regeln, nach denen wir leben. Frei nach Ralph Waldo Emerson: »Wer sich an die Tradition hält, wird immer der Gleiche bleiben; wer sie beiseite wirft, hält die ganze Welt in seinen Händen.«

Die alte Regel: Geld zu verdienen ist mühsam und macht keinen Spaß. Der redliche und ehrbare Mensch arbeitet hart und fleißig.
Die neue Regel: Tun Sie etwas, das Sie lieben. Suchen Sie eine Arbeit, die für Sie wie ein Spiel ist. Nur dann sind Sie richtig gut, nur dann verdienen Sie richtig viel, nur dann haben Sie Lebensqualität.

Regel 10: Stärken ausbauen

Niemand wird reich, weil er Schwächen abbaut. Hohe Einkommen erhalten Menschen, die Herausragendes leisten – und nicht dafür, dass sie zum Beispiel fehlerfrei die Rechtschreibung beherrschen. *Für durchschnittliche Leistungen gibt es durchschnittlichen Lohn, für Außergewöhnliches gibt es außergewöhnlich viel Geld.*

Wer lediglich seine Schwächen abgebaut hat und es versäumt, seine Stärken zur Spitzenleistung auszubauen, ist meist nur Durchschnitt. Und dafür interessiert sich niemand so recht. Ihnen bleibt dann nur übrig, etwas zu tun, was alle tun. Und das ist so viel wert wie Sand in der Wüste.

Leider konzentrieren sich zu viele Menschen so sehr auf den Abbau ihrer Schwächen, dass sie sich nicht um ihre Stärken kümmern. Oftmals werde ich gefragt: »Herr Schäfer, ich glaube, ich habe gar keine besonderen Stärken. Wie kann ich feststellen, ob auch ich über welche verfüge?«

Ich kann mich gut an die Zeit erinnern, als ich mir selbst diese Frage gestellt habe. Ich hatte einen nationalen Wettbewerb gewonnen und wurde nach Japan zur Endausscheidung eingeladen. Dort sollte ich unter anderem ein Talent demonstrieren. Lange dachte ich nach und kam zu dem Ergebnis, dass es in meinem Leben nichts gäbe, das es wert wäre, vorgeführt zu werden. Welch ein trauriges Resultat. Ich habe dann in meiner Not einige Zaubertricks gelernt und damit zu meiner Überraschung den zweiten Platz gemacht.

Unsere Stärken fallen uns nicht auf. Was uns leicht fällt, nehmen wir als selbstverständlich hin; darum erkennen wir es nicht. Andererseits merken wir sofort, wenn etwas nicht funktioniert; Fehler und Schwächen prägen sich ein.

So nimmt die Tragik ihren Lauf: Was den meisten Menschen auffällt, sind ihre Schwächen – und die versuchen sie zu beseitigen; was sie reich machen würde, sind ihre Stärken – und die beachten sie nicht.

Es ist von zentraler Bedeutung, dass Sie sich Ihrer Stärken bewusst sind. Wenn wir über Flow und die Leidenschaft Ihres Lebens sprechen, werden Sie für sich klare Antworten finden – sofern Sie dies nicht ohnehin schon getan haben.

Eines aber schon vorweg: Ich glaube – wie Einstein es formulierte: »In jedem Kind steckt ein Genie.« Jeder von uns, Sie und ich, haben etwas Einzigartiges und mindestens ein besonderes Talent, das wir zur vollen Entfaltung bringen sollten.

Die Schriftstellerin Sarah Ban Breathnach sagt: »Den meisten Menschen ist es unangenehm, sich selbst als Künstler zu sehen. Dabei ist jeder von uns ein Künstler … Mit jeder Wahl, die wir Tag für Tag treffen, schaffen wir ein einzigartiges Kunstwerk. Etwas, das kein anderer Mensch hervorbringen könnte.«

In Kapitel 6 werden Sie sich mit Ihren Stärken befassen. Solange wir diese nicht kennen, ist unsere Angst vor unseren Schwächen größer als das Vertrauen in unsere Stärken. Statt etwas Erfüllendes zu tun, würden wir nur die Löcher unserer Schwächen stopfen.

Die alte Regel: Die Kette bricht am schwächsten Glied; darum gilt es, die Schwächen abzubauen.
Die neue Regel: Der Weg zum Spitzeneinkommen ist, die Stärken auszubauen.

Regel 11: Für Schwächen Lösungen finden oder sie in Stärken umwandeln

Viele von uns sind von ihren Schwächen besessen. Sie scheinen zu argwöhnen, dass unsere Schwächen wie Monster in den Tiefen unserer Persönlichkeit lauern. Darum ist es von Bedeutung, dass wir uns mit unseren Schwächen befassen – um die Angst vor ihnen zu verlieren.

Als Erstes müssen wir Schwächen definieren. Es wäre unsinnig, dem Lexikon zu folgen, das Schwäche als ein Gebiet sieht, auf dem es uns »an Können mangelt«. Würde das zutreffen, hätte jeder von uns sehr viele Schwächen.

Mir gefällt folgende Definition viel besser: Eine Schwäche ist alles, was verhindert, dass wir unsere Ziele erreichen. So muss ich mich zum Beispiel nicht damit befassen, dass ich nicht singen kann. Ich bin in der Lage, meine Ziele zu erreichen, ohne singen zu können. Singen kann ich ignorieren; es ist nur eine Stärke, die ich nicht habe – keine Schwäche.

Aber wenn eine Ihrer Eigenschaften Sie davon abhält, Ihre Ziele zu erreichen, dann müssen Sie sie ernst nehmen.

Die Frage ist nun: Was sollten Sie mit diesen Schwächen tun? Natürlich sollten Sie die wirklich »gefährlichen« und störenden unter ihnen nicht ignorieren. Möglicherweise werden Sie sonst von ihnen aufgefressen. Zunächst einmal sollten wir unsere Schwächen genau kennen. Und dann sollten wir eine der folgenden Möglichkeiten für den Umgang mit ihnen wählen:

- Entweder Sie suchen eine Lösung dafür;
- oder Sie wählen einen Job, in dem diese Schwächen nicht ins Gewicht fallen oder sogar positiv sind.

Ein Beispiel für die erste Möglichkeit: Wenn Sie zu viel ausgeben, zerschneiden Sie Ihre Kreditkarten und/oder geben sich ein monatliches Taschengeld.

Ein Beispiel für die zweite Lösung: Bei einem kleinen Jungen zeichnete sich eine Charaktereigenschaft ab: Er konnte einfach nicht verlieren. Verbissen kämpfte er weiter – und ärgerte sich maßlos, wenn er dennoch verlor. Ich habe mich kurz gefragt, wie ich wohl reagieren würde, wenn ich dies bei einem meiner Kinder beobachten würde …

Vielleicht wäre ich vor Jahren geneigt gewesen zu sagen: »Du musst lernen zu verlieren; nicht der Sieg ist wichtig, es kommt darauf an, dabei zu sein und mitzuspielen …« Der kleine Junge von damals ist heute der weltbeste Torwart, Oliver Kahn. Ich habe ihn vor kurzem kennen gelernt. Ich kann nur sagen: Wie gut, dass er sich einen Job ausgesucht hat, in dem die vermeintliche Schwäche nicht nur nicht stört, sondern sogar förderlich ist.

Dr. Deepak Chopra ist ein weiteres faszinierendes lebendes Beispiel dafür, wie man seine Schwächen als Stärke einsetzen kann. Bei einem Essen erzählte er mir, dass er es als Inder in Amerika nicht gerade einfach hatte. Weiße Amerikaner kamen nicht so gern in seine Praxis. Da suchte er nach einem Weg, diese Situation zu seinem Vorteil zu lösen.

Er ging zurück nach Indien und lernte nicht nur Ayurveda, eine Heilmethode, sondern auch die alten indischen Weisheiten und spirituelle Wege der Heilung. Dann positionierte er sich in Amerika als weiser Inder, der moderne Medizin mit traditioneller indischer Heilkunst verknüpft. Jetzt war er nicht mehr »Ausländer«, sondern Experte.

Er schrieb Bücher, die internationale Bestseller wurden; er hält Vorträge und veranstaltet Seminare; er gründete eine Klinik und einen weltweiten Versand für indische Gesundheitsprodukte, die seine Fans rege kaufen. Dr. Chopra ist heute wahrscheinlich der bestverdienende Arzt der Welt.

Für Ihre Schwächen sollten Sie eine Lösung finden und/oder sie zu Stärken machen.

Power-Tipp

Konzentrieren Sie sich auf Ihre Stärken; finden Sie eine Lösung für Ihre Schwächen, oder wandeln Sie diese in Stärken um.

- Suchen Sie sich Menschen, die Ihre Stärken coachen können. Sorgen Sie dafür, dass Sie mindestens ein besonderes Talent entwickeln.
- Sollten Sie sich Ihrer Talente nicht bewusst sein, so arbeiten Sie die Kapitel 5 (und 6?) besonders intensiv durch – und unbedingt schriftlich.
- Lesen Sie Bücher über den Lebenssinn und besuchen Sie dazu ein Seminar.
- Schreiben Sie in einem Erfolgs-Journal alle Dinge auf, die Ihnen gut gelungen sind. Fragen Sie sich von Zeit zu Zeit: Welche Fähigkeiten setze ich häufig ein, um zu diesen Erfolgen zu kommen?
- Analysieren Sie Ihre Schwächen. Suchen Sie dafür eine Lösung; oder besser noch: Finden Sie einen Weg, diese Schwächen als Stärke einzusetzen. Denken Sie an Oliver Kahn und Dr. Deepak Chopra.
- Das größte Selbstwert-Gefühl erwächst Ihnen aus der Erkenntnis, dass Sie einzigartig sind. Warum sind Sie einzigartig?

Viele Schwächen aber können Sie einfach ignorieren. Viele stören den großen Erfolg nicht im mindesten. Ist Ihnen auch schon aufgefallen, dass die fähigsten Leute oft große und viele Schwächen haben? Kritiker unterziehen sie einem moralischen Lackmus-Test. Uns werden Schwachpunkte mit großem Genuss mitgeteilt; der derart »Entblößte« soll so auf ein Normalmaß zurechtgestutzt werden.

Ich empfinde solche Geschichten über die Unfähigkeiten und Fehler von Stars und Genies als äußerst langweilig. Es ist kein Geheimnis, dass große Menschen meist auch limitierte Menschen sind. Sie können meist nur eine Sache, die aber dafür außergewöhnlich gut. Oftmals haben sie einen verschrobenen Charakter und sind im herkömmlichen Sinne nicht besonders »lebenstauglich«. Aber wen interessiert das? Die Wahrheit ist doch: Die Schwächen zählen gar nicht neben den herausragenden Stärken.

Wenn ich die Musik eines Meisters höre – Beethoven oder Mozart –, dann will ich eben diese Musik genießen und nicht an die Schwächen des Komponisten denken. Genies haben die Welt reich beschenkt; und das haben sie durch ihre Stärken getan. Ihre Schwächen schmälern jedenfalls meinen Genuss nicht.

Wenn Sie also große Leistungen erzielen wollen, so müssen Sie Ihre Stärken erkennen und sich dann kompromisslos darauf konzentrieren. Auch wenn das heißt, dass Sie dafür viele und große Schwächen in Kauf nehmen. Wenn Sie darüber hinaus zu Lebensglück gelangen wollen, so sollten Sie eine Lösung für Ihre *wirklich störenden* Schwächen finden bzw. diese in Stärken umwandeln.

Die alte Regel: Wohl abgerundete Persönlichkeiten sind besonders angenehm und erfolgreich.

Die neue Regel: Finden Sie eine Lösung für störende Schwächen, oder wandeln Sie diese in Stärken um. Akzeptieren Sie, dass fähige Menschen meist auch viele Schwächen haben.

Regel 12: Arbeiten, Lernen und Positionieren sind eins

Früher galt das Konzept des Stundenlohns. Es ist meines Erachtens veraltet. Es regt dazu an, nicht mehr zu tun als das Nötigste. Man schläft förmlich ein, weil man versucht ist, die Arbeit zu dehnen, bis die Zeit »rum ist«. Die einmalige Chance der Arbeit wird nicht genutzt. Die Falle, in die viele Arbeitnehmer tappen, lautet: »Möglichst viel verdienen und dafür möglichst wenig tun.«

Im neuen Zeitalter teilen wir idealerweise *unsere Arbeitszeit* ein in:

1. Zeit für das Tagesgeschäft,
2. Zeit, um zu lernen,
3. Zeit, um sich als Experte zu positionieren.

Wohlgemerkt, ich spreche hier nur von der Arbeitszeit – nicht der Freizeit.

Wann immer ich dieses Modell für einen Arbeitstag in einem Vortrag vorstelle, erlebe ich, dass es vielen Menschen wie Schuppen von den Augen fällt. Natürlich sollten wir Arbeit nicht nur als »Broterwerb« definieren. Sie sollte auch immer ein Lern-Element und ein Zukunfts-Element beinhalten.

Wer sich nicht auf seine Zukunft vorbereitet, sie nicht aktiv gestaltet, der wird immer wieder die Gegenwart erleben. Er entwickelt sich nicht weiter. *Das momentane Niveau und der heutige Arbeitsablauf erwarten einen solchen Menschen bereits grinsend an jedem einzelnen Tag in der Zukunft.* Das Hamsterrad lauert …

Allerdings gibt es auch immer einzelne Zuhörer, die der Meinung sind: »Das kann ich nicht. Meine Arbeit wächst mir bereits so über den Kopf. Wie soll ich da noch Zeit finden für das Lernen und Positionieren?« Die Frage ist berechtigt. Und ich kann leider keine pauschale Lösung dafür anbieten. Zu unterschiedlich sind die Bedingungen, unter denen wir alle arbeiten.

Aber ich bin davon überzeugt, dass Sie eine Lösung finden werden, wenn es Ihnen wirklich wichtig ist. Überlassen Sie es dagegen dem Zufall, dann wird nichts geschehen. Sie müssen eine solche Einteilung planen: *Blocken Sie eine Zeit für Ihr konstantes Lernen und Wachsen und für Ihre täglichen Positionierungs-Übungen* (siehe Kapitel 9).

Vielleicht bedeutet das, zeitweise einen Rückgang im Einkommen hinzunehmen und sich einschränken zu müssen. Ich verspreche Ihnen, dies wird nur vorübergehend der Fall sein. Denn schon bald wird Ihre Positionierung Ihr Einkommen zu ungeahnten Höhen bringen.

Es darf einfach nicht sein, dass wir zu beschäftigt damit sind, Geld zu verdienen, um einen (überzogenen) Lebensstandard zu bezahlen – und keine Zeit finden, um unsere Zukunft zu designen. Unser Leben ist wie ein großes Theaterstück. Entweder wir spielen die Rolle, die uns andere Menschen oder die Umstände vorschreiben; oder wir schreiben unsere Rolle selbst.

Auf kurze Sicht mag es bequemer sein, eine Rolle anzunehmen, welche die Umstände vorgeben. Aber auf lange Sicht bedeutet das, ein unbefriedigendes, fremdgesteuertes Leben zu erdulden. *Wir sollten niemals eine kurzfristige Lösung für ein langfristiges Problem akzeptieren.*

Die alte Regel: Die Arbeitszeit dient ausschließlich dem Broterwerb. Der Fokus ist auf dem Jetzt und Hier.
Die neue Regel: Sie sollten Ihre Arbeitszeit in drei Teile gliedern: die Tagesarbeit, Lernen und Positionieren als Experte. Sie sollten mindestens 10 Prozent Ihrer Arbeitszeit für das Lernen und 20 Prozent für Ihre Positionierung aufwenden; dann bleiben 70 Prozent für das Tagesgeschäft. Optimal wäre 1/3 : 1/3 : 1/3.

Wir haben alle Chancen

Ich muss Ihnen ein Geständnis machen: Viele dieser Regeln sind gar nicht so neu. Eigentlich sind sie nichts anderes als gesunder Menschenverstand. Aber: Heute, zum ersten Mal in der Geschichte der

Menschheit, ist es jedem möglich, ein großartiges Einkommen zu erzielen. Das ist neu. Das ist fantastisch.

Wir leben in einer privilegierten Zeit. Wir können Dinge entdecken, die unseren Vorfahren verwehrt waren. Marc Aurel sagte: »Die wahre Entdeckungsreise besteht nicht darin, dass man neue Landschaften sieht, sondern dass man mit neuen Augen sieht.« Wir, Sie und ich, können diese Entdeckungsreise machen. Ein herrliches Gefühl. Wir können nach den neuen Regeln leben – ganz einfach, weil wir beschließen, es zu tun.

Und noch etwas ist neu in unserem Zeitalter und in unserem Land: *In unserem Leben ist vieles einfacher, als es zu anderen Zeiten war.* Wir sind frei! Natürlich müssen wir lernen, mit dieser Freiheit umzugehen, und wir müssen uns dieser Freiheit würdig erweisen. Überlegen Sie einmal: Uns hat niemand aus Willkür den Kopf abgeschlagen; uns hat auch niemand auf dem Scheiterhaufen verbrannt, weil wir von neuen Regeln sprechen; es gab bei uns keinen großen Krieg und keine Hungersnot in den letzten Jahrzehnten.

All solche Nöte haben uns nicht abgelenkt. Uns stehen alle Möglichkeiten offen – wir können Informationen zu allen Themen erhalten. *Niemals war es so leicht, sich zu verwirklichen, wie heute.* Aber die große Frage ist: Was machen wir daraus? Nutzen wir unsere Chance? Oder leben wir trotzdem nach veralteten Regeln?

Arme und Mittelschicht sowie Reiche sind lediglich die Gemeinschaft derjenigen, die auf eine bestimmte Weise denken. Und auch wer in einem bestimmten Feld arbeitet, denkt jeweils auf eine bestimmte Weise. Wer seine Art zu denken ändert, wechselt automatisch die Schicht und das Feld. Darin liegt ein großer Trost, wie Sie im nächsten Kapitel sehen werden.

4

Wählen Sie das Feld, das Ihnen entspricht

»Wir müssen jederzeit bereit sein, das, was wir sind, aufzugeben für das, was wir werden könnten.«
Charles Dubois

Es ist kein Geheimnis, dass Menschen unterschiedlich denken; und dass ihre Denkweise ihr Schicksal bestimmt. Es bedeutet allerdings für viele eine Überraschung festzustellen, wie sehr sich das Denken all derjenigen gleicht, die am Existenzminimum leben; sowie das derjenigen, welche die so genannte Mittelschicht bilden; und auch die Reichen sind letztendlich eine große Gemeinschaft von Menschen, die in gewissen Punkten sehr ähnlich denken.

Das Gleiche gilt auch für Personen, die in den einzelnen Feldern des Sterns ihr Geld verdienen: Sie denken jeweils sehr ähnlich. Oder genauer ausgedrückt: Sie denken deutlich anders als Personen, die in den anderen Feldern ihr Geld verdienen.

Sie können in diesem Kapitel zuerst feststellen, welchem Feld Sie gedanklich am nächsten stehen – und wo Sie sich folglich aufhalten sollten. Anschließend können Sie ermitteln, welche Schicht Ihnen gedanklich am nächsten steht: die Schicht derjenigen, die sich am Existenzminimum befinden, die Mittelschicht oder die Reichen.

Zunächst aber vier Vorbemerkungen:

1. Keine der Denkweisen, die wir besprechen, ist richtig oder falsch. Niemand sollte sich anmaßen, solcherart Urteil zu fällen. Aber es ist sehr wichtig zu überprüfen, wie wir denken – um dann zu über-

legen: Kann ich mit dieser Art zu denken meine Träume und Ziele verwirklichen?

2. Ich glaube nicht an Armut, Mittelschicht und Reichtum als endgültiges Schicksal. Ich glaube an das unendliche menschliche Potenzial. Und ich glaube, dass die meisten von uns Entwicklungsstadien durchlaufen, von denen jedes in sich vollkommen ist.
   Nehmen Sie eine Sonnenblume: Wenn Sie einen Kern in den Boden graben und sich langsam daraus eine kleine Pflanze entwickelt, dann schimpfen wir nicht: »Wie unterentwickelt ist dieses Gewächs.« Wenn die Pflanze wächst und schließlich eine Knospe treibt, stehen wir staunend davor. Letztendlich bewundern wir die unglaubliche Blüte der Sonnenblume. Uns wird bewusst: Die Sonnenblume hat die ganze Zeit das volle Potenzial in sich. Während jeder Entwicklungsstufe ist sie vollkommen – so, wie sie ist. So ist es auch mit unserer geistigen Entwicklung. *Der Erfolg ist in uns und wartet nur darauf, entdeckt zu werden.*
3. Wenn unser Denken nicht endgültig ist, so liegt darin ein großer Trost: Wir können lernen, anders zu denken, und verändern damit unser Schicksal. Wir können uns durch eine neue Art zu denken eine vollkommen neue Lebenssituation schaffen.
4. Es gibt allerdings eine Schwierigkeit bei der Analyse unserer Denkweise: Die meisten Menschen sind sich gar nicht darüber im Klaren, nach welchen Werten sie wirklich leben und wie sie wirklich denken. Viele haben in bestimmten Gebieten Lebenslügen ausgebildet. Fangen wir damit an, diese Lebenslügen zu enttarnen.

Wie denken Sie wirklich über Geld und Einkommen?

Wenn wir uns damit beschäftigen, wie unterschiedlich unsere Art zu denken ist, werden Sie etwas Ähnliches wie im vorherigen Kapitel feststellen, als wir die neuen Regeln behandelt haben: *Sie werden augenblicklich von dem einen oder anderen Gedanken angezogen oder abgestoßen.*

Beides ist vollkommen in Ordnung. Denn es geht um Sie: Sie müssen herausfinden, welche Seite des Sterns für Sie langfristig die richtige ist.

Dabei ist es von Bedeutung, dass Sie sich über Ihre Werte klar werden. Wie wichtig ist es Ihnen wirklich, viel Geld zu haben bzw. das Traum-Einkommen, das Sie in Kapitel 1 notiert haben?

Und sind Sie sicher, dass Ihre Wünsche wirklich *Ihren* Werten entsprechen? Meist haben wir willkürlich Werte von unserer Familie und unserem Umfeld übernommen. *Oftmals glauben wir auch nur, gewisse Werte zu haben, und leben ganz anders, als diese es verlangen würden.* Gerade beim Thema Geld und Einkommen erlebe ich das immer wieder.

Die Lebenslügen in Bezug auf Geld

Eine Lebenslüge erkennen wir daran, dass jemand fortgesetzt anders handelt, als es seinem Wertesystem entsprechen würde. Erinnern Sie sich an das Hamsterrad? Die Menschen darin werden vom Geld regiert. Angst lässt sie nachts wach liegen; und morgens stehen sie auf und fahren zu einer Arbeit, deren Lohn ihnen die Existenz sichern soll. Und dabei weigern sie sich hartnäckig, die Wahrheit anzuerkennen: Das Thema Geld beschäftigt sie Tag und Nacht; es regiert ihr Leben.

Oftmals hören wir diese Menschen sagen: »Geld macht nicht glücklich« – während sie alles daransetzen, möglichst hart zu arbeiten und ausreichend zu verdienen. Warum sollte jemand, dem »Geld nicht wichtig ist«, jeden Tag acht bis zehn Stunden arbeiten – häufig in einem Job, den er nicht einmal richtig mag? Und damit nicht genug: Viele dieser Menschen stehen auch noch Tag für Tag auf ihrem Weg zur Arbeit und zurück nach Hause im Stau. Warum das alles?

Die Antwort lautet: *Aus Angst. Aus Angst, kein akzeptiertes Mitglied der Gesellschaft zu bleiben. Aus Angst, als Versager dazustehen.*

Und die gleiche Angst treibt diese Menschen, ihren Kindern zu raten: »Geh zur Schule, lerne fleißig und suche dir einen sicheren Job.« Denn Menschen, die keine gute (akademische) Ausbildung haben, werden von manchen Kreisen der Gesellschaft gering geachtet. Ein

Teil dieses »Misserfolgs« fällt natürlich auch auf die Eltern zurück. Davor haben sie Angst und drängen umso vehementer: »Lerne fleißig und komm mit guten Noten nach Hause.« Angst ist aber kein guter Ratgeber.

Angst lässt uns auf falsche Sicherheiten vertrauen: Wir wollen an eine sichere Arbeitsstelle glauben. Der feste Job soll wie eine Medizin gegen die Angst wirken. In Wahrheit wären wir aber viel besser beraten, wenn wir lernten, mit der Angst umzugehen. *Jegliche »Sicherheit«, die von außen kommt, ist lediglich eine Illusion.* Da sie nicht unserer Kontrolle unterliegt, können externe Kräfte sie jederzeit auch wieder nehmen. Sicherheit muss in uns selbst entstehen. *Niemand kann uns Sicherheit schenken – wir werden dann nur abhängiger, noch unsicherer und ängstlicher.*

Vor kurzem habe ich im Fernsehen eine Frau gesehen, deren Mann nach neunzehn Jahren »treuer Firmenzugehörigkeit« sang- und klanglos entlassen wurde. Sie sagte mit Tränen in den Augen: »Neunzehn Jahre haben wir für unsere Sicherheit gearbeitet – und nun sitzen wir auf der Straße; das ist nicht fair.« Ich wäre am liebsten ins Fernsehen gesprungen, um ihr zu sagen, dass sie neunzehn Jahre lang nur die Illusion von Sicherheit hatte. Für jemand anderen zu arbeiten bedeutet keine Sicherheit; es ist nur die Illusion von Sicherheit.

Mut zur Wahrheit

Als ich damals aufschreiben musste, wie viel ich in drei Jahren verdienen will – es waren 100 000 Mark monatlich, also 50 000 Euro –, da hatte ich gesagt: »So viel brauche ich nicht. Und ich glaube auch nicht, das so viel Geld gut für mich wäre.«

Bald nach diesem Gespräch nahm mich mein Coach mit zu einer Party. Dort stellte er mich einem Geschäftsfreund vor. Offensichtlich war der Freund von meinen Einwänden unterrichtet. Er war ein sehr eindrucksvoller und reicher Mann; und so war ich geschmeichelt, als er mich zu einem längeren Gespräch an seinen Tisch holen ließ. Aber was ich zu hören bekam, traf mich sehr.

Er sagte: »Ich habe Sie beobachtet. Sie hätten gern viel Geld. Es ist eine Lüge, wenn Sie denken, Sie wären auch mit wenig zufrieden. *In Wahrheit glauben Sie nicht, dass Sie jemals so viel verdienen können.*« Und dann sagte er sehr eindringlich etwas, das ich nie vergessen habe: »*Sie dürfen sich niemals selbst belügen.* Wenn Sie damit anfangen, sind Sie erledigt.«

Die Natur von Jobs

Ein Angestellter »besitzt« einen Job; ein Unternehmer besitzt eine Firma. Ein Angestellter ist Teil des Systems, für das er arbeitet, darum kann er nicht flexibel sein – er muss sich oft an seinem Arbeitsplatz aufhalten. Der Besitz eines Jobs ist aber in Wahrheit oft wenig wert: Der Angestellte kann seinen Job nicht verkaufen. Und wenn er entlassen wird, entpuppt sich sein »sicherer Besitz« als Illusion.

Mallorca und andere Inseln sind voll von ehemaligen Unternehmern, die ihre Firmen verkauft haben und nun angenehm von dem Erlös leben. Aber was ist mit den Angestellten, die diesen Verkauf zumindest mit ermöglicht haben? Meist erhalten sie nichts; dann macht sich Traurigkeit oder Wut breit. Die Gerechtigkeitsfalle lauert: »Das ist unfair …«

Aber es ist nicht die Aufgabe des Firmenbesitzers, seine Angestellten reich zu machen. Seine Aufgabe ist es, ein sicheres Gehalt zu zahlen, solange das Arbeitsverhältnis besteht. Es ist unsere Aufgabe, wohlhabend zu werden. Unsere Aufgabe allein. Die Natur eines Jobs ist Gehalt und nicht Wohlstand.

Bislang scheint es so, als seien Angestellten-Tätigkeiten nur nachteilig. Dieser Meinung bin ich aber ganz und gar nicht. Es gibt eine ganze Reihe von Vorteilen.

Die wahren Vorteile eines Jobs

1. Zum einen beschützt ein Job mit seinen Zwängen einen undisziplinierten Menschen vor sich selbst. Solange Disziplin ein ernstes Problem darstellt, sind wir gut beraten, in einem Angestellten-Verhältnis zu bleiben.
2. Ein Angestellter kann sich vollkommen auf *eine einzige* Tätigkeit konzentrieren. Er muss sich nicht mit unzähligen anderen Dingen beschäftigen – wie ein Unternehmer. Dies kann zum Beispiel für einen Forscher ein wichtiges Argument sein.
3. Feste und vor allem kürzere Arbeitszeiten ermöglichen einen geregelten Feierabend und Urlaub. Wer sich mehr anderen Bereichen des Lebens widmen will (Familie, Freunde, Hobbys, Sport ...), der wird dies leichter tun können. Ein Unternehmer muss gerade am Anfang wesentlich härter und länger arbeiten.
4. Wer gesundheitlich oder emotional angeschlagen ist, dem kann eine Firma mit ihren festen Strukturen eine willkommene Hilfe sein. Eine solche Person hat vielleicht genug Energie und Nervenstärke, um ihren Job zu erledigen, aber nicht für den Aufbau einer Selbständigkeit.
5. Für die Erfolgskontrolle sind andere zuständig. Viele Menschen schätzen ein klares Feedback. Manche Selbständige erhalten manchmal erst nach Jahren Anerkennung und Gewinn.
6. Die Wege sind weitgehend vorgegeben. Eigene Ideen sind nicht in dem Maße notwendig wie bei Unternehmern.
7. Perfektionisten tun sich naturgemäß recht schwer mit einer wichtigen Voraussetzung für Selbständige: Fehler zu akzeptieren und lieber fehlerhaft zu beginnen als perfekt zu zögern. In einem Job, der Perfektion verlangt, können sie oft eher ihr Naturell ausleben.
8. Die Stärke vieler Menschen liegt eher darin, Aufgaben umzusetzen als Aufgaben zu verteilen.

Ich kenne viele Menschen, die ausgezeichnete Angestellte sind. Sie machen einen fantastischen Job und sind glücklich. Sie haben ihren Platz im Leben gefunden: Sie setzen ihre Stärken und Neigungen an der richtigen Stelle ein. Keine Firma und keine Idee könnte ohne solche Persönlichkeiten existieren.

In vielen Management-Büchern lese ich, solche Menschen seien das wichtigste »Guthaben« einer Firma. Auch wenn das nett gemeint sein mag – ich bin da ganz anderer Meinung. Ich weiß: *Diese Persönlichkeiten SIND die Firma.*

Ich selbst habe das Glück, mit einer ganzen Reihe von solchen liebens- und achtenswerten Menschen in meinen Firmen zusammenzuarbeiten. Wir schätzen uns gegenseitig: Jeder ist wichtig; jeder hat seine besonderen Stärken. Zusammen bilden wir ein sehr gutes Team.

Es gibt kaum etwas Schlimmeres, als im falschen Feld zu arbeiten. Und es gibt kaum etwas Erfüllenderes, als in dem für uns richtigen Feld zu arbeiten.

Die Natur von freiberuflichen Tätigkeiten

In vieler Hinsicht gleicht das Denken vieler Freiberufler dem der Angestellten. Darum befinden sich diese beiden Felder auch auf derselben Seite des Sterns. Fast immer ist ein Freiberufler nicht nur Teil des Systems, sondern das System selbst. Es gibt aber darüber hinaus insbesondere zwei wichtige Punkte zu beachten:

1. *Dieses Feld ist das härteste;* nirgendwo sonst gibt es eine so hohe Pleitequote.
2. Für einen Freiberufler ist manchmal der Erfolg schlimmer als die Pleite; für viele gilt: *Solange er Erfolg hat, muss er länger und härter arbeiten.*

Ein Freiberufler muss oftmals vieles in einer Person sein: Er nimmt Anrufe entgegen; er macht die Buchführung und schreibt Rechnungen; er macht das Marketing, die PR und die Werbung; er betreut die Kunden bzw. Patienten; er ist Personalchef; er vertritt krank gewordene Mitarbeiter; er bereitet die Steuererklärung vor …

Wohl auch darum ist die Lebenserwartung von Ärzten und

Rechtsanwälten am niedrigsten: Sie werden durchschnittlich nicht einmal 60 Jahre alt, während der Schnitt aller übrigen Menschen bei über 74 Jahren liegt.

Die Einstellung, die dahinter liegt, ist oft die mangelnde Bereitschaft zu delegieren: »Keiner kann das so gut wie ich.« »Bis ich jemanden eingearbeitet habe, habe ich es dreimal selbst getan.« Solche Glaubenssätze begünstigen natürlich eine kontinuierliche Überarbeitung.

Die linke Seite des Sterns

Es gibt wahre Horrorgeschichten über Unternehmer und Investoren. Oft werden sie als gierige, machtbesessene und skrupellose Menschen beschrieben. Nach dem Motto: »Das Herz dieser Menschen eignet sich gut für eine Organspende; es wurde nie benutzt.«

Tatsächlich gibt es in jedem Feld des Sterns gute und böse Menschen. Es gibt überall wertvolle Persönlichkeiten. Die wahren Unterschiede zwischen den einzelnen Feldern liegen in der jeweiligen bestimmten Art zu denken. Die Menschen in jedem einzelnen Feld haben jeweils bestimmte charakteristische Prioritäten. So sind zum Beispiel Leuten auf der linken Seite des Sterns besonders die im Folgenden aufgelisteten Dinge wichtig:

1. Sie lieben ihre Freiheit.
2. Sie wollen gestalten können und Verantwortung übernehmen.
3. Probleme und Herausforderungen sind ein willkommenes Spiel.
4. Risiken einzugehen ist für sie logisch und in Ordnung.
5. Sie üben gern Macht und Einfluss aus.
6. Sie wollen mehr Geld – sie wollen passives Einkommen.
7. Sie erschaffen gern etwas.
8. Freizeit und Arbeitszeit wollen (und können) sie nicht trennen.
9. Arbeit steht weit oben auf ihrer Prioritätenliste.
10. Meist kommunizieren sie gern und können andere führen.
11. Sie haben ihre eigene Vorstellung, wie Dinge getan werden sollten (eignen sich nicht gut als Angestellte).

12. Sie analysieren und lernen ständig.
13. Sie sind selbstsicher und suchen ihre Sicherheit in sich.
14. Sie können sich gut fokussieren und verfolgen ihre Ziele konsequent (was für andere wie Egoismus anmutet).

Der direkte Vergleich

Um die unterschiedlichen vorherrschenden Denkweisen in den einzelnen Feldern noch besser verständlich zu machen, möchte ich nun einige paarweise miteinander vergleichen:

- **Investor und Unternehmer:** Der Banker könnte denken: »Der kennt den Wert des Geldes nicht; wer das Geld hat, hat die Macht. Und er hat sich noch nicht einmal bedankt.« Der Unternehmer denkt: »So viel ärgerlichen Papierkram für so einen lächerlichen Kredit. Die sollen sich nicht so anstellen; schließlich leben die von meinen Zinszahlungen.« Der Investor gibt möglichst schon auf, bevor Schwierigkeiten auftreten; der Unternehmer kämpft gerade dann, wenn es schwierig wird. Der Investor legt seine Investments so an, dass er sich möglichst rasch wieder von ihnen trennen kann; der Unternehmer will etwas Dauerhaftes errichten. Der Investor verleiht Geld, wenn die Sonne scheint; der Unternehmer ist ein Allwettertyp.
- **Freiberufler und Unternehmer:** Ein Steuerberater spart seinem Mandanten erheblich Steuern und schickt ihm seine Rechnung. Der Unternehmer denkt: »Der hat mir wahrscheinlich seine Golfstunden mitberechnet. Die meiste Arbeit hat eh die Buchhalterin gemacht. Für das Geld, das ich an den zahle, könnte ich den ganzen Laden kaufen.« Der Steuerberater denkt: »Er könnte ruhig dankbar sein. Stattdessen unternimmt er nichts, um Ordnung in seine Unterlagen zu bringen.« Der Freiberufler hasst Fehler und Unordnung; der Unternehmer hasst Bürokratie und Perfektionismus. Durch ihre unterschiedlichen Stärken ergänzen sie sich optimal.

- **Angestellter und Unternehmer:** Der Unternehmer will *zuerst* mehr Leistung und Ergebnisse sehen, der Angestellte will *zuerst* mehr Gehalt. Der Angestellte sieht Unternehmensgewinne als verdient an und will sie ausbezahlt sehen; der Unternehmer will die Gewinne wieder investieren bzw. eine Sicherheit für Risiken aufbauen. Geld, das der Angestellte bekommt, zahlt der Unternehmer. Das Verhältnis bleibt so lange schwierig, wie ständig ein Mittelweg gesucht wird, der beide Seiten zufrieden stellt. Besser ist es, wenn beide Seiten verstehen, dass sie nur zusammen Erfolg haben können. Der Angestellte sollte Verständnis für schwierige Zeiten entwickeln; der Unternehmer sollte in guten Zeiten die Gewinne mit seiner Belegschaft teilen.
- **Unternehmer und Experte:** Der Unternehmer will Geld und Macht, dabei bleibt er gern im Hintergrund; der Experte will Anerkennung und sucht die Öffentlichkeit. Unternehmer wollen *besser* sein; Experten wollen *anders* sein. Ein weiterer wichtiger Unterschied ist der, dass der Unternehmer Kunden akquirieren muss, während der Experte von den Kunden angerufen wird. Wenn Experten ihre Zeit optimal einteilen, so verwenden sie den größten Teil ihrer Arbeitszeit darauf, zu lernen und sich zu positionieren. Dadurch haben sie einen hohen Zukunftswert. Auch Experten und Unternehmer bilden eine optimale Ergänzung, wenn sie die jeweiligen Stärken des anderen schätzen lernen.

Eine Zusammenfassung

Für Angestellte, Freiberufler, Investoren, Unternehmer und Experten ist »Arbeit« jeweils etwas vollkommen anderes; wenn sie mehr Geld haben wollen, dann unternehmen sie vollkommen unterschiedliche Dinge; sie teilen ihre Arbeitszeit auch oft sehr unterschiedlich ein in Zeit für das Tagesgeschäft, Zeit für Lernen und Zeit, um sich zu positionieren. Die folgende zusammenfassende Tabelle hat den Nachteil zu verallgemeinern und den Vorteil einer einprägsamen Übersicht.

Wie er arbeitet		Was er tut, um mehr Geld zu verdienen	Tatsächliche geschätzte Aufteilung der Arbeitszeit zwischen Tagesgeschäft, Lernen und Positionieren in Prozent und die optimale Aufteilung
A	Arbeitet für das System	Bittet um mehr Gehalt oder sucht Nebenjob (bzw. anderen Job)	95 / 5 / – (optimal wäre: 70 / 10 / 20)
F	Ist das System	Arbeitet härter	80 / 15 / 5 (optimal wäre: 40 / 30 / 30)
I	Investiert in System	Sucht Chancen	50 / 50 / – (optimal wäre: 45 / 45 / 10)
U	Schafft und besitzt System	Baut Unternehmen auf und verkauft sie (ganz oder teilweise)	85 / 5 / 10 (optimal wäre: 33 / 33 / 33)
E	Verbessert das System	Spezialisiert sich weiter	80 / 10 / 10 (optimal wäre: 33 / 33 / 33)

Der nun folgende Power-Tipp ist einer der wichtigsten im ganzen Buch – wenn nicht der wichtigste überhaupt. Niemand liebt schriftliche Übungen. Aber wenn dieses Buch für Sie hilfreich sein soll, so müssen Sie auf jeden Fall ermitteln, welches Feld des Sterns für Sie das richtige ist. Alle späteren praktischen Tipps bauen darauf auf, dass Sie hier die eine Entscheidung treffen. Bitte lesen Sie nicht weiter, ohne sich einige Zeit mit diesen Fragen auseinander gesetzt zu haben – schriftlich!

Power-Tipp

Für unser Lebensglück ist es von großer Bedeutung, dass wir unseren »Platz« im Arbeitsleben finden. Überprüfen Sie, ob Sie sich in dem für Sie optimalen Feld aufhalten. Stellen Sie sich dabei folgende Fragen und beantworten Sie diese *schriftlich* (in Ihrem Einkommens-Journal):

- Was ist mein Lebensziel? Kann ich es in dem Feld des Sterns erreichen, in dem ich mich zurzeit befinde?
- Welches Einkommen strebe ich an? Kann ich es in meinem Feld erreichen?
- Entspricht mein Feld meinem Wesen? Kann ich mich dort ausleben? Bin ich dort glücklich? Warum ja, warum nicht?
- Warum bin ich zu dem Feld gelangt, in dem ich mich jetzt befinde? Gelten diese Gründe heute noch?
- Unter Berücksichtigung meiner persönlichen Neigungen und charakterlichen Besonderheiten: Welche Vorteile und welche Nachteile hat das Feld, in dem ich mich gerade befinde, für mich? Bitte unbedingt mindestens zehn Punkte *schriftlich* festhalten.
- Unser Ziele ändern sich. Legen Sie darum jetzt fest, wann Sie diese Fragen erneut durchdenken werden.

Die Lösung: viele Einkommensströme

Mein Coach sagte oft zu Angestellten: »*Machen Sie niemals Überstunden, um mehr zu verdienen. Nehmen Sie auch niemals einen zweiten Job an.*« Der Grund dafür ist einfach: Man wäre wieder auf der rechten Seite des Sterns.

Der Rat meines Coaches war: »Lernen Sie zu investieren. Starten Sie einen neuen Einkommensstrom; einen Strom, der nie versiegt. Lernen Sie zu verkaufen. Kaufen Sie ein altes Auto und restaurieren Sie es – oder ein altes Haus. Gründen Sie ein kleines Unternehmen. *Bevor Sie auch in Ihrer Freizeit gegen Stundenlohn arbeiten, sollten Sie lernen, vielfach zu verdienen.*«

Lernen Sie nach und nach die neuen Regeln. Wir stehen auf zwei Beinen besser als auf einem – suchen Sie sich ein zweites Standbein. Lernen Sie die Gesetze des Investierens. Positionieren Sie sich als Experte. Dafür müssen Sie Ihren Job nicht aufgeben. *Nehmen Sie niemals einen zweiten Job auf der rechten Seite des Sterns an.* Sorgen Sie dafür, dass Sie zusätzliches Geld mit einer Tätigkeit verdienen, durch die Sie etwas lernen können. Und die nach den neuen Regeln funktioniert!

Power-Tipp

Schaffen Sie sich ein zweites Standbein. Schaffen Sie sich zusätzliche Einkommensströme. Hier die wichtigsten Ratschläge, wenn Sie ein zusätzliches Einkommen generieren wollen:

- Erschließen Sie sich einen zweiten Einkommensstrom. Wenn der Nebenverdienst aus der gleichen Quelle kommt wie Ihr Haupteinkommen, so können Sie nicht von einem zweiten Bein sprechen.
- Suchen Sie eine Tätigkeit, durch die Sie viel lernen, die Sie fordert und an der Sie wachsen. Lernen Sie die Regeln des Einkommensspiels im Kapitel 7 kennen. So wird Ihre Straßen-Schlauheit gefördert. Lernen erhält einen praktischen Bezug und bringt nebenbei noch Geld.
- Lernen Sie verkaufen: sich selbst, eine Dienstleistung, Ideen, Produkte, Wissen, Informationen …
- Gehen Sie Risiken ein. Haben Sie keine Angst vor Fehlern. Wenn bei einem Nebenverdienst etwas schief geht, so ist das nicht existenzbedrohend. Sie haben das Netz Ihrer Haupttätigkeit. Ein ausgezeichnete Chance, sich eine größere Risikobereitschaft anzutrainieren.
- Lassen Sie sich nicht für Ihre Zeit bezahlen. Halten Sie Ausschau nach Möglichkeiten, *vielfach* bzw. passiv zu verdienen. Erschaffen Sie etwas, das Sie verkaufen können.

- Versuchen Sie eine Tätigkeit zu finden, die Ihnen Spaß macht und die Ihren Fähigkeiten entspricht. Fragen Sie sich: Wie kann ich mit meinem Hobby Geld verdienen?
- Denken Sie immer wieder darüber nach, wie Sie sich als Experte positionieren können. Ich glaube zum Beispiel, dass in vielen Menschen der Stoff für ein gutes Buch steckt.
- Was auch immer Sie tun: Sie sollten *auf jeden Fall zusätzlich* Investor werden. Schaffen Sie sich eine Geldmaschine.

Haben Sie bereits für sich entschieden, welche Denkweise Ihnen momentan am nächsten liegt? Abschließend in diesem Kapitel geht es um die Frage, welche unterschiedliche Art zu denken jeweils in den drei Schichten unserer Bevölkerung vorherrscht.

Die nachfolgenden Überlegungen können für Sie sehr hilfreich sein, wenn Sie sich Klarheit darüber verschaffen, wo Sie stehen und wohin Sie wollen. Erinnern Sie sich: Unsere äußeren Umstände sind lediglich das Spiegelbild unserer Gedanken.

Die Denkweise in den drei Schichten der Bevölkerung

Die Bundesregierung hat in ihrem großen Armuts- und Reichtumsbericht 2001 bestätigt, dass wir in Deutschland drei Schichten haben: die Armen, die Mittelschicht und die Reichen. Die Studie der Bundesregierung hat die Unterschiede an der Vermögens- und Einkommens-Situation der Menschen festgemacht.

Das ist meines Erachtens nicht ausreichend und daher nicht völlig korrekt; denn ein Mensch kann vorübergehend in eine finanzielle Situation geraten, die nicht seinem Wesen und seiner Denkweise entspricht. So zum Beispiel ein Unternehmer, der Pleite macht, aber sich davon bald wieder erholt; oder ein Lottogewinner, der seinen Gewinn innerhalb kurzer Zeit verprasst. Viel wichtiger ist es, sich an den Ähnlichkeiten des Denkens zu orientieren.

Sie werden erstaunt sein, wie sehr sich bestimmte Gewohnheiten im Denken und Handeln innerhalb einer Schicht gleichen. Und wie unterschiedlich die drei Schichten denken und handeln.

Wahrscheinlich fallen Ihnen sofort einige Unterschiede ein, wenn Sie an die drei Schichten denken. Manches mag wie ein Klischee wirken; oft trifft es den Kern aber ziemlich genau. Ich habe auf den folgenden Seiten die wichtigsten Unterschiede zusammengetragen in Bezug auf:

- Geld und Einkommen,
- Leistung und Arbeit,
- den Umgang mit den neuen bzw. alten Regeln
- und die Erwartung ans Leben mit allen Träumen und Zielen.

Dabei war es für mich sehr hilfreich, dass ich auf meinen Seminaren und nach Vorträgen mit vielen tausend Menschen gesprochen habe.

Die Lehren meines Coaches

Angefangen aber hat es damit, dass mein Coach mich auf wichtige Unterschiede aufmerksam machte.

Er fragte mich: »Was sind Ihre finanziellen Ziele?« Ich antwortete: »Ein gutes Einkommen.« Er erklärte: »Arme wollen kurzfristig einen möglichst hohen Stundenlohn; die Mittelschicht will ein gutes Einkommen; Reiche wissen, dass es wichtiger ist, Vermögen zu bilden. Vermögend werden Sie nur durch das Geld, das Sie behalten.«

Ich fragte ihn: »Was ist eigentlich die Mittelschicht?« Er antwortete: »Die Mittelschicht ist nicht reich genug, ohne Arbeit zu leben; aber ihr Einkommen reicht aus, um regelmäßig für Rücklagen zu sorgen. Nehmen Sie Versicherungen: Reiche investieren; Arme versichern sich; die Mittelschicht beteiligt sich ein wenig an beidem.«

Eines Tages sagte er: »Verkaufen Sie Ihr Auto. Ein Auto sollte maximal so viel kosten wie ein zweifaches Monatseinkommen. Viele Menschen in der Mittelschicht geben fast ein ganzes Jahreseinkommen für ein Auto aus. Und weil sie sich das nicht leisten können, leasen sie. Dadurch wird das Auto noch teurer.«

Eines Tages brach meine Waschmaschine zusammen. Ich fuhr in die Stadt, um eine neue zu kaufen. Insgesamt verglich ich die Preise in sechs Geschäften. Nach fünf Stunden hatte ich eine sehr gute Waschmaschine gekauft, die ich rund 35 Euro billiger bekam. Mein Coach war entsetzt: »Nur Arme und Menschen aus der Mittelschicht setzen ihre Zeit ein, um Geld zu sparen. *Reiche setzen Geld ein, um Zeit zu sparen.* Zeit ist viel mehr wert als Geld. In den fünf Stunden hätten Sie außerdem viel mehr verdienen können als die eingesparten 35 Euro.«

Mein Coach sagte: »Arme arbeiten für ihr Geld, die Mittelschicht arbeitet härter für ihr Geld; Reiche lassen ihr Geld für sich arbeiten.« Ich dachte: »Der hat gut reden.« Aber er erklärte mir, dass meine jetzigen Gedanken meine Zukunft bauen. Er sagte: »Arme wissen oft nicht, was sie wollen. Und so bekommen sie oft auch nichts. Die Mittelschicht sagt: ›Das kann ich mir nicht leisten.‹ Und so bekommen sie es meist auch nicht. Diejenigen, die morgen reich sein werden, fragen heute: ›Wie kann ich es mir leisten?‹«

Ich fragte: »Gibt es diese unterschiedliche Denkweise wirklich auf allen Gebieten?« Er sagte: »Auf fast allen. Nehmen Sie den Umgang mit Risiken. Reiche gehen Risiken ein; und sie behandeln sie als *messbare* Ungewissheit. Arme sehen in Risiken eine Verlustgefahr; Reiche eine Gewinnchance; die Mittelschicht sieht in einem Risiko beides: Gefahr und Chance. Was von beiden eintritt, ist für sie Zufall. Ist die allgemeine Stimmung gut, kaufen sie Aktien; ist sie schlecht, kaufen sie Renten. Das Wort ›Armut‹ kommt von ›arm an Mut‹.«

Tabellen sind nicht jedermanns Sache. Ich möchte Sie trotzdem bitten, die nachfolgende Tabelle aufmerksam zu studieren. So erkennen Sie die Unterschiede zwischen den drei Schichten sehr deutlich. Fragen Sie sich: Wo stehe ich heute? Wie denke und handle ich? Vielleicht ist es eine gute Idee, wenn Sie die Beschreibungen markieren, die auf Sie zutreffen. Und mindestens genauso wichtig: Ermitteln Sie für sich: Wo will ich hin – und welche Denk- bzw. Handlungsweisen sollte ich demzufolge übernehmen?

	Arme (Existenzminimum)	**Mittelschicht**	**Reiche (mit finanzieller Intelligenz)**
Job	Sucht Job – findet oft keinen.	Sucht/hat möglichst besten Job.	Schafft Jobs.
Finanzielle Schwierigkeiten	Sagt: »Ich bin arm« (dauerhaft).	Sagt: »Ich bin weder arm noch reich.«	Sagt: »Ich bin jetzt pleite« (vorübergehend).
Einkommen	Arbeitet für Geld/ staatliche Unterstützung.	Arbeitet härter für mehr Geld.	Geld arbeitet für ihn.
Umgang mit Geld	Kleines Hamsterrad: Konsumschulden	Großes Hamsterrad: hohe Verbindlichkeiten + Konsumschulden. Muss Zinsen zahlen.	Investitionen: erhält Zinsen.
Umgang mit Enttäuschungen	Fragt: »Warum immer ich?« (Verbindlichkeit, die bremst.)	Resigniert: »Nie wieder!« für weitere Unternehmungen.	Lernt! Eine Investition
Einstellung zu Risiken und Investitionen	Verlustgefahr: Will überleben, weicht Risiken aus.	Zufall entscheidet über Gewinn und Verlust. Will Sicherheit (mit 65) mit kleineren Risiken.	Gewinnchance: Will Freiheit, geht auch große Risiken ein.

	Arme (Existenzminimum)	**Mittelschicht**	**Reiche (mit finanzieller Intelligenz)**
K.l.u.w.	TV	Überwiegend schul-klug	Überwiegend straßen-schlau, lernt von Vorbildern.
Fokus	Möglichst hoher Stundenlohn	Lieber sicheres als hohes Einkommen	Vermögen
Cashflow Management	»Wie viel habe ich im Portemonnaie?«	»Was kann ich mir auf Kredit leisten?«	»Wo kann ich investieren?« Keine Konsumschulden.
Investitionen	Großbildfernseher mit Dolby-Surround-System	LV, Bundesschatzbriefe, T-Aktie (je nach Marktstimmung Ausflüge in den Aktienmarkt)	Je nach Risikobefindlichkeit angestrebte Rendite: 10 – 15 % p. a.
Haus	Hätte gern eins.	Größte »Investition«	Eine Verbindlichkeit, zahlt für monatliche Raten maximal 10 – 15 % vom Einkommen.
Investitionssystem	LV abschließen und spätestens nach vier Jahren mit Verlust kündigen.	Verdienen, sparen.	Geld machen, dann aus Geld mehr Geld machen lassen von guten Beratern.
Arbeitssystem	Einfach immer weiter.	Ist das System.	Schafft Systeme.

Zeit-Geld-Verhältnis	Kein Plan oder System für Umgang mit Zeit und Geld	Setzt Zeit ein, um Geld zu sparen.	Setzt Geld ein, um Zeit zu sparen.
Reaktion auf Bodo Schäfers Bücher	Kann ich nicht umsetzen.	Gut geschrieben, aber manchmal realitätsfremd und zu optimistisch.	Bestätigt mich, aber manchmal zu pessimistisch.
Vorbilder, Ratgeber	Die Masse als Vorbild, sucht Rat bei armen Freunden und Familie.	Höherer Angestellter/respektierte Freiberufler als Vorbild. Ratgeber: Banker der Hausbank und Versicherungsvertreter.	Vorbild: Glückliche und erfolgreiche Menschen. Ratgeber: vermögende Berater auf Empfehlung.
Größtes finanzielles Ziel	Keine Schulden mehr.	Bereits mit 58 Jahren in Rente gehen.	Absolute finanzielle Freiheit – so bald wie möglich.
Auto und andere Prestige-Objekte	Ein tolles Auto würde alles ändern.	Das größte und beste, das ich leasen kann. Ist »steuerlich günstig«.	Maximaler Anschaffungspreis = doppeltes Monatsgehalt.
Finanzplan	Alle Rechnungen bezahlen.	Rente sichern.	Exakter finanzieller Plan, der Einkommen, Steuer, Sparrate und Zinseszins berücksichtigt.
Regeln	Arbeitet streng nach alten Regeln.	Arbeitet überwiegend nach alten Regeln.	Lebt nach neuen Regeln! Macht die Regeln.

Haben Sie sich in der Tabelle wiedergefunden? Sind Ihre überwiegenden Handlungen und Denkweisen symptomatisch für eine der beschriebenen Schichten?

Unsere Art zu denken entscheidet, wie wir handeln. Wie wir handeln entscheidet, welche Gewohnheiten wir annehmen. Unsere Gewohnheiten bestimmen über unser Schicksal.

Bitte notieren Sie Ihre Erkenntnisse aus der Tabelle bzw. aus diesem Kapitel:

In diesem Teil des Buches fehlt Ihnen nun noch ein wichtiger letzter Baustein: die Frage nach der Leidenschaft Ihres Lebens. Was könnten Sie tun, das Sie möglichst oft in den Flow-Zustand versetzt? Was macht Ihnen wilden Spaß? Diese Fragen werden wir in den nächsten beiden Kapiteln beantworten. Dann erst können wir uns den praktischen Tipps zuwenden, wie Sie mehr verdienen.

Denn es macht keinen Sinn, immer schneller die Einkommensleiter emporzuklettern, wenn sie an der falschen Mauer angelehnt ist. Sie kämen nur schneller ans falsche Ziel. Glück und Erfüllung blieben auf der Strecke – vielleicht auch Ihre Gesundheit. Vor allem würden Sie nie erfahren, wie gut Sie wären, wenn Sie etwas täten, das Ihnen wirklich Spaß macht und das Ihren Fähigkeiten entspricht. Finden wir es heraus …

5

Wilder Spaß und Talent = Flow

Ehe du das, wonach du suchst,in der Welt finden kannst,
musst du es erst einmal in dir selbst entdecken.
(Quelle unbekannt)

75 Prozent der Zeit, in der wir wach sind, verwenden wir darauf, zu arbeiten oder uns auf die Arbeit vorzubereiten (anziehen, zur Arbeit fahren, nachdenken über die Arbeit, Pausen, um Kraft für die Arbeit zu schöpfen ...). Einen erheblichen Teil dessen, was wir Freizeit nennen, arbeiten wir ebenfalls: putzen, einkaufen, Gartenarbeit, Reparaturen, waschen, aufräumen, bügeln, privater Papierkram ... Ich glaube, wir können uns leicht darauf einigen zu sagen: Der größte Teil unseres Lebens besteht aus Arbeit.

Wenn wir aber so viel arbeiten, dann kann es nicht angehen, dass wir dies nur tun, um Geld zu verdienen. Das Leben ist zu kostbar, um es bis zur Rente an uns vorüberziehen zu lassen. *Wir dürfen ruhig höhere Ansprüche stellen – viel höhere.* Wenn wir arbeiten, sollten wir Spaß haben – und das reicht noch nicht: Wir sollten *wilden* Spaß haben. Und wir sollten dabei unsere Talente einsetzen, denn das macht den wilden Spaß auf Dauer erst möglich. Wir sollten immer häufiger den Zustand anstreben und erleben, den Forscher Flow nennen.

Wahrer beruflicher Erfolg

Was ist beruflicher Erfolg wirklich? *Erfolg bedeutet, nach dem eigenen Entwurf zu leben.* Hart für etwas zu arbeiten, nur weil es Geld bringt, ist das, was am allerweitesten vom Erfolg entfernt ist. Immer mehr Menschen spüren das heute.

Unser Verdienst ist bei weitem nicht der einzige Gradmesser. Sie sollten dafür sorgen, dass Ihr Leben würdevoll und voller Sinn ist. Wir brauchen – noch vor dem Geld – emotionale Komponenten wie Glück, Erfüllung und Friede. Diese Gefühle stellen sich erst ein, wenn wir einen höheren Sinn für unser Handeln haben. Wir können dem Kind viele Namen geben: die Leidenschaft Ihres Lebens, Flow, Lebenssinn, die Aufgabe, die Sie mit Begeisterung erfüllt, wilder Spaß … Gemeint ist immer dasselbe: Nennen wir es der Einfachheit halber Flow und Sinn.

Khalil Gibran sagte: »Arbeit ist sichtbar gemachte Liebe. Und wenn Sie nicht mit Liebe, sondern nur mit Widerwillen arbeiten können, ist es besser, Sie geben Ihre Arbeit auf und sitzen am Portal des Tempels und nehmen Almosen von denen, die mit Freude arbeiten.«

Sieben Gründe für Flow

Es gibt gute Gründe, einer Arbeit nachzugehen, die Flow ermöglicht und die sinnvoll ist. Einige der wichtigsten möchte ich Ihnen kurz vorstellen.

Erstens: Motivation, um schwierige Situationen zu meistern. Es ist wichtig, den Mut zu bewahren, wenn uns Schicksalsschläge treffen. Aber wenn wir wissen, warum wir etwas tun, dann können wir mit Problemen viel besser umgehen, dann können wir die Zuversicht und Kraft aufbringen, sie zu bewältigen. *Je sinnvoller das ist, was wir tun, desto mehr Motivation haben wir, die jeweiligen Probleme zu lösen.*

Zweitens: Wer die elementaren Fragen seines Lebens nicht löst, lebt unfrei in engen Grenzen. Je weniger wir über uns selbst und unsere Werte wissen, desto unfreier sind wir. Grenzen lösen sich auf, *wenn wir unsere Ziele, Wünsche, Gefühle und Talente kennen lernen und sie mit unseren Erfahrungen in Einklang bringen.* Wenn wir Grenzen überschreiten, gelangen wir zu einem komplexeren Bewusstsein, zu tiefem innerem Frieden und Glück.

Wir dürfen und sollten alles hinterfragen. Wir haben ein Recht auf Glück und Sinn.

Drittens: Durch Tätigkeiten, die uns Spaß machen und unseren Fähigkeiten entsprechen, entwickeln wir uns am besten. *Wer längere Zeit auf einer Ebene stehen bleibt, der langweilt sich oder wird frustriert.* Das zentrale Prinzip der Evolution lautet: Du sollst mehr werden, als du bist. Wir haben das natürliche Bedürfnis, unsere Ziele immer höher zu schrauben. Das ist keine schlechte Gier, es entspricht einfach unserer Natur.

Viertens: Wer Flow nicht im Job erlebt, sucht ihn oft im Fernsehen – und verpasst es, selbst zu leben. Wenn wir in unserem Job nicht gefordert werden, brauchen wir uns nicht richtig zu konzentrieren. Entropie – gedankliche Unordnung tritt ein.

Das aber ist ein Zustand, den wir nicht ertragen können. Also lenken wir uns ab – zum Beispiel durch triviale Unterhaltung durch das Fernsehen (aber auch durch andere unsinnige Aktivitäten oder Drogen). Im Fernsehen schauen wir dann Schauspielern zu, die so tun, als würden sie leben. Realität wird nachgeäfft. Natürlich kann die Leere auf diese Art nur vorübergehend gefüllt werden. Das Fernsehen dient also dem Abschalten einer Realität, die eingeschaltet zu lassen sich offensichtlich nicht lohnt.

Auf diese Weise zieht das Leben an uns vorüber. Mit jeder Stunde, die jemand vor dem Fernseher verbringt, lebt er selbst weniger. Fernsehen und andere Substitute stehlen Energie, ohne Energie zurückzugeben.

Fünftens: Wir brauchen ein großes Bild. Was sieht wohl eine Fliege auf dem Bildschirm eines Fernsehgerätes? Viele schwarze Punkte; keine Struktur. Ähnlich fühlen sich viele Menschen: Ihr Alltag besteht aus vielen Teilen, die in keinem erkennbaren Zusammenhang stehen. Ein großes Ziel hingegen fügt alle Teile des Lebens zusammen; jede Aktivität ergibt plötzlich einen Sinn.

Sechstens: Die vier großen »L« bringen Erfüllung in unser Leben. Die vier L stehen für Leben, Lieben, Lernen und ein Lebenswerk hinterlassen. Vielleicht können nicht alle von uns große Dinge tun, aber jeder kann kleine Dinge mit großer Liebe bzw. Leidenschaft tun. Jedes der ersten drei kann glücklich machen: richtig leben, tief lieben und begeistert lernen. Aber wir haben auch ein Verlangen nach dem vierten: ein Lebenswerk, eine Legende hinterlassen.

Ich habe bisher noch keinen reflektierenden Menschen getroffen, der nicht etwas schaffen wollte, das ihn überdauerte: eine Stiftung, ein Buch, eine Firma, Kinder, einen Garten, ein Kunstwerk …

Siebtens: Viele suchen einen tieferen Sinn. Die glücklichsten Menschen, die ich getroffen habe, waren immer die, die einen höheren Sinn in ihrem Leben gefunden hatten; es waren Menschen, die das Gefühl hatten, an etwas zu arbeiten, das größer ist als sie selbst.

Was ist Flow?

Der schönste und befriedigendste Zustand, den wir bei unserer Arbeit erreichen können, ist der des Flow.

Professor Mihaly Csikszentmihalyi ist einer der wichtigsten Flow-Forscher. Er hat 100 000 Menschen in vielen Ländern nach ihren Flow-Erlebnissen befragt. Folgende Beschreibungen hat er zusammengetragen:

- Optimaler Zustand innerer Harmonie
- Das Gefühl: Ich gestalte gerade mein Leben selbst

- Tiefste Versunkenheit und höchstes Engagement
- Tief empfundenes Glück und Freude
- Die schönsten Augenblicke des Lebens
- Ekstase und Selbsterfüllung: Alles andere wird unwichtig

Ein Kletterer kann Flow am Berghang erleben; ein Musiker, während er spielt; ein Computer-Fachmann fühlt sich plötzlich »wie ein innerer Teil des Computers« ... Ich erlebe Flow, wenn ich schreibe und wenn ich einen Vortrag halte.

Die Voraussetzungen für Flow

Allerdings ereignet sich Flow nicht *willkürlich*. Es müssen einige Komponenten zusammenkommen:

1. **Klare Ziele:** Wir brauchen eine Richtung, einen Wegweiser und einen Grund bzw. ein Motiv.
2. **Kontrolle:** Wir fühlen eine enorme Kraft in uns und merken, dass wir etwas Schönes zustande bringen.
3. **Einsatz bestimmter Fähigkeiten:** Unsere Fähigkeiten müssen zu den Herausforderungen passen. Wir erkennen, warum wir lernen mussten. Hier kommen wir zu einem sehr wichtigen Punkt: *Je stärker Sie Ihre Fähigkeiten entwickelt haben, umso mehr Flow können Sie erleben.*
4. **Totale Konzentration:** Alle anderen Sorgen und Probleme werden ausgeschaltet. Auch die Sorgen um das eigene Ego verschwinden – wie die um Erfolg oder Misserfolg. Wir leben in der Gegenwart.
5. **Überschreiten der eigenen Grenzen:** Wir erleben, wie wir Teil eines Größeren werden. Der Bergsteiger wird Teil des Felsens, das Team des Chirurgen wird zu einem Organismus. Durch diesen Aspekt wird Arbeit fast zu einem mystischen und spirituellen Akt.
6. **Feedback:** Wir fühlen sofort, wie erfolgreich wir handeln. Wir haben das Gefühl, am richtigen Ort zur richtigen Zeit das Richtige zu tun.

7. **Verändertes Zeitgefühl:** Minuten dehnen sich; Stunden schrumpfen zu Minuten. Wir erleben, was Whitney Houston in ihrem Lied »One Moment in Time« nennt: to touch eternity (die Ewigkeit berühren). Die Zeit verändert sich bzw. löst sich auf.
8. **Autotelisches Erlebnis:** »Auto« bedeutet »selbst«; »telos« das »Ziel«. Wir tun ein Sache um ihrer selbst willen. Oft tun wir hingegen etwas, weil wir müssen oder weil wir einen Vorteil davon erwarten. In solchen Fällen leben wir nicht richtig im Augenblick.

Die Vorteile von Flow

Kennen Sie das Gefühl, Ihr Leben zu verschwenden? Immer kurz davor zu stehen zu leben – aber nie wirklich zu leben? Oder haben Sie schon erlebt, dass Ziele, die Sie eine Zeit lang motiviert haben, plötzlich nicht mehr genug Kraft bieten, um Ihren Anstrengungen einen Sinn zu geben?

Ich glaube fest, dass Wohlstand und Glück unser Geburtsrecht sind. Es ist in jedem von uns. Aber wir müssen etwas dafür tun, um es in unserem Leben sichtbar zu machen: Und das hat mit Anstrengung zu tun. Aber wenn wir erst einige Male Flow erfahren haben, werden wir danach im positiven Sinne süchtig. Wir wollen uns dann einfach nicht mehr mit weniger zufrieden geben. Wir fordern dann unser Geburtsrecht immer stärker ein.

Flow-Erlebnisse bringen messbare Vorteile:

- **Unsere Hirnphysiologie verändert sich.** Wir sind nach jeder Flow-Erfahrung leicht verändert. Wir werden uns bewusster, wer wir sind.
- **Wir sind motivierter zu lernen und zu wachsen.** Wir werden neugieriger, entwickeln eine stärkere Neigung zu forschen, Herausforderungen zu meistern.

- **Klarheit der Gedanken.** Unzusammenhängende und deprimierende Dinge tauchen immer seltener in unserem Bewusstsein auf. Flow bekämpft Entropie (das Chaos in unserem Kopf).
- **Leistungssteigerung.** Unsere Kreativität und unsere Produktivität nehmen zu. Da wir Flow auf derselben Ebene nicht lange erleben können, müssen wir uns steigern, wenn wir wieder eine solche Erfahrung machen wollen.
- **Höheres Selbstbewusstsein.** Mit jeder Flow-Erfahrung wächst unser Selbstbewusstsein.
- **Wir sind messbar gesünder.** Wir empfinden Stress nicht als belastend; Flow trägt nachweislich zur Heilung bei.
- **Frieden.** Wir erfahren ein vollständiges Einssein mit dem Leben. Flow macht aus Entfremdung Engagement. Wer auf Leistung aus ist, sucht das Ergebnis; im Flow suchen wir die Erfahrung.

Aus all dem folgt, dass Flow-Erfahrungen zukünftig weitere ähnliche Erfahrungen begünstigen. Flow erzeugt Flow.

Besonders erfüllten Menschen ist es gelungen, ihr ganzes Leben zu einer einzigen Flow-Erfahrung umzuwandeln. Alle Teile ihres Lebens fügen sich dann zusammen, und alle Aktivitäten ergeben einen Sinn.

Was ist Sinn?

Als ich meine finanzielle Freiheit erreicht hatte, war ich noch relativ jung. Ich war am Ziel aller meiner Träume; aber ich stellte bald verwundert fest, dass ich nicht glücklich war. Was war geschehen? Ich hatte für eine gewisse Zeit die Leere und Sinnlosigkeit in meinem Leben durch das Streben nach Wohlstand überdecken können. Bald aber waren meine alten Ziele nicht mehr im Stande, mich zu motivieren. Ich begann, nach einem tieferen Sinn Ausschau zu halten.

Wenn wir um unsere Aufgabe wissen, dann ergibt alles für uns einen Sinn. Wir fühlen uns frei. Der Psychologe Victor Frankl hat dazu gesagt: »Ein Mensch, der das ›Warum‹ seiner Existenz kennt, wird fast jedes ›Wie‹ ertragen können.«

Was würden Sie tun, wenn Sie alles Geld und alle Zeit der Welt hätten? Wenn Sie sich diese Frage immer wieder stellen, werden Sie irgendwann die Antwort finden. Und dann werden Sie feststellen, dass Sie genau das Geld und genau die Zeit haben, die Sie jemals brauchen werden. Deepak Chopra sagte: »Es gibt etwas in jedem von uns, das kein anderer hat. Es gibt etwas, was Sie tun können, das kein anderer tun kann. Finden Sie es heraus und pflegen Sie es. Sie werden niemals beruflichen Schiffbruch erleiden, wenn Sie das tun, wozu Sie bestimmt sind.«

Ist das nicht Schönfärberei?

Ich habe volles Verständnis, wenn ein Leser spätestens an dieser Stelle zornig wird. Angenommen, jemand hat gerade seine Arbeit verloren, er weiß nicht, wie er die nächste Miete zahlen soll, oder andere Probleme drücken ihn. Eine andere Person hat vielleicht gerade große Schwierigkeiten mit ihrem Chef. Ein Dritter kann sich vielleicht vor Schulden nicht bewegen …

Und dann komme ich und werbe für ein Leben, das eine einzige Flow-Erfahrung sein soll. Das kann natürlich wie ein Hohn klingen für Menschen, die gerade schwere Zeiten durchmachen.

Allerdings möchte ich solchen Einwänden zweierlei entgegenhalten: Ich glaube, dass früher oder später *jeder* von uns schwere Situationen durchlebt. Niemand wird davon verschont. Wer also denkt: »Mir geht es schlechter als den meisten anderen«, der täuscht sich meist selbst. Es ist wichtig, dass wir die Schwierigkeiten, in denen wir stecken, nicht als Ausrede missbrauchen. *Erfolgreiche Menschen führen nicht deshalb ein würdevolles und sinnvolles Leben, weil sie keine Schwierigkeiten hätten; sie sind glücklich, obwohl sie schlimme Zeiten erleben.*

Mit 26 Jahren war ich pleite; und ich habe zwei lange Krankheiten gehabt. Krankheit und Pleiten sind besonders dann schlimm, wenn wir keinen Anlass finden, an eine Besserung zu glauben. Beide Male haben sich Menschen von mir abgewandt. Ich weiß, das Leben ist nicht nur eine Symphonie aus hellen und schönen Tönen. Es gibt auch dunkle, manchmal sehr dunkle Zeiten.

Jeder Mensch muss lernen: Es liegt an uns, was wir aus der jeweiligen Situation machen und was wir aus ihr lernen. *Eine Katastrophe ist beides: das Ende des Alten und die Geburt des Neuen.* Wir können auch nach der Chance in der Katastrophe suchen. Je eher wir suchen, desto eher werden wir sie finden. Das ist mit Arbeitslosigkeit so und auch mit Lebenskrisen.

Die Krise

Es ist schwer, allen Krisen zu entgehen, die das Leben bereithält. Besser lernen wir, mit ihnen umzugehen.

Dante beschreibt die Problematik einer Sinnkrise in seiner »Göttlichen Komödie« bereits um 1300: Mitten auf seiner Reise durchs Leben gerät er in die Midlife-Crisis. Er ist vom rechten Weg abgekommen und im Wald gefangen. Drei Tiere schleichen ihm nach und machen ihm Angst: der Löwe, der Luchs und die Wölfin. Sie stehen für Ehrgeiz, Lust und Gier.

Er will auf den Berg entkommen – als wäre die Einsamkeit eine Lösung. Und tatsächlich kommen die drei Bestien immer näher. Da bittet er den Geist Vergils um Rat. Vergil sagt, er habe eine gute und eine schlechte Nachricht für ihn. Die gute: Es gibt immer einen Ausweg aus dem Wald. Die schlechte: Der Weg führt durch die Hölle.

So sehr mich diese Dichtung fasziniert, so entschieden widerspreche ich doch der zweiten Nachricht Vergils. Ich glaube nicht, dass unser Weg unbedingt durch die Hölle führen muss. Ich glaube, jeder kann sich frühzeitig mit der Frage nach dem Sinn in seinem Leben auseinander setzen. Jeder kann darüber nachdenken, wie er Flow-Erlebnisse zu einem festen Bestandteil seines Lebens machen kann. Leider tun das die meisten erst dann, wenn sich ein Abgrund vor ihnen auftut.

Der Ältere begegnet dem Jüngeren

Angenommen, Sie wären bereits 25 Jahre älter; und der 25 Jahre Ältere würde Ihnen heute begegnen. Wären Sie mit dem Älteren einverstanden? Wären Sie stolz auf ihn? 25 Jahre sind eine lange Zeit: Hat er seine Chancen genutzt? Macht er einen erfüllten Eindruck? Führt er ein würdevolles und sinnvolles Leben?

Von der Gegenwart aus betrachtet, sind 25 Jahre eine lange Zeit. Aber im Rückblick sind sie schnell vorbeigezogen. *Was, glauben Sie, würde der 25 Jahre Ältere Ihnen sagen wollen?* Welchen Rat hätte er für Sie? Was ist das Wesentliche, auf das er Ihren Fokus richten würde? Was würden Sie ändern wollen – und zwar schnell – angesichts der Tatsache, dass 25 Jahre eben doch rasch vergangen sein werden?

Sie ahnen es wahrscheinlich bereits: *Dieser 25 Jahre Ältere ist in uns.* Er ist die ganze Zeit in uns. Er will mit uns reden; wir müssen nur lernen zuzuhören. Er will uns von Dingen erzählen, die über die Probleme des Alltags hinausgehen: vom Sinn, vom Geben, davon, dass wir Teil eines Ganzen sind, und er will uns auch vom Tod erzählen …

Der Tod ist ein wichtiger Bestandteil des Lebens. Leider soll er heute in unserer Gesellschaft nicht mehr stattfinden – er soll sich möglichst still und unauffällig auf sterilen Sterbeabteilungen im Krankenhaus ereignen.

Viel besser wäre es, wenn alte Menschen bis zu ihrem Tod Teil der Familie blieben. Für die Alten, aber auch für uns selbst. Wir würden den Tod wieder erleben – wir würden innehalten und mehr über den Sinn nachdenken, über die Dinge, die wirklich glücklich machen. Wir würden leichter dem 25 Jahre Älteren begegnen …

Nutze den Tag

Der sehr zu empfehlende Film »Club der toten Dichter« mit Robin Williams bringt es auf den Punkt: Ein Lehrer übernimmt eine neue Klasse. Die Schüler sind gespannt, was er ihnen als Erstes sagen wird.

Zu ihrer Überraschung bittet er sie, aufzustehen und ihm zu folgen. Er führt sie aus dem Klassenzimmer hinaus über die Gänge der Flure – bis hin zu einer großen Tafel, an der die Bilder aller Klassen hängen, die jemals diese Schule besucht haben.

Da alle Schüler eine Schuluniform tragen, sehen die Fotografien sehr ähnlich aus. Aber der Lehrer will ihnen ein Geheimnis verraten, wie sie etwas Besonderes in sich entwickeln können; etwas, das sie einzigartig macht.

Er sagt: »Die Schüler auf den Fotos wollen euch etwas sagen. Wenn ihr näher herangeht, könnt ihr sie hören.« Die Schüler rücken näher an die Tafel – und hören nichts. Der Lehrer fordert sie auf, noch näher zu kommen.

Die Spannung wächst. Als die Schüler in atemloser Stille schließlich mit ihren Ohren fast die Tafel berühren, flüstert der Lehrer mit einer Stimme, die aus den Fotos zu kommen scheint: »Carpe diem – nutze den Tag.«

Eine zeitlose Botschaft: Der heutige Tag ist eine Chance. Ein einmaliges Geschenk. Ob nun die Sonne scheint oder ob es regnet – jeder Tag beinhaltet das Wunder eines Neuanfangs. Wie nutzen Sie den Tag? Oder anders gefragt: Sollten Sie Ihren Tag nicht nutzen, indem Sie etwas Sinnvolles und Würdevolles tun und dabei Flow-Erlebnisse genießen?

Ich möchte Ihnen eine entscheidende Frage stellen: *Haben Sie bei Ihrer Arbeit täglich die Gelegenheit, das zu tun, was Sie am besten können?*

Wenn ja – zu wie viel Prozent bietet Ihr Arbeitstag Ihnen die Möglichkeit, Ihre besten Talente und Fähigkeiten einzusetzen? Immer wenn Sie zu viele Aufgaben erledigen, die nicht Ihren Stärken entsprechen, nutzen Sie den Tag nicht optimal …

Die wahre Tragödie des Lebens ist nicht, dass jeder Einzelne von uns nicht genug Stärken hat, sondern dass viele von uns die Stärken, die sie haben, nicht einsetzen.

Donut oder Kern?

In den USA gibt es Donuts – ein ähnliches Gebäck wie der Berliner – nur dass die Donuts in der Mitte hohl sind. Wo beim Berliner Marmelade ist, befindet sich beim Donut nur Luft.

Viele Menschen folgen dem Donut-Prinzip: Sie bauen ihre Karriere ohne einen Kern, gewissermaßen auf Luft. Das ist eine Karriere ohne Halt, ohne Sinn. Sie sollten nicht den zweiten Schritt vor dem ersten tun. Nehmen Sie sich darum Zeit für die Fragen im nächsten Kapitel. Finden Sie Antworten; erforschen Sie Ihren Kern. Bauen Sie Ihre Karriere um diesen Kern herum. Seien Sie ehrlich zu sich selbst: Finden Sie heraus, was Sie wirklich lieben – und nicht das, was sie gern lieben würden, weil Sie es für gut halten.

Zweckmäßigerweise beginnt der Praxis-Teil in diesem Buch mit dem Thema: Wie finden Sie Flow und Sinn? Wundern Sie sich bitte nicht, warum das nächste Kapitel überschrieben ist mit »So finden Arbeitslose und Nicht-Arbeitslose den Job, der zu ihnen passt«. Dieses Kapitel ist nicht nur für Arbeitslose gedacht.

Ich weiß von vielen Menschen, die arbeitslos geworden sind, *dass der Verlust eines Jobs beides sein kann: eine schreckliche Katastrophe oder die Chance, eine Arbeit zu finden, die viel sinnvoller und erfüllender ist.*

Ich empfehle, die Arbeitslosigkeit als Chance zu erkennen. Als eine Chance, wichtige Fragen zu stellen, sich selbst kennen zu lernen und zu ermitteln, was die Leidenschaften unseres Lebens sind und wie wir uns Flow-Erlebnisse verschaffen.

Es macht keinen Sinn, den Zollstock zu kürzen, um größer zu erscheinen. Suchen wir Zufriedenheit, dürfen wir gewisse zentrale Themen nicht ausblenden. Wir können den wichtigen Fragen nicht ausweichen, wenn wir wirklichen Erfolg in unser Leben ziehen wollen. Diese Fragen zeigen uns den Weg zu Glück und Erfüllung – und zu einem fantastischen Einkommen.

Lassen Sie uns mit dem praktischen Teil beginnen …

Teil 2

Der praktische Leitfaden zu mehr Einkommen

6

Wie Arbeitslose und Nicht-Arbeitslose den Job finden, der zu ihnen passt

Wer das Dorf, aus dem er kommt, nicht kennt,
wird das Dorf, das er sucht, nicht finden.
Chinesisches Sprichwort

Für Arbeitslose gilt das Gleiche wie für alle anderen Menschen: Niemand sollte nur um des Geldes willen arbeiten. Also sollten Sie auch keinen Job suchen, nur um wieder Geld zu verdienen. Es wäre nicht würdevoll – und abgesehen davon, hätten Sie auch die schlechtesten Chancen, wie wir in diesem Kapitel sehen werden.

Wir sollten idealerweise einer Arbeit nachgehen, die sinnvoll ist und in der wir Flow-Erlebnisse haben. Solange wir arbeiten, werden wir oft derart von unserem Alltag in Anspruch genommen, dass wir keine Zeit finden, den wirklich wichtigen Fragen des Lebens nachzugehen. Oft fehlt dazu auch einfach der Mut.

Ich möchte Sie ermutigen, sich mit diesem Kapitel auf jeden Fall gründlich zu befassen – ob Sie nun zurzeit ohne Job sind oder nicht.

Welche Arbeit wollen Sie?

Umfragen ergeben, dass nur 28 Prozent aller Menschen Spaß haben an ihrem Job. *Das Gehalt ist für die meisten im Grunde genommen ein Schmerzensgeld**. Zu viele richten sich nach dem Arbeitsmarkt. Sie

* Vgl. in diesem Zusammenhang auch: Richard Nelson Bolles: Durchstarten zum Traumjob. Das Handbuch für Ein-, Um- und Aufsteiger. Campus, Frankfurt a.M. 2002.

orientieren sich daran, welche Stellen gerade zu vergeben sind. Das Fatale ist, dass dabei die eigenen Fähigkeiten und Interessen ignoriert werden. Der Arbeitsmarkt mit seinen Stellenangeboten bestimmt auf diese Weise das Schicksal vieler Menschen. Ich frage Sie: *Wer ist dieser »Arbeitsmarkt«, dass er entscheidet, was wir tun sollen – und nicht unser Herz?* Mein Tipp: *Ignorieren Sie die Wirtschaftslage und besorgen Sie sich die Arbeit, die Sie wirklich wollen.* Zu viele Menschen wissen nicht, was sie wollen, und dann ärgern sie sich, wenn sie es nicht bekommen.

Dieses Kapitel ist die Anleitung, die Arbeit zu finden, die Sie erfüllt. Ist es verantwortungslos, sich an einen solchen Rat zu halten? Ich glaube*, niemand kann mehr Verantwortungsgefühl beweisen als ein Mensch, der den Sinn seines Lebens findet und der dem Ruf folgt.* Verantwortlich mit seinem Leben umzugehen heißt sein Potenzial zu entdecken und einzusetzen. Wir sind verantwortlich dafür, eine würdevolle und sinnvolle Arbeit zu finden. Nur dann sind wir glücklich, und nur dann können wir anderen wirklich helfen.

Es gibt auf den folgenden Seiten eine Vielzahl von praktischen Übungen, die Zeit erfordern. Mein Vorschlag: Beantworten Sie die Fragen, die Sie im Moment am meisten ansprechen. Und legen Sie einen Zeitpunkt fest, wann Sie sich länger mit den für Sie wichtigen Punkten beschäftigen wollen.

Mögliche Einwände

Ich kenne die drei Einwände, die gegen meine obigen Aussagen vorgebracht werden könnten: *»Wenn das alle machen würden – was dann?«* Meine Antwort: Es machen nie alle. Leider! Aber so ist es nun einmal. Und *da es nicht alle machen, haben Sie eine besonders große Chance.*

Der zweite Einwand: *»Wie soll das politische System aussehen, das dies ermöglicht?«* Die Antwort: Ich bin kein Politiker und damit nicht verantwortlich für politische Systeme. Die Aufgabe der Politiker ist es, die Voraussetzungen für eine gesunde Wirtschaft und einen stabilen Arbeitsmarkt zu schaffen. *Meine Aufgabe ist es, dem Einzelnen, also Ihnen,* *innerhalb der gegebenen Voraussetzungen Wege zu einer erfüllenden Karriere aufzuzeigen, die Ihnen sehr viel Geld einbringt.*

Und schließlich der dritte Einwand: *»Das ist nicht für jeden etwas.«* Meine Antwort: Das stimmt. Es wäre auch schlimm. Wir genießen zum Glück die große Freiheit, dass jeder von uns tun und lassen kann, was er für richtig hält. Einige wollen überhaupt nichts mit Erfolg und hohem Einkommen zu tun haben – für sie kann mein Buch nicht funktionieren. (Schon deshalb nicht, weil sie es nicht lesen …) Aber *wer bereit ist, den Preis zu zahlen, für den funktioniert es.* Ich habe es bei tausenden Teilnehmern meiner Seminare erlebt.

Ich schaue mit großer Skepsis auf Menschen, denen es gut geht und die aus ihrer Position heraus sagen: »Spaß bei der Arbeit ist nicht für jeden machbar.« Wer sind diese Menschen, dass sie sich anmaßen, andere zu einem wenig erfüllenden Leben zu verurteilen? Arbeit muss mehr sein als Broterwerb.

Unsere Sicht entscheidet

Nicht ein Ereignis macht den Unterschied aus, sondern unsere Interpretation des Ereignisses. Ein Zen-Spruch lautet: Für einen Liebhaber ist eine schöne Frau eine Freude; für den Asketen eine Ablenkung; für den Wolf eine gute Mahlzeit.

Auch für unseren Job gilt: *Nicht was wir erleben, sondern wie wir empfinden, was wir erleben, macht unser Schicksal aus.*

Ich kenne einige Menschen, die ihren Job verloren haben und die heute sagen: *»Es wäre eine viel schlimmere Katastrophe gewesen, wenn ich meinen Job nicht verloren hätte und so weitergemacht hätte wie vorher. Das Beste, was mir passieren konnte, war der Rauswurf.«*

Natürlich ist eine solche Reaktion nur für die wenigsten Menschen realistisch. Die meisten fühlen sich, als seien sie in ein großes, dunkles Loch gefallen. Das ist auch gar nicht schlimm; aber versuchen Sie, nicht allzu lange in dem Loch zu bleiben. Suchen Sie vor allem kein Mitleid bei anderen; und bedauern Sie sich nicht selbst.

Meine »Entlassung«

Um es ganz klar zu sagen: Ich weiß, dass es nicht einfach ist, eine positive Einstellung anzunehmen, wenn Sie gerade rausgeworfen wurden. Ich bin selbst nie im klassischen Sinne arbeitslos geworden. Aber mir ist etwas sehr Ähnliches passiert:

Als ich eine Firma mit meinem zweiten Coach gegründet hatte, war ich voller Begeisterung. Zuvor hatte ich einige Zeit von ihm gelernt, und nun konnte ich mein Wissen praktisch umsetzen. Es sollte eine große Sache werden, und ich tat alles dafür. Tag und Nacht arbeitete ich und erzielte auch gute Erfolge. Als nach sieben Monaten das Geld richtig floss, entließ er mich plötzlich – ohne jede Vorankündigung und ohne triftigen Grund.

Da ich Mitgesellschafter war, hatte er eigentlich gar kein Recht, mich zu »entlassen«. Ich hätte erfolgreich klagen können. Das wollte ich aber nicht, denn ich habe viel von ihm gelernt. Sehr viel. Ich wollte die lehrreichste Zeit meines Lebens nicht mit einem schmutzigen Rechtsstreit überdecken.

Aber glauben Sie mir: Ich habe das dunkle Loch kennen gelernt. Ich hatte kurz vor der Entlassung eine längere Zeit auf seinem Schloss verbracht und gute Gespräche mit ihm geführt; er hatte mich ausdrücklich vor anderen Partnern gelobt. Drei Tage später kam die Kündigung per Fax. Danach weigerte er sich wochenlang, mit mir zu sprechen.

Ich musste aufpassen, nicht in die Gerechtigkeitsfalle zu tappen. (Es war vielleicht nicht »fair« – aber was nützte mir das?) Viel schlimmer war: Ich hatte zu meinem Coach ein Verhältnis wie zu einem Vater (meiner war leider schon gestorben, als ich dreizehn Jahre alt war). Ich war tief verletzt.

Außerdem hatte ich mich dermaßen in das Projekt hineingesteigert, dass ich mich nun für nichts »Neues« begeistern konnte. Ich saß einige Tage wie gelähmt herum und bedauerte mich selbst. Insgesamt habe ich fast drei Monate lang so gut wie nichts getan.

Dann fing ich an zu schreiben und meine Lehren aus dem Ereignis zu ziehen.

Etwa sechs Wochen nach der Entlassung hat mein Coach übrigens dann doch kurz mit mir telefoniert; er sagte: »Du brauchst mich nicht mehr. Mach deine eigene Sache.«

Genau das habe ich dann auch getan. Ich habe das Buch »Der Weg zur finanziellen Freiheit« geschrieben, das bis heute über 2,5 Millionen Mal verkauft wurde und über 110 Wochen auf Platz 1 der Bestsellerlisten war. Wer weiß, wann ich es sonst geschrieben hätte – und ob es überhaupt jemals entstanden wäre. Ermutigt durch diesen Erfolg habe ich weitere Bücher verfasst, die alle Bestseller wurden. Ich habe einen Grad von Erfüllung erreicht, den ich bis dahin nicht kannte. Ich habe Seminare abgehalten und vielen Menschen helfen können – und selbst gut verdient. Begonnen aber hat es mit einer Entlassung.

Aus all dem habe ich gelernt, wie unterschiedlich wir ein und denselben Sachverhalt einschätzen und bewerten können. Die Mitte der Nacht ist der Anfang des Tages.

Eine Zeitmaschine wäre hilfreich

Wenn wir mit einer Zeitmaschine einige Jahre in die Zukunft reisen könnten, dann wäre alles viel einfacher. Wir würden uns von den Folgen unserer Entscheidungen und dem Happyend überzeugen können.

Ich habe eine gute Nachricht für Sie: *Es gibt diese Zeitmaschine;* es ist unser Vorstellungsvermögen. *Wenn wir in uns hineinhören, dann erkennen wir die Zukunft.* Die Zukunft ist bereits in uns drinnen. Wenn wir genau hinschauen, dann bemerken wir in uns den Samen zu großen Blüten. Wir sehen, was aus uns werden kann. Einstein sagte: »Fantasie ist alles. Es ist die Vorschau auf die kommenden Ereignisse des Lebens.« *Wenn wir keine Vision haben, dann gibt es auch kein Motiv, sich anzustrengen.*

Zusätzlich sollten wir uns mit Menschen umgeben, die an uns und unsere Zukunft glauben. Plötzlich werden wir neue Wege und Chancen erkennen, weil wir nach Möglichkeiten Ausschau halten, unsere Zukunft zu designen. Die sich selbst erfüllende Prophezeiung wird wahr.

Die vier Schritte bei einem Job-Verlust

Wenn Sie Ihren Job verloren haben, sollten Sie nach folgenden vier Schritten vorgehen – wobei die Schritte 2 bis 4 auch für alle anderen gelten:

Schritt eins: Wählen Sie eine hilfreiche Einstellung. Wer von seiner Entlassung erfährt, ist natürlich zunächst einmal geschockt. Aber nach einiger Zeit sollten Sie sich sagen: »Es liegt an mir, ob diese Entlassung im Rückblick eine Katastrophe oder eine Chance für einen Neubeginn war.« Der erste Schritt ist also, eine hilfreiche Einstellung zur Arbeitslosigkeit anzunehmen. Aber Vorsicht: Zuversicht ist anstrengend; Pessimismus ist bequemer.

Vermeiden Sie die Gerechtigkeitsfalle; suchen Sie kein Mitleid und bemitleiden Sie sich nicht selbst. Seien Sie stolz auf sich: Wer geht schon so toll mit dem Verlust eines Jobs um?!

Der zweite Schritt wird Sie vielleicht überraschen: *Suchen Sie nicht sofort einen neuen Job.* Nutzen Sie ein bis drei Wochen, um sich wesentliche Fragen zu beantworten. Finden Sie heraus, was für Sie eine sinnvolle Tätigkeit wäre und was Ihnen Flow-Erlebnisse bescheren könnte. In diesem Kapitel erhalten Sie dazu eine ausführliche Anleitung.

Suchen Sie während der ersten zwanzig Tage auf keinen Fall einfach einen Job, nur um Geld zu verdienen.

Finden Sie heraus, was Ihnen wilden Spaß macht. Das soll aber nicht als Aufforderung zur Faulheit missverstanden werden. *Wenn Ihnen innerhalb der zwanzig Tage keine befriedigenden Antworten eingefallen sind, so sollten Sie natürlich trotzdem einen Job suchen.* Existenzielle Probleme sind nämlich keine gute Voraussetzung, um tiefe Antworten zu finden. Aber hören Sie nicht auf, nach den Antworten zu forschen, auch wenn Sie einen neuen Job haben.

Auch der dritte Schritt mag Sie überraschen: Tun Sie so, als seien Sie gar nicht arbeitslos. *Arbeiten Sie von morgens 8:30 Uhr bis* *abends 18:00 Uhr.* Für manche ist das sogar etwas länger, als sie während des alten Jobs gearbeitet haben. Ziehen Sie sich morgens an, als würden Sie zur Arbeit gehen. Idealerweise verlassen Sie Ihre Wohnung und finden einen Platz, an dem Sie ungestört arbeiten können. Vielleicht können Sie die Wohnung eines Freundes nutzen, der zu dieser Zeit in seiner Firma ist.

Zeigen Sie Disziplin; das wird Sie vor dem schlimmsten Feind bewahren, den Sie jetzt haben können: sich hängen zu lassen. Es beweist Ihnen aber auch: Niemand kann Sie daran hindern zu arbeiten. *Sie sind vielleicht einen bestimmten Job los, aber Sie sind niemals ohne Arbeit. Sie allein entscheiden, wann und wie lange Sie arbeiten wollen. Das kann Ihnen niemand nehmen.*

Wissen Sie, wie viele Stunden durchschnittliche Arbeitslose pro Woche dafür aufwenden, einen neuen Job zu finden? Ganze lächerliche fünf Stunden. Diese Leute haben nicht nur keinen Job mehr, sie haben auch wirklich keine Arbeit.

In diesem Kapitel zeige ich Ihnen, was Sie während dieser Zeit machen sollten. Sie werden sehen: Ich habe den Begriff Arbeit mit Bedacht gewählt …

Schritt vier: Erstellen Sie einen Zeitplan für die nächsten hundert Tage. Davon verwenden Sie zehn bis zwanzig Tage für die Frage, was Ihnen wirklich Spaß machen würde (Sinn und Flow); die nächsten achtzig bis neunzig Tage folgen Sie den Vorschlägen im zweiten Teil dieses Kapitels, wie Sie einen Job finden.

Ich garantiere Ihnen: Wenn Sie so vorgehen, wie im Folgenden beschrieben, bekommen Sie innerhalb der nächsten hundert Tage nicht nur irgendeinen Job, sondern Sie bekommen einen, der Ihnen viel Spaß macht!

Damit sind wir beim Überblick über den Rest dieses Kapitels. Sie erfahren:

1. wie Sie herausfinden, was für Sie Sinn und Flow ist;
2. wie Sie eine passende Arbeit identifizieren, die es Ihnen er-

laubt, Ihre Fähigkeiten einzusetzen, Spaß zu haben und Flow zu erleben;

3. wie Sie den passenden Job bekommen: Vorgehensweise und Vorstellungsgespräch.

Power-Tipp

Legen Sie ein Erkenntnis-Journal an und beantworten Sie alle Fragen – bzw. machen Sie alle Übungen – unbedingt schriftlich.

- Nehmen Sie sich dafür zehn bis zwanzig Tage Zeit. Sollten Sie über diese Zeit momentan nicht verfügen, so planen Sie *JETZT* fest ein, wann Sie dies machen wollen.
- Sorgen Sie für eine ungestörte Atmosphäre. Sie brauchen Ruhe und Inspiration. Wenn Sie über finanzielle Reserven verfügen, können Sie sogar in die Berge oder ans Meer fahren (lustiger Gedanke: Sie sind arbeitslos und fahren in »Urlaub«). Bleiben Sie aber auf jeden Fall bei Ihrer festgelegten Arbeitszeit.
- Indem wir unsere Gedanken niederschreiben, bekommen sie Struktur. Mein Erkenntnis-Journal ist das Buch, von dem ich am meisten gelernt habe.
- Indem Sie Ihre Erkenntnisse aufschreiben, verlängern Sie diese im wahrsten Sinne des Wortes. Andernfalls gehen unsere besten Einsichten oftmals unwiederbringlich verloren.
- Wenn Sie mutlos sind, blättern Sie in dem Journal. Sie werden verwundert feststellen: »So habe ich mich schon einmal gefühlt – vielleicht sogar schlimmer –, und alles ist gut geworden.«
- Fehler dürfen wir machen – aber denselben möglichst nicht noch einmal. Wenn wir aber unsere Fehler und die Lehren daraus nicht notieren, so ist die Gefahr der Wiederholung sehr groß.
- Wenn Sie tief nachdenken, beginnt von einem gewissen

Punkt an in Ihrem Kopf alles zu verschwimmen: Eine Denkblockade setzt ein. Dies ist der Punkt, an dem die meisten nicht weiterkommen. In Wahrheit stehen Sie nun kurz vor einer bahnbrechenden Erkenntnis. Zu dieser gelangen Sie aber nur, wenn Sie den Denkprozess nun nicht von neuem beginnen müssen, sondern mit Hilfe Ihrer Aufzeichnungen dort weitermachen können, wo Sie abgebrochen haben.

1. Was würden Sie gern tun?

Beginnen wir mit dem ersten Punkt. Ich möchte Ihnen einige Wege zeigen, wie Sie herausfinden können, was Ihnen wirklich Spaß macht und Ihren Fähigkeiten entspricht.

Im Folgenden finden Sie eine Reihe von Fragen, die Ihnen eine große Hilfe sein können, wenn Sie die Antworten in Ihrem Erkenntnis-Journal notieren. Natürlich »müssen« Sie nicht alle Fragen beantworten. Suchen Sie sich diejenigen heraus, die Ihnen interessant erscheinen und Ihnen mehr über Sie selbst verraten könnten.

1. Was würden Sie werden, wenn Sie nicht scheitern könnten? (Ermöglicht den Zugang zu dem, was Sie wirklich wollen.)
2. Von allen Menschen auf der Welt – wessen Job hätten Sie am liebsten? Was tut dieser Mensch? Was gefällt Ihnen daran so gut?
3. Was macht Ihnen Spaß? (Welche Situationen mögen Sie? Was tun Sie gern? Was lesen Sie gern? Worüber reden Sie gern? Wenn Sie ein Buch schreiben würden, worüber?) Bitte notieren Sie mindestens fünfzig Dinge, die Ihnen richtig Spaß machen. Denken Sie dabei nicht daran, was das mit einer Arbeit zu tun haben könnte, sonst limitieren Sie sich sofort.
4. Was können Sie gut? Was sind Ihre Talente (von Geburt an) und Ihre Fähigkeiten (im Laufe des Lebens entwickelt). Notieren Sie

am besten mindestens fünfzig bis hundert. (Auf unserer Website finden Sie als Denkhilfe eine Liste von möglichen Talenten und Stärken. Bitte schauen Sie unter *www.fin.wis.de*. Klicken Sie auf »Mut zum Glücklichsein« – Talente.)

5. Über welche Art von Intelligenz verfügen Sie? (Eigentlich sollte es die erste und oberste Pflicht der Schule sein, die Intelligenz-Art ihrer Schüler festzustellen und sie zu entwickeln.) Es gibt mindestens elf verschiedene Arten:
   (1) musikalische Intelligenz
   (2) sprachliche Intelligenz
   (3) faktische Intelligenz (wandelnde Enzyklopädie)
   (4) analytische Intelligenz
   (5) räumliche Intelligenz
   (6) praktische Intelligenz
   (7) körperliche Intelligenz
   (8) soziale Intelligenz
   (9) intuitive Intelligenz
   (10) unternehmerische Intelligenz
   (11) darstellerische Intelligenz.
6. Notieren Sie Ihre zehn wichtigsten Erfolge ausführlich. Fragen Sie sich anschließend: Welche Talente und Fähigkeiten habe ich eingesetzt, um zu diesen Erfolgen zu kommen? Gibt es Fähigkeiten, die ich für mehrere Erfolge eingesetzt habe?
7. Stellen Sie sich vor, Sie hätten nur noch sechs Monate zu leben: Was würden Sie ab heute tun, wenn dem so wäre?
8. Wann mobilisieren Sie außergewöhnliche Energie? In welchen Situationen und unter welchen Bedingungen sind Sie besonders motiviert? Können Sie derartige Situationen planen? Gibt es eine Arbeit, in der solche Situationen oft vorkommen?
9. Sie haben bereits ermittelt, was Ihnen Spaß macht und was Ihre Fähigkeiten sind. Legen Sie nun diese beiden Listen nebeneinander und notieren Sie die Dinge, die auf beiden Listen vorkommen. Diese neue Liste ist sehr wichtig; sie ist Ihre goldene Liste.
10. Nehmen Sie Ihre goldene Liste und überlegen Sie, wie Sie die einzelnen Elemente darauf vereinen können.

11. Notieren Sie alle bedeutenden Ereignisse Ihres Lebens in chronologischer Reihenfolge rund um einen Kreis. Beginnen Sie mit dem wichtigsten Ereignis nach Ihrer Geburt. Fragen Sie sich: Habe ich mich bei meinen Entscheidungen von anderen beeinflussen lassen (fremdbestimmt), oder habe ich selber entschieden (selbstbestimmt)? Wann war ich erfolgreicher?
12. Nachdem Sie alle Ereignisse Ihres Lebens notiert haben, reduzieren Sie diese auf die fünf bis zehn wichtigsten Meilensteine. Notieren Sie die allerwichtigsten Ereignisse Ihres Lebens. Fragen Sie sich, welchem Entwicklungsprozess Ihr Leben in der jeweiligen Phase unterworfen war. Versuchen Sie auch nachzuvollziehen, wie ein Meilenstein zum nächsten überleitete. (Als ich mit sechzehn Jahren in die USA »auswanderte«, wollte ich frei sein und Abenteuer erleben. Auch bei den folgenden Veränderungen waren diese zwei Bedürfnisse ausschlaggebend.)
13. Wenn Sie die Meilensteine betrachten: Erkennen Sie einen roten Faden, der sich durch Ihr Leben zieht? Kehrt ein Thema, kehren gewisse Bedürfnisse immer wieder?
14. Denken Sie an alle schlimmen Dinge, die Ihnen zugestoßen sind: Was könnte gut daran gewesen sein? Wozu kann das, was Sie erlebt haben, heute nützlich sein, um anderen zu helfen? (Weil ich mit 26 Jahren pleite war, suchte ich einen Coach. Ohne die Notsituation wäre ich niemals offen dafür gewesen. Heute kann ich über Geld reden und schreiben – so zum Beispiel dieses Buch –, weil ich beide Seiten erlebt habe.)
15. Überlegen Sie, welche Werte Sie in Ihrem Leben künftig a) nicht mehr haben wollen und b) welche dazukommen sollen. Dies setzt voraus, dass Sie Werte als Glaubenssätze erkennen und wissen, dass Sie einen Glaubenssatz jederzeit ändern können. (Siehe »Der Weg zur finanziellen Freiheit«, Kapitel 5.)

Wenn Sie das Thema vertiefen wollen, so gibt es vier weitere Hilfen:

Eine größere Auswahl von weiteren Fragen befindet sich im Anhang des Buches.

Ich habe darüber hinaus ein CD-Programm entwickelt, das hilfreich sein kann: »Die Kunst, Ihre Zeit zu führen« – eine Hilfe, die Erkenntnisse auch wirklich ins tägliche Leben zu integrieren.

Manche bevorzugen auch das Seminar-Erlebnis. Hier empfehle ich unser Seminar »Mut zum Glücklichsein«.

2. Die passende Arbeit identifizieren

Schon die Überschrift stimmt manche Menschen skeptisch. Sie stören sich an dem Wort »passende«, nach dem Motto: Es ist schon schwer genug, überhaupt einen Job zu finden. Wie viel schwerer wird es dann erst sein, sich einen passenden Job zu beschaffen.

Aber da liegt gerade der Irrglaube! Die Wahrheit lautet: *Je konkreter Sie wissen, was Sie wollen, umso leichter und schneller finden Sie einen Job.*

Niemand beschäftigt sich gern mit jemandem, der nicht weiß, was er will. Und man hilft einem solchen Menschen nicht gern, denn man weiß nicht, wie man helfen soll. *Es ist eine Zumutung, wenn der andere darüber nachdenken soll, was wir tun könnten.*

Aber wenn wir eine genaue Vorstellung davon haben, was wir wirklich wollen, dann ist es für den anderen leicht, diese mit seinen Möglichkeiten abzugleichen. Der Grundsatz lautet: *Hilf demjenigen, der dir helfen will.* Machen Sie es den Menschen so leicht wie möglich, die Sie unterstützen wollen.

Die Schnittmenge

Haben Sie die Übungen gemacht – und sich ausreichend Zeit dafür genommen –, so wissen Sie nun, was Ihnen Spaß macht, Ihren Fähigkeiten entspricht und Ihnen Flow-Erlebnisse beschert. Nun wollen wir überlegen, wie Sie damit Geld verdienen können – das heißt, welcher Job dazu passt.

Bitte suchen Sie dazu als Erstes die drei Dinge heraus, die Ihnen am meisten Spaß machen, und schreiben Sie diese in die Kreise:

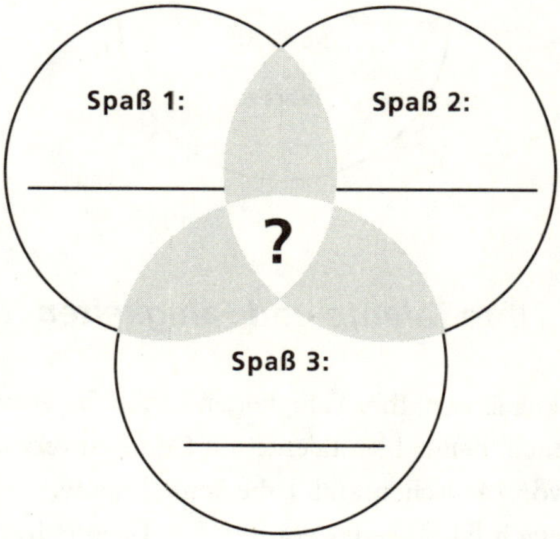

Überlegen Sie nun, ob es eine gemeinsame Schnittmenge gibt; etwas, das alle drei Kreise vereint.

In der nächsten Abbildung erkennen Sie, wie meine drei Dinge zusammenpassen, die mir am meisten Spaß machen.

1. Ich reise gern. 2. Ich bin gern schöpferisch tätig und schreibe gern. 3. Ich lehre gern.

Die Lösung (Schnittmenge): Wenn ich Vorträge halte, reise ich, lehre ich und bin schöpferisch tätig (Vorträge ausarbeiten). Auch als Schriftsteller reise ich (Buchvorstellungen bis hin nach Singapur und Australien), schreibe und lehre in einem.

Grafisch sieht das so aus:

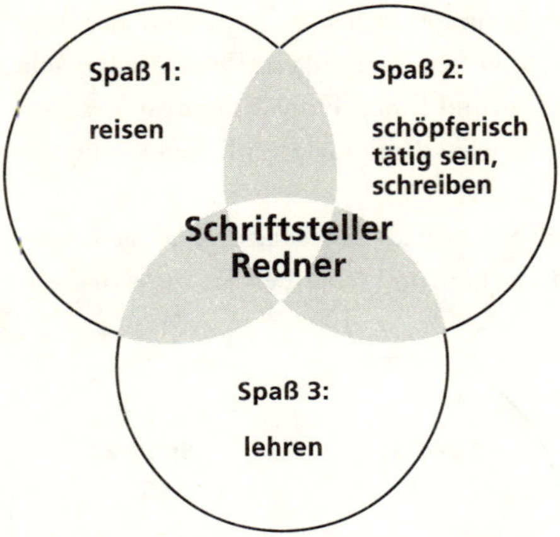

Ihre Talente und Fähigkeiten

Talente sind angeboren; Ihre Fähigkeiten haben Sie entwickelt. Bitte begehen Sie nicht den Fehler, Talente mit Genie zu verwechseln. Allzu oft höre ich von Menschen: »Ich habe keine Talente.«

Das ist einfach falsch. Jeder von uns hat Talente. Ich schlage folgende Definition für Talente vor: Talente sind Ihre auf natürliche Weise wiederkehrenden Denk-, Verhaltens- und Gefühlsmuster. Ihre spontanen Reaktionen bieten Ihnen eine deutliche Spur zu Ihren Talenten.

Es gibt zwei Gründe, warum so viele Menschen ihre Talente nicht entdecken: Erstens definieren sie Talente fälschlich als atemberaubende, geniale Begabungen. Das ist nicht nur nicht korrekt; es raubt auch jegliche Motivation. Lassen Sie sich nicht entmutigen, wenn Sie nicht musizieren können wie Mozart und nicht so Fußball spielen können wie Beckenbauer. Das sind seltene Ausnahme-Erscheinungen. Viele Menschen mit »normalen« Talenten haben Hervorragendes geleistet.

Zweitens entdecken viele ihre Talente nicht, weil sie sich nicht damit beschäftigen. Unsere Talente sind tückisch – sie fallen uns nicht sofort auf. Denn wir halten unsere Begabungen für normal und selbstverständlich – und dabei übersehen wir, dass viele Menschen diese Talente nicht haben.

Nun suchen Sie bitte Ihre Schnittmenge für Ihre drei ausgeprägten Talente bzw. Fähigkeiten. Für welche Tätigkeit könnten Ihre Fähigkeiten bzw. Talente zusammenpassen und sich ideal ergänzen?

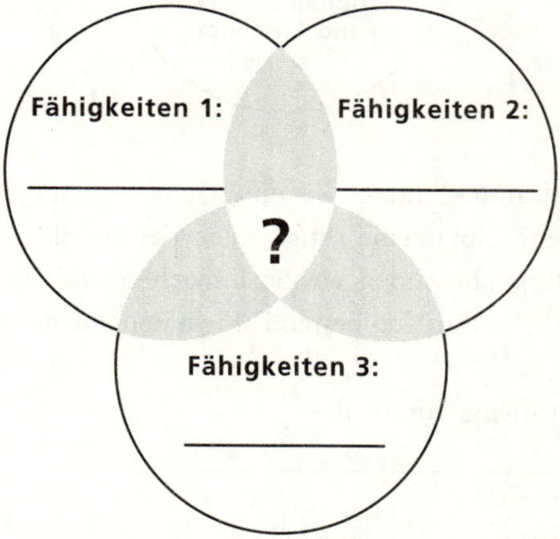

Lange Zeit war ich fest davon überzeugt, keine besonderen Talente zu haben.

Jahre später kannte ich meine Fähigkeiten:

1. Ich kann mich gut ausdrücken und Menschen motivieren.
2. Ich kann schwer Verständliches strukturieren und leicht verständlich machen.
3. Ich bin ausdauernd und kann Visionen umsetzen.

Auch hier ist eine mögliche Schnittmenge: Schriftsteller und Redner

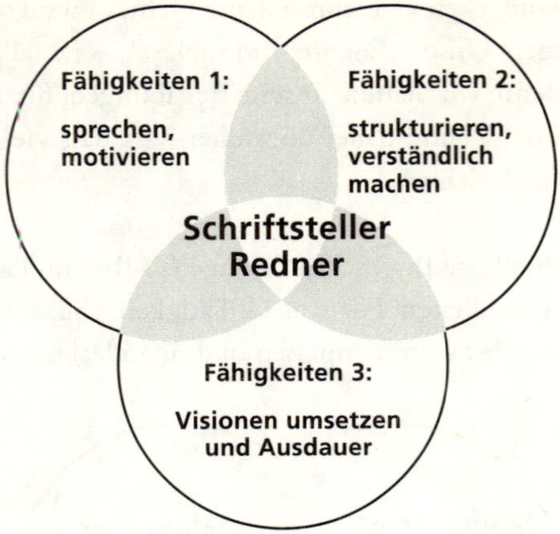

Die Frage ist nun: Finden Sie eine Schnittmenge Ihrer beiden Schnittmengen? Gibt es eine Tätigkeit, bei der Sie alle drei Dinge tun können, die Ihnen besonders viel Spaß machen, und die es Ihnen zugleich ermöglicht, Ihre drei besten Fähigkeiten einzusetzen?

Meine Schnittmenge für Spaß:

____

Meine Schnittmenge für meine Fähigkeiten:

____

Natürlich wäre es der Idealfall, wenn jeweils alle drei zusammenpassen und sich Spaß und Fähigkeiten ebenfalls zu einer Schnittmenge vereinen würden. An meinem Beispiel betrachtet, sieht das so aus:

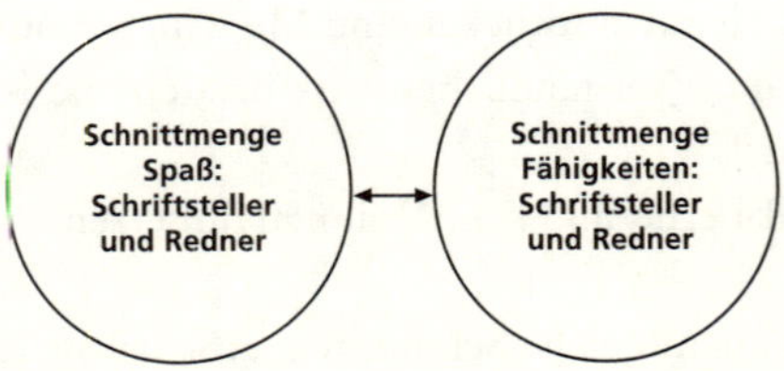

Auch »kleine Schnittmengen« genügen

Lassen Sie sich aber nicht davon entmutigen, wenn sich Ihnen eine ideale Zusammensetzung nicht sofort erschließt. Es ist auch gar nicht notwendig, dass die Schnittmengen von Spaß und Fähigkeiten zusammen passen. Für ein erfülltes Leben reicht es meist aus, wenn *einer* der drei Spaß-Kreise zu der Schnittmenge der drei Fähigkeiten-Kreise passt.

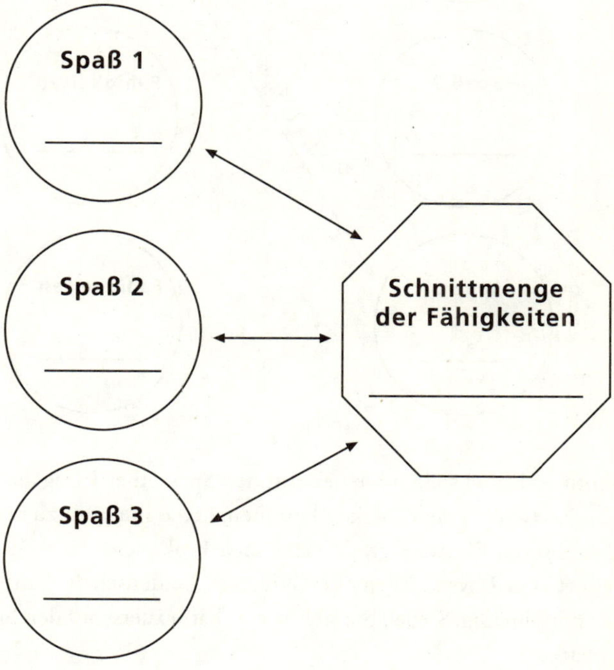

Ja, es reicht sogar, wenn ein Spaß-Kreis und ein Fähigkeiten-Kreis zueinander passen.

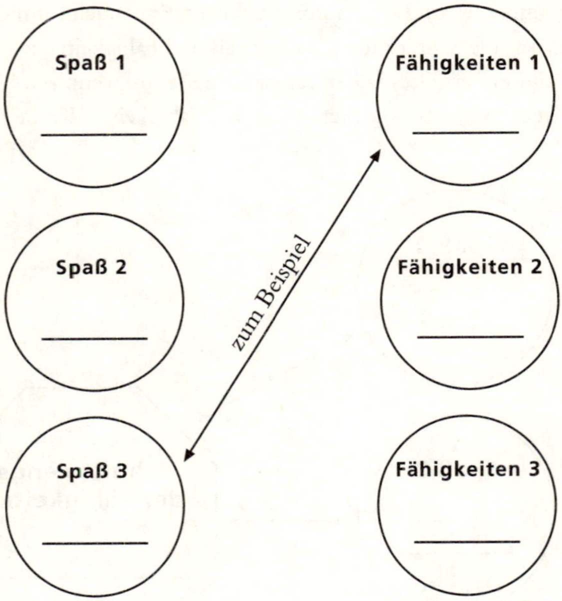

Achtung: Dabei sollten Sie bewusst den Spaß einer Fähigkeit zuordnen. *Zuerst* muss die Fähigkeit kommen. Etwas nur gern zu tun reicht nicht. So war Einsteins große Liebe die Musik – erst die zweite Liebe gehörte der Physik. Er spielte Geige mit Leidenschaft – aber leider nur mittelmäßig. Stellen Sie sich vor, er hätte zuerst auf den Spaß geschaut …

Orientieren Sie sich darum zuerst an Ihren Fähigkeiten und suchen Sie dann Überschneidungen mit Dingen, die Ihnen Spaß machen.

Bitten Sie andere um Hilfe

Auf unseren Seminaren erlebe ich immer wieder, dass einige die Antwort sofort finden. Andere sitzen und grübeln. Ich fordere die Letzteren auf, sich in der nächsten Pause mit anderen zu unterhalten. Und genau das ist auch mein Rat für Sie: Zeigen Sie möglichst vielen Menschen Ihre sechs Kreise und fragen Sie nach Ideen für eine Tätigkeit, die einige von ihnen vereint.

Scheuen Sie sich auch nicht, an Experten heranzutreten, die einen für Sie »traumhaften« Job haben. Fragen Sie: »Was muss ich Ihnen zahlen, um elf Minuten lang etwas über Ihren Job zu erfahren?« Sagen Sie auch, Sie wollten sicherstellen, dass Sie sich nicht auf eine Tätigkeit vorbereiten, die sich hinterher als ganz anders herausstellt, als Sie gedacht hatten. Die meisten Menschen lernen ihren Job erst dann kennen, wenn sie ihn bereits innehaben.

3. So beschaffen Sie sich den Job, der zu Ihnen passt

Sie kennen nun das Tätigkeitsprofil, in dem Sie arbeiten wollen. Nun fehlt Ihnen der passende Job dazu. Arbeitslose benutzen im Allgemeinen vier Methoden, um eine Arbeit zu finden:

1. Sie suchen im Internet.
2. Sie verschicken wahllos Bewerbungen.
3. Sie beantworten Stellenangebote.
4. Sie bitten das Arbeitsamt (oder andere Jobvermittlungen) um Hilfe.

Die schlechte Nachricht lautet: *Das sind die ungeeignetsten Methoden, die Sie auswählen können; nichts hat weniger Aussicht auf Erfolg!* Also lassen Sie die Finger davon.

Viele Arbeitslose ahnen, das die oben genannten Wege nicht zum Erfolg führen – spätestens nachdem sie monatelang vergebens Bewerbungen versandt haben. Warum also versuchen sie nicht andere Möglichkeiten? Vielleicht, weil sie keine anderen Wege kennen. Wahrscheinlicher aber ist, dass sie keine anderen Möglichkeiten nutzen, weil sie Angst haben vor einem direkten »Nein«.

Es ist erstaunlich, was Menschen alles tun oder unterlassen, um ja nicht ein direktes mündliches »Nein« zu hören.

Jobs gibt es genügend

Zunächst einmal ein wichtiger Punkt: Es gibt immer genug Jobs. Und es gibt immer den Job, der zu Ihnen passt – innerhalb von hundert Tagen gehört er Ihnen. Schauen Sie auf die Zahlen: In Deutschland gibt es jedes Jahr über 4 Millionen neue Stellen:* Neue Stellen werden geschaffen, Menschen werden befördert und gehen in den Ruhestand, andere verlassen die Firma, zum Beispiel weil sie wegziehen, andere Stellen entstehen aufgrund von Krankheit oder Todesfällen.

Die besten dieser Stellen erscheinen niemals in irgendeiner Anzeige oder beim Arbeitsamt! Haben Sie das gehört? Für die besten Jobs wird meist nirgendwo geworben! *Insgesamt werden nur ein bis zwei Prozent aller Arbeitsstellen aufgrund von Zuschriften auf Stellenangebote besetzt!* Eine oder zwei von hundert. Da haben Sie nicht gerade die Wahrscheinlichkeit auf Ihrer Seite, wenn Sie Bewerbungen schreiben.

Ich werde Ihnen nun den Weg zeigen, wie Sie immer innerhalb von hundert Tagen einen Job finden – und zwar einen, der Ihnen Spaß macht. Aber dazu müssen Sie sich jetzt versprechen, Ihre natürliche Angst vor einer Absage zu überwinden. Der Weg ist meist dort, wo die Angst ist – auch bei der Jobsuche.

* Vgl. in diesem Zusammenhang auch: Richard Nelson Bolles: Durchstarten zum Traumjob. Das Handbuch für Ein-, Um- und Aufsteiger. Campus, Frankfurt a.M. 2002.

Die Sicht des Arbeitgebers

Was, glauben Sie, will ein Arbeitgeber? Eine schöne, kreative und fehlerlose Bewerbung? Unsinn! Wenn ich einen Stapel von sechzig Bewerbungen vor mir habe, dann will ich zunächst nur eins: so schnell wie möglich die drei bis vier herausfinden, die in die engere Wahl kommen. Bis dahin verliere ich mindestens ein bis zwei Stunden Zeit (oder eine Assistentin, an die ich den Job delegiere).

Auf keinen Fall will ich die Katze im Sack. Ich will den Arbeitnehmer kennen lernen, bevor er einen Vertrag bekommt. Ich will mich von seinen Fähigkeiten überzeugen. Was hilft mir dabei? Schöne Worte? Natürlich nicht! Taten sprechen. Also ist es doch für jeden Arbeitgeber eine große Hilfe, wenn er erlebt, wie engagiert, zielsicher und kreativ sich ein Arbeitnehmer bei der Suche zeigt.

Arbeitgeber lieben Menschen wie den in der folgenden amerikanischen Geschichte: Ein Mann bewarb sich um einen Job in einem Restaurant. Obwohl er einen Termin hatte, musste er fast zwei Stunden warten, bis der Chef endlich Zeit hatte. Diese zwei Stunden hat er genutzt: Ihm war aufgefallen, wie schmutzig die Gästetoiletten waren. Also säuberte er sie. Er besorgte sich eine kleine Bürste und reinigte die Fugen. Und er brachte sie dermaßen auf Hochglanz, wie sie schon Jahre nicht mehr ausgesehen hatten.

Als der Chef endlich kam, zeigte der Arbeitsuchende ihm zuerst die Toiletten. Taten reden deutlicher als Worte. Der junge Mann hatte gezeigt: Er war sich nicht zu schade für bestimmte Arbeiten. Er hatte seine Zeit genutzt. Er wollte den Job wirklich. Er verstand das Naturgesetz: Zuerst geben, dann nehmen. Natürlich hat er den Job bekommen.

Sie müssen auf sich aufmerksam machen. Sie müssen beweisen, dass Sie anders sind als alle anderen, die für den Job in Frage kommen. Sie glauben doch nicht ernsthaft, dass der beste Weg dorthin eine besonders schöne Mappe für die Bewerbungsunterlagen ist? Möglichst noch mit einer farbigen Büroklammer verziert – welch Ausdruck ungeheurer Kreativität …

Die entscheidenden Fragen, die einen Arbeitgeber wirklich interessieren, findet er in keiner Bewerbung beantwortet. Er will wissen:

1. Warum will diese Person *hier* arbeiten und nicht woanders?
2. Was für ein Typ ist sie und was kann sie? Was unterscheidet sie von den anderen Kandidaten?
3. Kann ich sie mir leisten – wie viel Geld will sie?

Wie wäre es, wenn Sie einen Weg wählen würden, der dem Arbeitgeber gefällt, weil er seine drei Fragen beantwortet bekommt? Es gibt diesen Weg – und er spart auch noch Zeit. Allerdings müssen Sie sich dazu vielleicht überwinden, weil Sie Angst vor einem »Nein« haben. Überwinden Sie sich: Es lohnt sich!

Die besten Methoden, einen Job zu finden

Erstens: Fragen Sie Ihre Freunde und Bekannten. Sie haben gute Chancen, wenn Sie alle Ihre Bekannten darüber informieren, dass Sie einen Job suchen. Je detaillierter Sie das Aufgabengebiet beschreiben, das Sie sich wünschen, desto leichter und erfolgreicher können diese Ihnen helfen.

Vereinbaren Sie, während Ihrer Arbeitssuche regelmäßig bei Ihren Bekannten anzurufen, um sie auf dem Laufenden zu halten. Und fragen Sie: »Kennst du jemanden, der jemanden kennen könnte, der einen Job hat?« Immerhin verschafft Ihnen diese Methode bereits eine Wahrscheinlichkeit von etwa 40 Prozent, innerhalb der hundert Tage einen Job zu finden.

Zweitens: Rufen Sie die Firmen an, die Sie interessieren. Hier kommen wir zu einer der wichtigsten Regeln bei der Job-Suche: Sie haben eine größere Chance, Arbeit bei einer Firma zu finden, die keine offene Stelle annonciert, als bei einem Unternehmen, das eine Anzeige geschaltet hat.

Fragen Sie Freunde nach Firmen, für die von Interesse sein könnte, was Sie anzubieten haben. Suchen Sie in den Gelben Seiten nach Branchen und Firmen, die Ihren Vorstellungen entsprechen könnten.

Und dann rufen Sie einfach an. Lassen Sie sich mit dem Personalchef – oder in kleineren Firmen mit dem Geschäftsführer verbinden. Sagen Sie mit knappen Sätzen, was Sie gern tun und was Ihren Fähigkeiten entspricht – und dass Sie den Eindruck haben, diese Dinge könnten seiner Firma sehr nützen. *Bitten Sie um ein kurzes persönliches Gespräch von maximal vier Minuten Dauer.*

Arbeitgeber haben einen Horror vor Menschen, die ihre Zeit verschwenden. Versprechen Sie darum, nach vier Minuten die Frage zu stellen: »Soll ich jetzt gehen, oder ist es interessant für Sie, wenn ich länger bleibe?«

Natürlich sollten Sie Ihr Versprechen unbedingt einhalten. Nun entscheidet der Arbeitgeber über seine Zeit. Diese Vorgehensweise wird viele beeindrucken.

Haben Sie Angst davor, so vorzugehen? Ich habe Sie ja gewarnt: Der beste Weg ist dort, wo die Angst ist. Vertrauen Sie mir: Nur die ersten zehn Anrufe sind wirklich schwierig. Danach wird es verhältnismäßig leicht. Wenn Sie zweihundert Firmen angerufen haben, dann haben Sie mit etwa 70 Prozent Wahrscheinlichkeit den Job, den Sie wollen.

Drittens: Gehen Sie direkt in die Firmen. Erstellen Sie eine Liste von Firmen, die in Frage kommen könnten, und machen Sie dann einen Plan. Gehen Sie zu mindestens vier Unternehmen am Tag, also zu zwanzig in der Woche. Einige haben Sie vorher angerufen und einen Termin vereinbart, andere besuchen Sie einfach ohne Termin. Versuchen Sie beides.

Legen Sie sich eine kurze Vier-Minuten-Vorstellung zurecht; Sie sollten folgende Punkte ansprechen:

»Es gibt zwei, drei Dinge, die ich sehr gut kann und die mir Spaß machen. Ich glaube, ich könnte Ihrer Firma aus den folgenden Gründen von Nutzen sein … Die vier Minuten sind jetzt um: Sehen Sie eine Möglichkeit? Wollen Sie sich weiter mit mir unterhalten?«

Wenn Sie einen sympathischen Eindruck hinterlassen und ein Problem für die Firma lösen können und auch Geld dafür frei ist, dann haben Sie gute Chancen.

Und wenn die Firma keine Möglichkeit hat, Sie einzustellen, das

Gespräch aber gut verlaufen ist, so fragen Sie nach Empfehlungen: *»Kennen Sie eine Firma, die jemanden wie mich gut gebrauchen könnte? Darf ich mich auf Sie berufen?«* Empfehlungen einzuholen ist ein wesentlicher Bestandteil der gesamten hundert Tage. Fragen Sie sich immer: *»Wer kennt den Menschen bzw. die Firma, die ich nicht kenne?«*

Wenn Sie zweihundert Firmen besucht haben, haben Sie Ihren Job. Immer. Garantiert. Aber Achtung: Ich sage nicht 23 oder 47, ich sage zweihundert!

Power-Tipp

Gehen Sie nicht auf die übliche Weise vor, wenn Sie Arbeit suchen. Wer tut, was alle tun, bekommt, was alle bekommen. Und das ist bei diesem Thema oft jahrelange Arbeitslosigkeit.

- Fragen Sie Freunde und Bekannte: »Kennst du jemanden, der einen Job hat?« Oder: »Kennst du jemanden, der jemanden kennt, der …«
- Rufen Sie Firmen direkt an.
- Gehen Sie persönlich in die Firmen.
- Fragen Sie in jeder Firma nach Empfehlungen.
- Bieten Sie an, einige Tage umsonst zu arbeiten.

Das Vorstellungsgespräch

Wenn die ersten vier Minuten abgelaufen sind und der Chef sich weiter mit Ihnen unterhalten will (oder einen neuen Termin ausmacht), dann haben Sie gute Chancen. Es entwickelt sich ein Gespräch, für das einige wichtige Regeln gelten:

- **Erzählen Sie nicht so viel von sich.** Antworten Sie auf die Fragen, aber erzählen Sie Ihre Vergangenheit nicht in epischer Breite.

Achten Sie auf Ihren Gesprächspartner: Solange er ruhig und gespannt zuhört, will er mehr wissen. Fängt er an, auf dem Stuhl herumzurutschen und mit den Fingern zu spielen, so würde er lieber zum nächsten Punkt kommen.

- **Verlegen Sie die Inhalte des Gesprächs in die Zukunft**. Je länger Sie darüber reden, wie eine Zusammenarbeit möglicherweise aussehen könnte, umso mehr steigen Ihre Chancen. Am besten gelingt Ihnen das, indem Sie selbst Fragen stellen: »Wer wäre mein Chef? Was wäre mein Aufgabenbereich? An wen berichte ich? Welche Verantwortung habe ich? Wer hat diese Aufgabe vorher innegehabt – was hat Ihnen daran gefallen und was nicht? …«
- **Sprechen Sie nicht zu früh über Ihre Rechte** – das erste Gespräch ist definitiv zu früh dafür. Denken Sie daran, dass ein Chef nicht gern die Katze im Sack kauft – und schon gar nicht verhandelt er gern über Rechte, solange er noch nicht entschieden hat. *Sprechen Sie darüber, was Sie für die Firma tun können, und nicht so sehr darüber, was die Firma für Sie tun kann.*
- **Zeigen Sie, dass Sie lernen wollen.** Fragen Sie: »Was kann ich lernen? Wo wird Ihre Firma in fünf Jahren stehen? Welche Fähigkeiten und Stärken werden dann gefragt sein? Mit welchen guten Mitarbeitern von Ihnen werde ich arbeiten – und was kann ich von ihnen lernen?«
- **Bieten Sie an, einige Tage umsonst zu arbeiten.** Sie tun dies nicht nur für den Chef, damit er Sie kennen lernt; auch Sie haben die Chance, die Firma, den Chef, die Kollegen, die Arbeit und die Atmosphäre zu erleben.
- **Sollte über das Gehalt gesprochen werden, so nennen Sie niemals als Erster einen Betrag.** Wie Sie erfolgreich eine Gehaltsverhandlung führen, lesen Sie im nächsten Kapitel. Wenn der Chef darauf besteht, dass Sie eine Summe nennen, so bieten Sie einen Spielraum an: »Je nach Aufgabe könnten wir über 2200 bis 2900 Euro reden.«
- **Geben Sie niemals während des Gesprächs Ihre Bewerbungsunterlagen ab.** Sagen Sie, dass Sie keine bei sich haben; aber Sie werden sie gleich morgen zuschicken. Das hat den Vorteil,

dass Sie die Erkenntnisse aus dem Gespräch in die Bewerbung einfließen lassen können. So können Sie auf die Unterhaltung Bezug nehmen und andere Schwerpunkte setzen. Fragen Sie auch: »Was ist Ihnen in meiner Bewerbung wichtig?«

- **Schicken Sie nach jedem Gespräch einen kurzen Dankesbrief.**

Wenn Sie *nicht* arbeitslos sind, empfehle ich ein ähnliches Vorgehen. Allerdings wird es länger dauern, weil Sie »leider« nicht so viel Zeit zur Verfügung haben wie ein Arbeitsloser. Sie sollten dann einen Urlaub nutzen, um Ihre Sinnfragen zu klären und um herauszufinden, was Sie erfüllt (Spaß, Fähigkeiten, Nutzen). Wenn Sie dann einen passenden Job suchen, können Sie viele Tipps aus diesem Kapitel umsetzen.

Für Arbeitslose gilt: Wenn Sie sich an diesen Weg halten, dann werden Sie immer – spätestens nach hundert Tagen – einen Job haben. Ich freue mich, wenn Sie mir schreiben und mir Ihre Erfahrungen mitteilen.

Vor allem aber haben Sie dann nicht nur einen Job. Sie haben die elementaren Fragen Ihres Berufslebens beantwortet. Sie werden überrascht sein, um wie viel Ihr Selbstbewusstsein gewachsen ist.

Und Selbstbewusstsein ist die wichtigste Voraussetzung, um mehr zu verdienen. Im nächsten Kapitel geht es darum, wie Sie mit Ihrem Job bzw. in Ihrem Feld innerhalb von einem Jahr mindestens 20 Prozent mehr verdienen. Wahrscheinlich wird es Ihnen bereits nach drei Monaten gelingen …

7

Endlich mehr verdienen

»Wenn Sie gewinnen, öffnet das Leben seine Tore weit für Sie.
Sie werden auf dem Weg zum Sieg oft die Hölle sehen; so ist das Leben.
Aber es lässt Sie nicht fallen, wenn Sie an Ihrem Traum festhalten.
Es belohnt Sie mit allem, was Sie sich vorgestellt haben, und mit viel, viel mehr.«
J. Flemmings

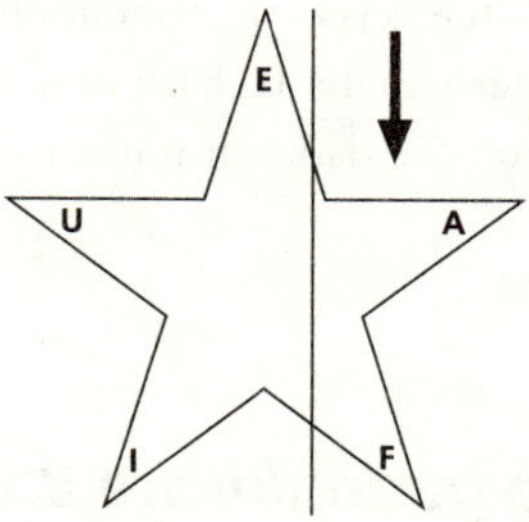

Was können Sie tun, wenn Sie mehr Geld haben wollen? Vielen Menschen fallen nur zwei Dinge ein: Sie versuchen einen Kredit aufzunehmen, und wenn ihnen das nicht gelingt, schnallen sie ihren Gürtel enger. Mein Vorschlag: Wie ist es mit mehr verdienen? Schließlich liegt es an Ihnen, wie hoch Ihr Einkommen ist.

Wahrscheinlich können Sie sich vorstellen, dass ich auf meinen Vorschlag hin oft höre: »Das ist nicht so leicht; wir haben feste Strukturen, und da bekommt man nicht so einfach eine Gehaltserhöhung.« Was ist nun richtig? Wer hat Recht?

Natürlich entscheiden Sie allein. Sie können grundsätzlich zwischen fünf Möglichkeiten wählen, wenn Sie mehr Geld verdienen wollen:

- Sie können den Job wechseln;
- Sie können sich selbständig machen;
- Sie können während Ihrer Freizeit *zusätzlich* Geld verdienen;
- Sie können sich als Experte positionieren;
- und *Sie können in Ihrem Job mehr verdienen.*

Wie Sie sich zusätzliche Geldströme erschließen und sich als Experte positionieren, besprechen wir in den nächsten Kapiteln. In diesem befassen wir uns ausschließlich mit dem letzten Punkt: *Wie erhöhen Sie als Angestellter Ihr Einkommen in Ihrem Job?*

Sollten Sie sich in einem Angestelltenverhältnis befinden, so ist es wichtig, dass Sie die Spielregeln für ein hohes Einkommen kennen lernen. Sollten Sie selbständig sein, so überfliegen Sie dieses Kapitel und überlegen, wie sinnvoll es sein kann, diese Information Ihren Angestellten zu geben. Ich verrate Ihnen ein offenes Geheimnis: Ihre Angestellten hätten gern mehr Gehalt; und Sie würden es wahrscheinlich zahlen, wenn Sie dadurch unterm Strich ebenfalls mehr verdienen würden.

Die gedankliche Basis

Sie erhalten in diesem Kapitel nicht nur die *fünfzehn Gebote für einen hohen Verdienst*; Sie finden auch eine *genaue Gebrauchsanweisung für eine Gehaltserhöhung*. Aber dafür brauchen wir eine Basis: die wichtigsten gedanklichen Voraussetzungen für einen höheren Verdienst. Es gibt insgesamt fünf Leitsätze:

Leitsatz eins: Jeder ist selbständig. Niemand arbeitet »für seinen Chef« – jeder arbeitet für sich. Sie arbeiten, weil Sie Geld verdienen wollen, Spaß an der Arbeit finden, einen Sinn sehen usw. –, aber Sie arbeiten nicht für Ihren Boss. Am besten sehen Sie sich selbst als Firma; Ihre Fähigkeiten sind dann die Produkte, die Sie verkaufen; Ihr Arbeitgeber ist Ihr Kunde. Aber betrachten Sie sich immer als selbständige Firma. Wenn Sie diese Einstellung annehmen, so sind Sie gedanklich viel freier und mächtiger.

Leitsatz zwei: Sie bekommen immer das, was Sie verdienen. Viele behaupten zwar, mehr wert zu sein, als sie bekommen. Aber das trifft nicht zu. Richtig ist: Wenn Sie mehr »verdienen« würden, dann hätten Sie auch mehr. Je mehr Sie sich von anderen abhängig machen und je stärker Sie in die Opferrolle schlüpfen, umso weniger bestimmen Sie selbst. Sie »verdienen« dann weniger.

Leitsatz drei: Nur wenn Sie die Spielregeln kennen, können Sie das Einkommensspiel gewinnen. Die Spielregeln macht der Markt; sie sind für alle gleich: Es wird niemand bevorzugt; es wird auch niemand benachteiligt. Insofern ist der Markt gerecht. Wer aber die Spielregeln nicht kennt, der ist erheblich im Nachteil.

Leitsatz vier: Die wichtigste Spielregel ist: Es gibt keine Regel für Ihr Gehalt. Lassen Sie sich niemals einreden, es gäbe unveränderliche Regeln. Alle Regeln sind von Menschen gemacht, und sie können von Menschen verändert werden – also von Ihnen.

Es gibt keinen objektiven Maßstab für den Wert Ihrer Arbeit. Ihr Wert ist immer subjektiv. Das heißt: Niemand hat objektiv »Recht« in der Bewertung einer Arbeitskraft – nicht Ihr Boss und auch Sie nicht. Wenn es keinen einheitlichen Wertmaßstab gibt, dann richtet sich Ihr Gehalt folglich nach drei Kriterien:

1. Wie Ihr *Chef* Ihren Wert einschätzt;
2. wie Sie *selbst* Ihren Wert einschätzen;
3. nach Ihrem Verhandlungsgeschick.

Leitsatz fünf: Sie bekommen keine Gehaltserhöhung; Sie verdienen sich eine. Die Frage ist: Wie sehr können Sie Ihrer Firma dienen, und wie unentbehrlich sind Sie? Ihre Verhandlungsposition ist umso stärker, je seltener Ihre Kenntnisse und Fähigkeiten im Verhältnis zu der entsprechenden Nachfrage sind.

Da es aber auch für diese Kriterien keinen objektiven Maßstab gibt, gilt auch hier Leitsatz vier. Es ist Ihre Aufgabe, dafür zu sorgen, dass Ihr Chef Ihren Wert erkennt; es liegt auch an Ihnen, wie Sie über sich selbst und Ihren Wert denken; und von Ihnen allein hängt es ab, wie gut Ihr Verhandlungsgeschick ist.

Diese fünf Leitsätze bilden die Basis für unsere weiteren Überlegungen.

Sie gründen sich auf die drei wichtigsten Voraussetzungen für Erfolg: Selbstvertrauen, Verantwortung übernehmen und das Tun.

Die fünfzehn Gebote für eine Gehaltserhöhung

Für jeden Buchstaben des Wortes »Gehaltserhöhung« steht ein Grundsatz, ein Gebot. So wie jeder Erfolg er-folgt, so folgt auch eine Gehaltserhöhung der Befolgung der fünfzehn Gebote nach. Im Grunde genommen setzt sich ein hoher Verdienst aus diesen fünfzehn Geboten zusammen. Hier der Überblick:

- **G**eben Sie Ihr Bestes
- **E**inkommen produzierende Aktivitäten
- **H**elfen und Freude bereiten
- **A**lles lieben, was Sie tun
- **L**ernen und wachsen Sie konstant
- **T**eil eines Spiels
- **S**tärken ausbauen
- **E**rhöhen Sie Ihr Selbstbewusstsein
- **R**ichtig konzentrieren
- **H**ohe Dringlichkeit
- **Ö**ffentlich nicht widersprechen
- **H**aben Sie Größe
- **U**ebernehmen Sie volle Verantwortung
- **N**icht Zweifel, sondern Stärke zeigen
- **G**ehaltserhöhung fordern

Erstes Gebot: Geben Sie Ihr Bestes

Handeln Sie. Geben Sie immer Ihr Bestes. Ich möchte Ihnen einen Tipp geben, mit dem Sie immer Karriere machen werden: *Erledigen Sie Ihre nächste Aufgabe so, als würde die gesamte Firmenleitung zuschauen und Ihre Beförderung davon abhängen.*

Es gibt keine unwichtigen Aufgaben. Alles, was es wert ist, getan zu werden, ist es wert, gut getan zu werden. Wer zwischen »wichtigen« und »unwichtigen« Aufgaben unterscheidet, wird nicht immer sein Bestes geben. Die Aufgaben, die er für »unwichtig« hält, wird er lieblos und mehr schlecht als recht erledigen.

Geben Sie immer Ihr Bestes. Die nachfolgenden beiden wahren Begebenheiten veranschaulichen die Wichtigkeit dieses Gebots:

Professor Subrahmanyan Chandrasekhar arbeitete in seinem astronomischen Observatorium an der Williams Bay. Zusätzlich bot er ein Seminar über »Astrophysik für Fortgeschrittene« an der 130 Kilometer entfernten Universität von Chicago an. Es meldeten sich nur zwei Studenten. Jeder erwartete, dass er nun das Seminar absagen würde. Er hätte alle Argumente auf seiner Seite gehabt: Es war nicht einmal ökonomisch.

Wie hätten Sie entschieden? Würden Sie für nur zwei Studenten zweimal die Woche einen beschwerlichen Weg im Winter auf sich nehmen – hin und zurück insgesamt 260 Kilometer?

Professor Chandrasekhar zog das Seminar durch. Er wollte in der geringen Nachfrage eine Chance sehen – um die zwei Studenten konnte er sich viel intensiver kümmern.

Das Ergebnis? Jahre später bekam erst der eine, dann der andere die höchste Auszeichnung, die es weltweit für wissenschaftliche Arbeit in der Physik gibt: den Nobelpreis. 1983 erhielt ihn dann auch Professor Chandrasekhar selbst.

Die zweite Geschichte handelt von dem »kleinen« Hotelangestellten George C. Bolt. Alle Hotels der Stadt waren eines Abends ausgebucht, als ein älteres Ehepaar vor ihm stand und nach einem Zimmer fragte. Er musste ihnen mitteilen, dass auch dieses Hotel keinen Platz mehr hatte.

Als er aber in die enttäuschten Gesichter der beiden netten Leute schaute, kam ihm eine Idee: »Sie können aber gern in meinem privaten Zimmer schlafen. Ich habe sowieso Dienst bis morgen früh. Es ist nichts Besonderes, aber Sie hätten ein Bett zum Schlafen.«

Das Ehepaar wollte ablehnen, aber George insistierte. Ihr Wohl lag ihm so offensichtlich am Herzen, dass sie sein Angebot dankend annahmen.

Nach dem herzlichen Abschied am nächsten Morgen hörte George zunächst nichts mehr von den beiden. In dieser Zeit lernte er alles, was er über das Hotelwesen lernen konnte.

Nach zwei Jahren erhielt er plötzlich von dem Ehepaar eine Einladung, nach New York zu kommen. Dem Brief lag ein Ticket bei. Der Mann holte ihn am Bahnhof ab und brachte ihn sofort zu einem riesigen Gebäude Ecke 5th Avenue/34. Straße. Er sagte: »Schauen Sie sich dieses Gebäude genau an: Es ist ein Hotel; ich habe es für Sie gebaut. Ich möchte, dass Sie es leiten.«

Der ältere Herr war William Waldorf Astor; George C. Bolt wurde so der erste Generaldirektor des berühmten Waldorf Astoria.

Wenn eine Sekretärin am Telefon sagt: »Büro von XY, guten Tag«, so lässt sich aus diesen sechs Worten sehr viel erkennen. Zum Beispiel: »Ich bin gerade schlecht drauf; Sie stören; es gefällt mir hier nicht ...« Im positiven Fall würden folgende Botschaften mitschwingen: »Ich mag Sie; ich bin froh, dass Sie anrufen; Sie sind wichtig; ich mag meine Arbeit, meine Firma und meinen Chef ...«

Die Strategie lautet: Geben Sie bei den »kleinen Dingen« Ihr Bestes, damit Sie für die großen Dinge gerüstet sind. *Erfolgreiche Menschen tun nicht die außergewöhnlichen Dinge gut; sie tun die einfachen Dinge außergewöhnlich gut.*

Viele würden sich mehr anstrengen, wenn sie in die Zukunft sehen könnten und wüssten, was alles daraus entstehen kann. Vielleicht sind wir nicht im Stande, in die Zukunft zu schauen, aber wir können etwas viel Wichtigeres tun: *Wir können unsere Zukunft bauen.*

Wie viel Sie heute dienen, entscheidet darüber, wie viel Sie morgen verdienen. Geben Sie immer Ihr Bestes – ganz gleich, was Sie gerade tun. Martin Luther King sagte: »Wenn jemand sein Geld als Straßenkehrer verdient, dann sollte er die Straße kehren, wie Michelangelo malte, Beethoven komponierte und Shakespeare seine Dramen schrieb.«

Zweites Gebot: Einkommen produzierende Aktivitäten

Schon der italienische Ökonom Vilfredo Pareto (1848–1923) hat herausgefunden, dass 80 Prozent unseres Verdienstes durch 20 Prozent unserer Aktivitäten entstehen. Dieses Prinzip ist weitgehend bekannt; aber die wenigsten ziehen daraus ihre Lehren.

Auf Ihr Einkommen bezogen heißt das, dass Sie 80 Prozent Ihrer Arbeitszeit verschwenden oder zumindest nicht optimal einsetzen. Die 80 Prozent sind die Summe aller Tätigkeiten, die nicht direkt den Umsatz bzw. das Einkommen beeinflussen. Beispiele sind: Ordnung machen, ein Ablagesystem erstellen, für ein gutes Betriebsklima sorgen, Blumen kaufen, gewisse Telefonate, bestimmte Lektüren, ein Großteil der Post …

Vielleicht wenden Sie ein: »Aber diese Dinge müssen doch auch getan werden!« Und da haben Sie vollkommen Recht. Langfristig kann keine Firma erfolgreich sein, wenn solche Dinge vernachlässigt werden. *Aber die entscheidende Frage lautet: Wann tun Sie die 80-Prozent-Aufgaben?*

In jedem Job gibt es einige wenige entscheidende Aufgaben, die letztendlich die Höhe des Einkommens bestimmen, die Einkommen produzierenden Aktivitäten. Auf sie sollten Sie sich *zuerst* konzentrieren.

Lernen Sie, Dinge aufzuschieben!

Erfolgreiche Menschen erledigen die 20-Prozent-Tätigkeiten sofort und schieben die 80-Prozent-Tätigkeiten auf die lange Bank. Napoleon hat seine Post nur einmal im Monat angeschaut. Warum? Wenn die Briefe nach einem Monat noch interessant waren, hat er sie beantwortet. Die meisten aber waren zu diesem Zeitpunkt bereits überholt – er konnte sie wegschmeißen.

Warum erledigen die meisten Menschen wohl zuerst die 80-Prozent-Tätigkeiten? Die Antwort: Oft machen sie ihnen mehr Spaß; sie erscheinen einfacher; vor allem aber lassen sie sich nicht so gut kontrollieren wie die restlichen 20 Prozent. Der letzte Punkt ist wohl der ausschlaggebende: Bei einer kontrollierbaren Tätigkeit können Ihnen leichter Fehler nachgewiesen werden. Die meisten aber haben Angst vor Fehlern und Misserfolg.

Power-Tipp

Erledigen Sie die Einkommen produzierenden Tätigkeiten sofort.

- Wenn Sie die 20-Prozent-Tätigkeiten erledigt haben, können Sie in Ruhe überlegen, was Sie mit Ihrer restlichen Zeit tun: Sie können lernen; an Ihrer Positionierung arbeiten; Sie können sich entschließen, weitere Einkommen produzierende Aktivitäten auszuführen.
- Wenn Sie die 20-Prozent-Tätigkeiten zuerst erledigen, dann sind Sie nicht in Eile. *So können Sie gewährleisten, dass Sie bei den entscheidenden Aktivitäten bestmögliche Resultate erzielen.*
- Nehmen Sie Ihre To-do-Liste und fragen Sie sich: Was sind 20-Prozent- und was sind 80-Prozent-Tätigkeiten?
- *Delegieren Sie die 80-Prozent-Tätigkeiten, wann immer dies möglich ist.* Wenn etwas schief läuft, so ist der Schaden minimal.

Denken Sie aber daran, dass Sie alles, was Sie delegieren, auch kontrollieren sollten.
- Tun Sie die Dinge, vor denen Sie Angst haben, zuerst. Fragen Sie sich: Was würde ich jetzt tun, wenn ich sicher wüsste, dass es nicht schief gehen könnte?
- Erledigen Sie als Nächstes die unangenehmen Dinge.
- Fassen Sie Papier möglichst nur einmal an.

Drittes Gebot: Helfen Sie und bereiten Sie Freude

Ein Chef wird sehr schnell erkennen, ob Sie die Stimmung heben oder senken. Eine fröhliche Stimmung trägt zur Produktivität bei. Helfen Sie, wann immer Sie können.

Helfen Sie jedem Kunden; helfen Sie Ihrem Chef; helfen Sie Ihren Kollegen. Machen Sie sich beliebt. Entwickeln Sie die Fähigkeit zu führen. *Eine Beförderung ergibt sich zu 80 Prozent daraus, dass man Sie »von unten« nach oben schiebt, und nur zu 20 Prozent daraus, dass Sie von oben gezogen werden.* Der Liebenswerte wird leichter geschoben!

Ein Chef wird niemanden zum Abteilungsleiter machen, der die Abteilung nicht führen kann. Und er ist meist sehr sensibel für die Signale Ihrer Kollegen.

Dazu drei wichtige Tipps. Erstens: *Sprechen Sie nur gut über andere.* Lassen Sie auch nicht zu, dass man Ihnen Schlechtes über andere erzählt. Wenn es trotzdem versucht wird, so sagen Sie: »Kann ich Sie überreden, mich zu fragen, ob mich das interessiert, was Sie mir gerade erzählen wollen?« *Wer schlecht über Abwesende redet, der redet auch schlecht über Anwesende, sobald sie abwesend sind.*

Zweitens: Erstellen Sie sich schriftlich einige Grundsätze, die Sie im Umgang mit anderen anwenden wollen. Eine gute Anregung können die 24 goldenen Regeln aus meinem Buch »Die Gesetze der

Gewinner« sein. Überfliegen Sie die Regeln am besten mehrmals pro Woche. Stellen Sie sicher, dass Sie jeden Menschen möglichst so behandeln, wie er es braucht.

Drittens: Sorgen Sie bei jedem Kontakt mit anderen Personen dafür, dass diese ein gutes Gefühl haben in Bezug auf: 1. sich selbst; 2. Ihre Firma; 3. Sie. Ich habe mir jahrelang ein kleines Zettelchen an mein Telefon gehängt mit den Worten: »Gutes Gefühl: Sie – Firma – mich.« *Üben Sie sich darin, andere wertvoller zu machen.*

Viertes Gebot: Alles lieben, was Sie tun

»Moment mal!« – könnten Sie rufen. »Haben Sie bis jetzt nicht immer gesagt: Tun Sie etwas, was Sie lieben? Was denn nun? Soll ich tun, was ich liebe, oder soll ich lieben, was ich tue?«

Die Antwort: *Beides.* Natürlich gilt das in Kapitel 5 und 6 Gesagte. Wir sollten eine Arbeit finden, die wir lieben.

Aber ... das ist ein Ideal. *In Wahrheit wird es erstens immer wieder Dinge geben, die wir nicht so richtig mögen* – von lieben kann da schon gar keine Rede sein. Und zweitens kann es sein, dass Sie sich im Moment noch nicht von einer unteroptimalen Arbeit trennen wollen oder können.

Aber auch wenn es Arbeiten gibt, die Sie nicht gerade in Begeisterung versetzen, so sind Sie doch kein hilfloses Opfer dieser Aufgaben. Wir haben viel mehr Macht, als wir es uns manchmal eingestehen wollen. *Nicht die Aufgabe entscheidet; wir entscheiden. Wir haben immer die Wahl, mit welcher Einstellung wir an die Arbeit herangehen wollen.*

Es gibt eine ganz einfache Strategie, die es Ihnen jederzeit ermöglicht, jede beliebige Tätigkeit zu lieben.

Sie können eine Arbeit mehr schlecht als recht tun – oder Sie können sie zelebrieren. Der einfache Trick, jede Arbeit zu lieben, ist demnach: *Geben Sie Ihr Bestes. Strengen Sie sich an. Tun Sie keine einfache Arbeit, sondern vollbringen Sie ein Meisterwerk.*

Yehudi Menuhin, der große Geiger, wurde einmal gefragt, ob es ihm nicht langweilig würde, viele Wochen lang jeden Abend die gleichen Stücke zu spielen. Seine Antwort: »Wenn man sich jeden Abend *wirklich* Mühe gibt, wird es nie langweilig.« Wenn Sie eine Aufgabe eh schon erledigen müssen, dann geben Sie Ihr Bestes. *Sie werden sehen: Es dauert nicht lange, und schon genießen Sie, was Sie tun.* Für dieses Phänomen gibt es drei Gründe:

1. Wenn Sie sich anstrengen, müssen Sie sich konzentrieren. Somit wird es interessanter.
2. Sie werden effektiver, und das macht Freude.
3. Dadurch wächst Ihr Selbstbewusstsein.

Werden Sie zu einem Alchemisten. Die konnten Erde und Blei in Gold verwandeln. Verwandeln Sie wenig prickelnde Arbeiten in goldene Momente.

Ein letzter Tipp, wie Sie jede Situation auf ein anspruchsvolleres Niveau heben können: Suchen Sie sich eins (oder mehrere) der fünfzehn Gebote für eine Gehaltserhöhung heraus, und üben Sie die Umsetzung anhand der betreffenden Situation. Auf diese Weise geben Sie Ihrer »einfachen Aufgabe« eine zusätzliche Bedeutung und mehr Sinn.

Fünftes Gebot: Lernen und wachsen Sie konstant

Dieses Gebot ist identisch mit der neuen Regel Nummer 8 aus Kapitel 3. Sie erinnern sich: Wir befinden uns im Informations-Zeitalter. Sie können heute nicht mehr erfolgreich arbeiten, ohne ständig zu lernen. *Arbeit und Lernen sind zu einer untrennbaren Einheit verschmolzen.*

An diesem Punkt zeigt sich – wie auch bei vielen der anderen Gebote –, wie wichtig das Kapitel 6 ist! Warum sollten Sie ständig lernen, wenn Sie nicht wissen, wofür? Ich glaube nicht, dass es faule

Menschen ohne jeden Ehrgeiz gibt. Ich glaube aber, es gibt zu viele Menschen ohne Ziel und Sinn. Erst wenn Sie wissen, was Ihr großes »Bild« ist, werden Sie begeistert lernen.

Viele wissen auch nicht genau, was sie lernen sollen. Meine Meinung: Lernen Sie alles! Bilden Sie sich in jedem Bereich fort. *Wenn Sie sich fachlich verbessern, werden Sie mehr verdienen; aber wenn Sie sich als Persönlichkeit verbessern, werden Sie reich.* Lernen Sie zum Beispiel Körpersprache – einen professionellen Händedruck; Rhetorik – eine kurze Präsentation zu halten; Marketing-Grundkenntnisse – lernen Sie verkaufen …

Je mehr Spaß Sie beim Lernen entwickeln, umso leichter wird es Ihnen fallen. Lernen Sie, straßen-schlau zu sein.

Sie liefern den besten Beweis, dass Sie an Ihre Zukunft glauben, indem Sie in diese Zukunft investieren.

Das Geheimnis für Erfolg im Leben eines Menschen ist, bereit zu sein, wenn die Gelegenheit kommt. Sie wissen nicht, was Sie noch alles erwartet. Aber ich bin mir sicher: Es wird fantastisch! Bereiten Sie sich so gut wie möglich darauf vor! Werden Sie der größte Schwamm in Ihrer Firma; saugen Sie alles auf. Lernen und wachsen Sie konstant.

Sechstes Gebot: Sich als Teil eines Spiels sehen

Wer seine Arbeit wie ein Spiel sieht, der geht spielerisch leicht an sie heran. Wer hingegen alles zu ernst nimmt, der verkrampft sich, wirkt wenig elegant und bremst sich selbst aus.

Die Kunst ist es, sich ernsthaft und verantwortungsvoll – aber doch mit einem gewissen Abstand – am Spiel zu beteiligen; *gewinnen zu wollen, aber sich nicht zu verkrampfen*. Vergessen Sie nicht: *Arbeit ist wichtig; aber vor allem ist es ein schönes Hobby, das Spaß machen soll*. Arbeit bringt Geld; aber wenn wir mit Ernst und gleichzeitig entspannt an sie herangehen, verdienen wir *mehr*.

Zu einem Spiel gehört auch die Erkenntnis, dass man von Zeit zu

Zeit verlieren wird. Bei einer Niederlage können Sie eines von drei Dingen tun: 1. Sie bleiben liegen; 2. Sie rappeln sich zwar auf, aber tauchen in der anonymen Masse unter; 3. Sie lernen, suchen und finden den Vorteil, der aus der Niederlage erwächst, und steigen eine Stufe empor. *Erfolgreiche Menschen können jedem Rückschlag etwas Positives abgewinnen.* Sie können das hauptsächlich deshalb, weil das Ganze für sie ein großes Spiel ist.

Entwickeln Sie Ihre Fähigkeiten; lernen Sie; trainieren Sie sich; setzen Sie sich hohe Ziele; ... und dann lassen Sie den Fluss zu – öffnen Sie sich für Flow-Erlebnisse. Mit Disziplin erreichen wir ein bestimmtes Niveau – Meisterleistungen setzen dort ein, wo wir mit konzentrierter Anstrengung nicht weiterkommen.

Siebtes Gebot: Stärken ausbauen

Auch dieses Gebot kennen Sie bereits aus dem Kapitel 3. Die Frage ist nur: Wie können Sie dies Ihrem Boss klar machen?

In der Tat ist es nicht immer so leicht, alle Gebote in die Tat umzusetzen. Viele Firmen haben fest eingefahrene Strukturen und sind nicht sehr beweglich in Bezug auf »Innovationen«. Meist werden Sie aber viel mehr durchsetzen können, als Sie jetzt vielleicht glauben. Allerdings müssen Sie sich dafür richtig einsetzen.

Vor allem aber muss Ihre Leistung so überzeugend sein, dass man Ihnen gern zusätzliche Freiräume zugesteht – nicht zuletzt deshalb, weil Sie dadurch noch effektiver werden.

Hier eine wichtige Warnung: *Lassen Sie sich nicht verheizen.* Das ist immer dann der Fall, wenn Sie lange etwas tun »müssen«, das Ihnen absolut keinen Spaß macht und nicht Ihren Fähigkeiten entspricht. Versuchen Sie, eine andere Arbeit zugewiesen zu bekommen. Stellen Sie auch klar, dass Sie im Notfall entschlossen sind, die Firma zu wechseln, wenn Ihrem Wunsch nicht entsprochen wird.

Seit Sie das Kapitel 6 gelesen haben, wissen Sie ja: Es dauert maximal hundert Tage, einen neuen Job zu finden … Aber warum sollte man Sie gehen lassen, wenn Sie bewiesen haben, wie wertvoll Sie sind? Und warum sollten Sie bleiben, wenn man Ihren Wert nicht anerkennt?

Achtes Gebot: Erhöhen Sie Ihr Selbstbewusstsein

Unser persönlicher Erfolg hängt am stärksten von dem Grad unseres Selbstbewusstseins ab. Ihr Einkommen steht in direktem Verhältnis zu Ihrem Selbstbewusstsein.

- Es liegt an Ihnen, für wie wertvoll Sie Ihre Leistung halten. Wenn Sie der Meinung sind, Sie verdienten eine Gehaltserhöhung, so werden Sie nach Gelegenheiten suchen, die Ihnen dazu verhelfen. Um Gelegenheiten erkennen und nutzen zu können, müssen Sie selbstbewusst sein. *Ihr Verdienst richtet sich also nicht so sehr nach Ihrem Wert, sondern nach dem, was Sie denken, wert zu sein.*
  Tom Cruise lebt diese Weisheit; als er auf seine unglaublich hohen Gagen angesprochen wurde, sagte er: »Wenn ich es nicht wert wäre, würde man es mir nicht bezahlen. Und von dem Tag an, an dem ich es nicht mehr wert sein werde, wird mir auch niemand mehr diese Summe bieten.«
- Gelegenheiten sind genügend vorhanden; aber ohne Selbstbewusstsein nehmen wir sie noch nicht einmal wahr.

Mangelndes Selbstbewusstsein verhindert, dass Sie würdevoll leben. Verhaltensforscher haben Folgendes bemerkt: Menschen, die kein Geld in der Tasche haben und vor einem Schaufenster stehen, treten zur Seite, wenn sie hinter sich jemanden spüren. Sie wollen dem potenziellen Käufer nicht die Sicht versperren.

Ebenso treten Menschen im Leben zur Seite – bei Gehaltserhöhungen – bei Beförderungen – bei besonderen Gelegenheiten … Sie glauben, es nicht zu »verdienen«, es nicht wert zu sein. Eine Tragödie … und eine vollkommen überflüssige dazu.

Wie Sie Selbstvertrauen aufbauen können

Sugar Ray Robinson sagte: »Willst du ein Champion werden, musst du an dich glauben, wenn es niemand anderes tut.« Die gute Nachricht: *Selbstbewusstsein kann man erlernen.* Jeder von uns. Es gibt kein angeborenes Selbstbewusstsein. Wenn Sie es aber erlernen können, dann müssen Sie nur noch wissen, wie.

Selbstbewusstsein ist die Fähigkeit, sich selbst zu vertrauen. *Dazu ist es zunächst notwendig, dass wir uns selbst kennen lernen.* Sie vertrauen niemandem, den Sie nicht kennen. Auch aus diesem Grund sind die Übungen aus Kapitel 6 so wichtig – auch diejenigen, die Sie im Anhang finden: Sie lernen sich wirklich kennen.

Ob Sie Anlass dazu finden, sich selbst zu vertrauen, hängt zu einem großen Teil davon ab, ob Sie geeignete Beweise dafür in Ihrer Vergangenheit finden.

Wir alle haben Erfolge zu verzeichnen. Entscheidend sind aber nur die Erfolge, die wir uns als solche bewusst machen und an die wir uns erinnern.

Die wahrscheinlich beste Form, Ihre Erfolge in Ihrem Gedächtnis zu »verlängern«, ist, sie aufzuschreiben. Dadurch, dass wir *selektiv* aufschreiben – nur unsere Erfolge nämlich –, bestimmen wir, welchen Teilen unseres Erlebens wir in der Zukunft verstärkt wieder begegnen wollen. *Konzentration auf Erfolge gebiert neue Erfolge.*

Das Erfolgs-Journal

Wir brauchen also ein Instrument, das unser Selbstvertrauen aufbaut. Aus diesem Grund habe ich das *Erfolgs-Journal* erfunden. Sie können es selbst anlegen: Ein leeres Journal, in das Sie täglich fünf Dinge notieren, die Ihnen gut gelungen sind. Stellen Sie von Zeit zu Zeit fest, welche Fähigkeiten Sie eingesetzt haben, um diese Erfolge zu erzielen.*

* Ich halte dieses Journal für das wichtigste Instrument für jede Form von Erfolg. Darum habe ich ein Erfolgs-Journal kreiert. Darin habe ich auf circa fünfzig Seiten die Bedeutung unseres Selbstbewusstseins erklärt; dann finden Sie spezielle Übungen; und schließlich das Journal für die täglichen Aufzeichnungen.

Als ich von dieser Übung zum ersten Mal hörte, habe ich sie gewaltig unterschätzt. Ich konnte einfach keinen Sinn darin sehen, täglich fünf Erfolge zu notieren. Außerdem war ich in einem »Tief«. Mir fielen einfach keine Erfolge ein, die ich hätte aufschreiben können. Aber hier liegt ja gerade ein wesentlicher Sinn des Erfolgs-Journals: Indem Sie darüber nachdenken, was Sie denn aufschreiben könnten, verändert sich langsam, aber sicher Ihr Fokus. *Sie lernen, sich als erfolgreichen Menschen zu erleben.*

Dabei handelt es sich um ein bewährtes Rezept: Erfolgreiche Männer und Frauen zu allen Zeiten haben Tagebuch geführt und sich darin mit ihren Zielen und ihren Erfolgen beschäftigt. Nehmen Sie sich ebenfalls wichtig genug, um über sich selbst zu schreiben! *Ein Leben, das es wert ist, gelebt zu werden, ist es auch wert, protokolliert zu werden.*

Die Meinung, die ein Mensch über sich selbst hat, zeigt sich irgendwann in seinem Gesicht und spiegelt sich in seinem Verhalten wider. Und Sie ziehen die Menschen und Umstände in Ihr Leben, die Sie meinen zu verdienen. Immer.

Da bildet auch Ihr Einkommen keine Ausnahme. Sie verdienen, was Sie glauben, wert zu sein. Wenn Sie mit diesem Kapitel arbeiten, werden Sie innerhalb von zwölf Monaten 20 Prozent mehr verdienen. Garantiert.

Ich möchte Sie darum an dieser Stelle eindringlich bitten: *Tun Sie es. Schreiben Sie täglich fünf Erfolge auf.* Tun Sie es auch dann, wenn Sie glauben, das könne Ihnen *nicht* helfen. Sie werden überrascht sein. Viele Menschen haben es nur gemacht, um mir zu beweisen, dass es bei ihnen nicht funktioniert. Aber es funktioniert immer.

Power-Tipp

Bauen Sie kontinuierlich Ihr Selbstbewusstsein auf, indem Sie ein Erfolgs-Journal führen.

- Ihr Selbstbewusstsein entscheidet, ob Sie Risiken eingehen.

- Während Sie das Journal schreiben, lernen Sie, sich auf Ihre Vorteile zu konzentrieren.
- Notieren Sie Erfolge aus allen Bereichen Ihres Lebens.
- Schreiben Sie auch sehr kleine Erfolge auf. Die Struktur von kleinen Erfolgen ist der von großen sehr ähnlich.
- Nach einiger Zeit werden Sie tagsüber bereits feststellen: Das ist ein Erfolg, den ich notieren kann.
- Ihr Selbstbewusstsein entscheidet über Ihr Einkommen.
- Wir denken oft, dass wir den nächsten Schritt aus Bequemlichkeit nicht tun, oder weil wir satt sind. Richtig ist aber: Bequemlichkeit ist nur vorgeschoben; in Wahrheit glauben wir nicht an unseren Erfolg.
- Unsere Erwartungen bestimmen, was wir bekommen. Unser Selbstbewusstsein entscheidet, wie hoch unsere Erwartungen sind.

Neuntes Gebot: Richtig konzentrieren

Wenn Sie Ihr Bestes geben wollen (1. Gebot), dann wird Ihnen das nur gelingen, wenn Sie sich in einem Moment ausschließlich auf eine *einzige* Sache konzentrieren. Es ist ein schlimmer Irrglaube anzunehmen, wir seien effektiver, wenn wir gleichzeitig mehrere Dinge auf einmal tun.

Wir sollten Spaß daran entwickeln, uns so sehr auf die Tätigkeit zu konzentrieren, die wir gerade ausführen, dass wir mit ihr verschmelzen. *Ein Mensch schafft nicht viel, solange er von der Aufgabe, mit der er sich gerade befasst, nicht vollständig besessen ist.*

Sportler nennen es den Tunnelblick: Sie nehmen nichts anderes mehr wahr. Die vollkommene Achtsamkeit ist natürlich ein Ideal. Aber eines, dem wir uns ständig weiter annähern können.

Stress kann nur entstehen, wenn Sie sich nicht an dieses Gebot halten. Vollkommene Konzentration hat einen Preis: Sie verbrauchen viel Energie.

Pausen erhöhen die Fähigkeit zur Konzentration

Für die gerade beschriebene Regel gibt es eine wichtige Ergänzung: *Wir brauchen regelmäßig Pausen.* Insgesamt gehen viele Menschen mit ihrer Energie anders um, als es gut für sie wäre. Unser Körper ist nicht so sehr auf ausdauernde Leistung ausgerichtet, wie die meisten annehmen. *Er gleicht eher einem Formel-1-Rennwagen, der kurzzeitig unglaubliche Leistungen vollbringen kann und dann Ruhe braucht.* Wird ein Rennwagen pausenlos gefordert, dann fallen nach und nach die Systeme aus.

Ich selbst habe jahrelang versucht, meinen Körper zu überlisten. Ich arbeitete ohne Pausen und überhörte alle Warnsignale. Da ich sehr gesund lebte und meine Arbeit liebte, verfiel ich in den Wahn, dies ständig durchhalten zu können. Das Ergebnis: Ich konnte mich zunächst nicht mehr konzentrieren und wurde schließlich krank. Burn-out.

Daraus habe ich gelernt. Ich arbeite heute zwei Stunden – bei voller Konzentration. Dann mache ich zwanzig Minuten Pause. Dann arbeite ich wieder zwei Stunden und mache wieder zwanzig Minuten Pause. In diesen zwanzig Minuten regeneriere ich mich vollkommen. Das Ergebnis: Ich bin während der Zwei-Stunden-Blöcke vollkommen konzentriert und am Ende eines Arbeitstages nicht erschöpft.*

Die meisten Menschen nehmen sich diese notwendigen Pausen unbewusst. Die Gedanken schweifen ab, sie gehen sich ein Getränk besorgen oder halten ein Schwätzchen. Klüger kann es sein, diese Pausen bewusst zu planen und dem Körper – und dem Geist – dann die vollkommene Ruhe zu geben, die er benötigt.

* Die Anregung dazu stammt aus dem sehr lesenswerten Buch »20 Minuten Pause« von Ernest L. Rossi und David Nimmons.

Insgesamt werden Sie feststellen, dass Sie auf diese Weise viel, viel mehr erledigen können, als wenn Sie versuchen durchzuarbeiten. Aber Sie können nicht nur mehr bewältigen; die Qualität Ihrer Arbeit ist viel höher, und Sie werden viel mehr Spaß daran haben.

Zehntes Gebot: Hohe Dringlichkeit

Erledigen Sie alles so schnell wie irgend möglich. Jeder in unseren Firmen kennt die Abkürzung »sswim«. Sie steht für: so schnell wie irgend möglich. Sie wissen: Arbeit dehnt sich wie ein Gummi, um die Zeit auszufüllen, die für sie zur Verfügung steht. Oftmals ist es darum besser, sich gar kein Zeitlimit zu setzen. Die beste Deadline-Planung ist sswim.

Machen Sie die Dinge dringlich. Schaffen Sie sich den Ruf, alles sswim zu erledigen. Solche Menschen bilden eine angenehme Ausnahme in einer Zeit, in der viele von Eile reden – aber in Wirklichkeit nur reden und reden und reden …

Zur Dringlichkeit gehört natürlich auch, dass Sie pünktlich zur Arbeit kommen. Kaum etwas macht einen so schlechten Eindruck wie ein armer Wicht, der ständig zu spät kommt. Dieser Mensch zeigt durch sein Zu-spät-Kommen die ganze Misere seines Lebens: Er hat sich selbst nicht im Griff; andere können sich auf ihn nicht verlassen; er kann sich selbst nicht auf sich verlassen; er hat noch nicht einmal die grundlegendsten Dinge gemeistert; er ist eine bemitleidenswerte, traurige Erscheinung.

Warum schreibe ich so harte Worte? Weil Sie sich einen schlimmen Bärendienst erweisen, wenn Sie zu spät kommen: Sie haben dann in den ersten Minuten des Arbeitstages (wo Sie noch nicht da sind) über die Qualität des ganzen Tages entschieden. Denn: Unpünktliche Menschen wird man bemitleiden, aber man wird sie niemals befördern noch ihnen mehr Gehalt geben; vielmehr wird man sie wahrscheinlich entlassen müssen – ganz gleich, wie gut sie sonst sind.

Es gibt einen ganz einfachen Trick!

Planen Sie immer, zwanzig Minuten früher da zu sein, als man von Ihnen verlangt. Diese zwanzig Minuten erwecken einen guten Eindruck. Sie kommen ruhig und entspannt zur Arbeit, und Sie können sich in Ruhe an Ihre Aufgabe machen.

Lassen Sie es nicht zu, dass die Eile auf Kosten von Qualität geht. Manche Dinge brauchen einfach Zeit. Es ist wichtig, dass Sie das eine von dem anderen zu unterscheiden lernen. *Beginnen* Sie sswim, aber hetzen Sie nicht *während* einer Aufgabe.

Elftes Gebot: Öffentlich nicht widersprechen

Kennen Sie die Situation: Ihr Chef tadelt Sie – völlig zu Unrecht? Achten Sie nun darauf, dass Sie nicht in die Gerechtigkeitsfalle tappen. Fragen Sie sich: »Will ich Recht haben – oder will ich Erfolg?«

Ich möchte Ihnen hier nicht den Rat geben zu kuschen; ganz im Gegenteil. Aber Sie sollten klug vorgehen. Möglicherweise ist Ihr Chef auf etwas ganz anderes wütend. Wenn Sie nun anfangen, mit ihm zu diskutieren, so lenken Sie nur die Wut auf sich. Klüger ist es zu schweigen – zumindest im Moment. Auf keinen Fall sollten Sie Ihrem Chef vor anderen widersprechen; aber auch wenn kein Dritter zuhört, ist der im Folgenden beschriebene Weg effektiver:

Gehen Sie nach einigen Stunden zu ihm und zeigen Sie ihm, dass es sich nicht um einen Fehler Ihrerseits gehandelt hat. Lassen Sie Fakten sprechen und werden Sie nicht emotional.

Damit erreichen Sie zweierlei: Ihr Chef erkennt, dass Sie nicht Opfer Ihrer Emotionen sind. Und er sieht, dass er das nächste Mal vorsichtiger sein sollte. Sie erhalten so in seinen Augen eine sehr viel stärkere Position, als wenn Sie sofort lospoltern. Übrigens gilt dieses Gebot nicht nur für den Umgang mit Chefs …

Zwölftes Gebot: Haben Sie Größe

Regen Sie sich niemals über Kleinigkeiten auf. Und vergessen Sie nicht: Alles sind Kleinigkeiten. Die Größe eines Geistes kann man an den Dingen erkennen, über die er sich aufregt. Würden Sie jemanden befördern, der sich den ganzen Tag darüber aufregt, am Morgen nicht »korrekt« begrüßt worden zu sein?

Wer Größe zeigt, ist nicht schnell beleidigt; er stiftet Frieden; er übersieht kleine Sticheleien. Fragen Sie sich: *»Was ist in fünf Jahren von dem momentanen Ärgernis noch übrig?«* Und: *»Verwende ich meine Energie, um meine Ziele zu erreichen, oder verschwende ich sie gerade an völlig unwichtige und nichtige Dinge?«*

Ein guter Weg zur Größe ist, sich selbst nicht zu wichtig zu nehmen. Die Erde dreht sich nicht um uns; unsere ganze Existenz ist nicht mehr als ein Windhauch im Kosmos der Zeit. Vergessen Sie nicht: *Die Größe Ihres Denkens bestimmt die Größe Ihres Einkommens.*

Dreizehntes Gebot: Übernehmen Sie volle Verantwortung

Ich unterscheide im Job gern zwischen Enten und Adlern. Adler übernehmen volle Verantwortung, Enten nicht. *Wenn Adler eine Aufgabe übernehmen, dann können Sie die Aufgabe als erledigt ansehen.* Wenn Enten etwas übernehmen, dann können Sie allenfalls beten.

Adler handeln nach dem Grundsatz: *»Wenn ich nicht kann, dann muss ich!«* Oder: »'Geht nicht' gibt's nicht!« Darum können sie sagen: »Ich tue es!« Enten wollen sich da nicht so gern festlegen. Sie sagen lieber: »Ich will es versuchen ...« *Wer aber etwas lediglich »versucht«, der erwartet, dass irgendetwas dazwischenkommt; er erwartet Misserfolg statt Erfolg.* Sonst könnte er ja einfach sagen: »Ich tue es!«

Enten versammeln sich gern in Ententeichen, um sich gegenseitig negative Erlebnisse zu berichten. Das bestärkt sie dann in ihrem Glauben, der Willkür von anderen Menschen und Situationen ausgesetzt zu sein. Adler wissen, dass sie verantwortlich sind für ihr Leben – sie berichten lieber über Erfolge.

Enten geraten schnell in die Gerechtigkeitsfalle. Ständig sind sie verletzt, fühlen sich falsch oder unfair behandelt. Und dann glauben sie, solange die »Ungerechtigkeit« besteht, hätten sie keine Möglichkeit, sich zu verändern …

Sie sind auch große Anhänger der Theorie, dass alle gleich behandelt werden sollten. Aber wie soll das gehen? Adler und Enten sind nicht gleich, sie tun nichts Gleiches, sie sind für die Firma nicht gleich wertvoll – warum also sollte man sie gleich behandeln? Enten wollen auch den gleichen Lohn wie Adler. Adler wissen: *Gleiches bekommt nur der, der auch Gleiches leistet.*

Enten konzentrieren sich auf Probleme und quaken; Adler konzentrieren sich auf Lösungen und handeln. Enten erinnern sich jahrelang an Misserfolge und an das »Unrecht«, das ihnen angetan wurde. So verlängern sie negative Gedanken und Erlebnisse. Adler notieren ihre Erfolge und bauen so systematisch ihr Selbstbewusstsein auf.

Enten überlegen: Was kann die Firma für mich tun? Adler fragen sich: Was kann ich für die Firma tun? Wenn ein Problem auftritt, das in keinen bestimmten Aufgabenbereich fällt, machen sich die Enten quakend aus dem Staub. Adler melden sich freiwillig, um das Problem zu lösen.

Enten quaken den ganzen Tag – das Quaken steht für Ausreden und Entschuldigungen. Quaken statt Ergebnisse und Leistung – ein schlechtes Konzept. Übung macht den »Meister«: Enten entwickeln unglaubliche Geschicklichkeit darin, Ausreden zu erfinden.

Aber lassen Sie sich nicht täuschen: *Der Sinn einer Ausrede ist es, von sich und seinem Versagen abzulenken.* Die Aufmerksamkeit soll auf etwas anderes oder jemand anderen gerichtet werden. Dahinter steht ganz einfach das fatale Konzept, Verantwortung abzulehnen oder sie an andere Menschen oder Umstände abzugeben. *Wem Sie die Schuld geben, dem geben Sie die Macht.* Wenn Sie weitgehend alle Macht an andere abgegeben haben, dann bestimmen diese anderen über Ihr Leben und über Ihr Einkommen.

Adler wollen Verantwortung und Macht. Sie wissen: *»Ich gewinne rein gar nichts, wenn ich ›beweise‹, dass andere an meinem Misserfolg schuld sind. Ich nehme mir nur selbst die Chance, mich zu verbessern.«* Darum gebrauchen sie keine Ausreden – auch wenn sie unangenehme Dinge erlebt haben. Sie überlegen lieber: »Was hätte ich trotz der unliebsamen Überraschung unternehmen können?« Sie wissen: *Wir sind nicht für alles verantwortlich, was geschieht; wir sind aber immer dafür verantwortlich, wie wir es interpretieren und wie wir reagieren.*

Die Welt der Enten ist ein kleiner Tümpel. Adler dagegen können auch die höchsten Einkommens-Gipfel erreichen. Dazu sind sie bereit, ihre Komfortzone zu verlassen. Sie lernen dazu, sie strecken sich und nehmen Probleme als Chance an, ihren Kontrollbereich zu erweitern.

Warnung vor der Ente!

In meinem Büro steht eine große Spiel-Ente. Jeder Mitarbeiter kennt die Bedeutung. Wenn jemand beginnt, eine Ausrede zu murmeln, so brauche ich nur auf die Ente zu schauen – und schon erkennt der Mitarbeiter, dass er im Begriff war, in die Entenfalle zu tappen …

Enten werden früher oder später entlassen; *Adler werden befördert, weil sie schon vor ihrer Beförderung mehr tun, als in ihrem Job nötig wäre.* Übernehmen Sie darum Verantwortung über ihre eigentliche Aufgabe hinaus.

Es gibt eine gute Übung: Machen Sie eine »Sonderstudie« – beobachten Sie eine Woche lang die typischen Enten und die Adler in Ihrer Firma. Entscheiden Sie dann (noch) bewusster, wer von beiden glücklicher ist und von wem Sie sich zukünftig beeinflussen lassen wollen. Damit will ich nicht sagen: Halten Sie sich von den Enten fern. Meines Erachtens ergibt sich das automatisch. Wenn ein Adler hoch fliegt, dann ist es für die Enten sehr schwer mitzuhalten.

Wollen Sie Karriere machen, so entscheiden Sie sich, in jeder Situation wie ein Adler zu reagieren. Stellen Sie sich einen sehr erfolgreichen Menschen vor und fragen Sie sich: »Wie würde sich dieser Mensch jetzt in dieser Situation verhalten?«

Die Qualität Ihres Jobs hängt nicht so sehr davon ab, was er Ihnen gibt, sondern eher davon, was Sie zu ihm beitragen. Sie sind kein Opfer Ihres Jobs; es liegt an Ihnen, was Sie aus Ihrer Situation machen. Gebrauchen Sie niemals Entschuldigungen. Schaffen Sie sich den Ruf: »Wenn mir etwas übertragen wird, dann kann man es als erledigt ansehen!«

Vierzehntes Gebot: Nicht Zweifel, sondern Stärke zeigen

Jede Firma und jeder Chef hat im Tagesgeschäft ausreichend Probleme zu bewältigen. Da ist es für alle Mitarbeiter inklusive der Führungskräfte sehr angenehm, wenn Sie Stärke zeigen. Sorgen Sie dafür, dass Sie bekannt sind als jemand, auf den man sich verlassen kann. Werden Sie zu einer »Bank« in Ihrer Firma, an der sich andere anlehnen können.

Dazu gehört, dass Sie niemals laut Zweifel an der Firma, den Produkten oder den Führungskräften äußern. Glauben Sie mir: Ihre »vertraulich« mitgeteilten Zweifel und negativen Bemerkungen werden immer weitergeleitet. Und sie gelangen immer dorthin, wo sie Ihnen und dem Unternehmen nur schaden können.

Über Zweifel reden ist wie Dünger auf Unkraut gießen. Meist haben Sie Ihre Zweifel längst vergessen; aber in den Köpfen derjenigen, denen Sie davon erzählt haben, wachsen sie weiter. Sie haben ein Monster geschaffen.

Hier gilt es, eine wichtige Unterscheidung zu treffen: Über *Probleme* sollen und können Sie mit den richtigen Leuten sprechen. Schon deshalb, weil Sie Ratschläge erhalten können. Aber äußern Sie niemals *Zweifel* darüber, dass diese Probleme gelöst werden können.

Natürlich dürfen Sie von Zeit zu Zeit Zweifel haben; das ist nur allzu menschlich. Aber Sie sollten einen Weg finden, diese bald zu besiegen. Und in der Zwischenzeit sollten Sie niemandem davon erzählen.

Es ist dabei eine Sache, keine Zweifel zu zeigen. *Eine andere ist es, aktiv Stärke zu zeigen.* Beschäftigen Sie sich mit Ihrer Firma. *Sprechen Sie mit zufriedenen Kunden. Finden Sie für sich heraus, wie wichtig das ist, was Ihre Firma leistet.* Suchen Sie nach Gründen, stolz auf Ihre Firma zu sein.

Wenn Sie diese positiven Gefühle gegenüber Ihrer Firma entwickelt haben, nutzen Sie jede Gelegenheit, anderen Mitarbeitern mehr Sicherheit zu geben. Vertreten Sie die Sache Ihres Unternehmens. Es mag zwar sein, dass einige Enten sich dann entrüstet von Ihnen abwenden – denen wäre es angenehmer, Sie würden mitquaken. Aber denken Sie daran: Fürs Quaken bekommt niemand mehr Geld.

Bewahren Sie Haltung, auch wenn Sie niemand beobachtet. Denn zum einen werden Sie viel öfter beobachtet, als Sie denken; und zum anderen ist das ein gutes Training.

Fünfzehntes Gebot: Gehaltserhöhung fordern

Alle bisherigen Gebote allein werden in den seltensten Fällen automatisch zu der Gehaltserhöhung führen, die Ihnen gebührt. Seien Sie dann auch nicht enttäuscht oder gar eingeschnappt. Nur kleine Geister tappen in die Gerechtigkeitsfalle. Denken Sie daran: *Es ist nicht die Aufgabe Ihres Chefs, Ihnen Geld hinterherzutragen. Sie müssen dem Geld schon entgegengehen.*

Auch wird es nicht sehr leicht sein, mehr Gehalt zu bekommen. Mit einer erheblichen Gehaltserhöhung ist es wie mit allen anderen wertvollen Dingen im Leben: Wir müssen für sie kämpfen. Aber wenn Sie gute Leistungen erbracht haben und sich für die Firma immer unentbehrlicher gemacht haben, wird man sich mit Ihnen auseinander setzen. Man wird Sie ernst nehmen.

Aber – noch einmal – man wird es Ihnen nicht leicht machen. Zu sehr hat ein Unternehmer selbst für alles kämpfen müssen; zu sehr hat ein Chef für seine Karriere gekämpft, als dass er Ihnen nun mehr als unbedingt nötig kampflos überlässt. Es gibt da einige wenige Ausnahmen – aber die sind wirklich nicht die Regel.

Hüten Sie sich nun davor, dies zu bewerten. *Betrachten Sie, was nun kommt, als ein Spiel.* Ein Spiel, das Sie nicht verlieren können. *Die Frage ist nur, wie hoch Sie gewinnen.* Und das hängt wiederum davon ab, ob Sie die Regeln kennen und wie gut Sie spielen.

Wenn Sie sich an die nachfolgenden Regeln halten, so werden Sie feststellen: Ihr Chef spielt mit … Damit haben Sie bereits etwas Wichtiges gewonnen: Es ist keine unnötige Schärfe mehr in dem an sich so brisanten Thema »Gehaltserhöhung«.

Gebrauchsanweisung für eine Gehaltserhöhung

Vielleicht haben Sie ein wenig Angst, Ihren Job zu verlieren. Dann möchte ich Ihnen sagen: *Wenn Sie ein wertvoller Mitarbeiter sind, dann hat Ihr Chef noch mehr Angst, Sie zu verlieren.*

Jobs werden im Informations-Zeitalter immer wertvoller. Der Grund dafür ist: Menschliches und intellektuelles Kapital wird immer mehr zur höchstbewerteten Ressource. Qualifizierte Arbeitnehmer werden immer wertvoller und immer schwerer bezahlbar.

Im Agrar-Zeitalter wurden Menschen oft nicht viel höher eingeschätzt als Herdenvieh. Im Industrie-Zeitalter wurde der Wert eines Menschen nach seiner Fähigkeit bewertet, als Teil einer Maschine zu funktionieren. Heute, im Informations-Zeitalter, gilt eine Fachkraft so viel, wie ihr Wissen und ihr Talent wert sind im Verhältnis zu der entsprechenden Nachfrage.

Sie haben also alle Trümpfe in Ihrer Hand. Aber Sie müssen sie auch ausspielen. Erinnern Sie sich an das, was wir über Paretos 80/20-System gesagt haben? Dass Sie die 20-Prozent-Aktivitäten ermitteln sollten, die wirklich das Einkommen ausmachen? Nun, es geht noch weiter: *Innerhalb der 20 Prozent gibt es wieder eine 80/20-Aufteilung.* Am Ende gibt es ganz wenige Aktivitäten, die über den Großteil Ihres Erfolgs bestimmen.

Was, glauben Sie wohl, ist die wichtigste Aktivität, nachdem Sie sich an die ersten vierzehn Gebote gehalten und bewiesen haben, dass Sie für die Firma wertvoll sind? Welche einzige Aktivität entscheidet jetzt wohl über die Höhe Ihres Einkommens? *Natürlich Ihre Verhandlung über die anstehende Gehaltserhöhung.*

In Japan hat eine Mitarbeiterin eines großen Unternehmens das »Tamagochi« erfunden – für das Unternehmen. Die Computer-Tiere wurden zu einem weltweiten Erfolg und haben der Firma viele Millionen eingebracht. Die Angestellte hat keinen Pfennig mehr verdient ... Ungerecht? Ja und nein! Die Frau hat nämlich nie um eine Gehaltserhöhung *gebeten* – weil sie glaubte, lediglich ihre Pflicht getan zu haben. Denken Sie daran: *Es ist Ihre Aufgabe, Ihre Gehaltserhöhung zu bewirken; nicht die Ihrer Firma.*

Der Zwölf-Monats-Plan

- **Führen Sie Ihr Erfolgs-Journal.** Notieren Sie täglich fünf Dinge, die Ihnen gut gelungen sind – aus allen Bereichen des Lebens. Arbeiten Sie einmal im Monat alle Eintragungen durch und finden Sie heraus, welche Fähigkeiten Sie eingesetzt haben, um die einzelnen Erfolge zu erzielen.
- **Arbeiten Sie mit den fünfzehn Geboten.** Nehmen Sie sich täglich eins heraus und leben Sie danach. Notieren Sie ein Stichwort irgendwo auf Ihrem Arbeitsplatz, das Sie an das Gebot erinnert. Am nächsten Tag nehmen Sie das nächste. Auf diese Weise haben Sie alle Gebote innerhalb von drei Wochen »trainiert«. Dann beginnen Sie von vorn. Das ist eine spielerische Form zu lernen. Etwas bleibt immer hängen – Sie werden immer besser.
- **Planen Sie.** Schreiben Sie detailliert auf, was Sie mit Ihrer Gehaltserhöhung machen werden. Mein Vorschlag: Sparen Sie 50 Prozent davon; und belohnen Sie sich mit den anderen 50 Prozent. Es ist wichtig, dass Sie ein Ziel vor Augen haben.
- **Begründen Sie Ihre Forderung.** Fertigen Sie nach frühestens drei Monaten und spätestens nach zwölf Monaten eine Liste an: Notieren Sie mindestens fünfzehn Gründe, warum Sie eine

Gehaltserhöhung verdienen. Vielleicht würde es Ihnen im Moment schwer fallen, eine solche Liste zu erstellen. Wenn Sie aber einige Zeit mit dem Erfolgs-Journal gearbeitet haben, wird es Ihnen gelingen.

- **Erstellen Sie eine zweite Liste.** Schreiben Sie auf, was Sie alles für die Firma getan haben. Wo haben Sie ihr Geld eingespart bzw. für sie erwirtschaftet? Der Hintergrund ist folgender: Oft wissen die entscheidenden Leute nicht einmal annähernd über Ihre wahre Leistung Bescheid. Es ist Ihre Aufgabe, dafür zu sorgen, dass sie es erfahren. Dazu müssen Sie es sich zunächst einmal selbst bewusst machen.
- **Fertigen Sie nun die dritte Liste an.** Was können Sie in Zukunft für Ihre Firma tun? Der Grund für diese dritte Liste ist: Kein vernünftiger Manager oder Unternehmer gibt Ihnen mehr Geld als Dankeschön für geleistete Dienste in der *Vergangenheit*; mehr Gehalt bekommen Sie, weil man annimmt, dass Sie in *Zukunft* wertvoll sein werden. Diese dritte Liste wird aber nur glaubhaft erscheinen, wenn Sie sich in der Vergangenheit um die Firma verdient gemacht haben (zweite Liste).
- **Prüfen Sie Ihren Marktwert.** Nachdem Sie auf diese Weise neues Selbstbewusstsein gewonnen haben, schauen Sie sich auf dem Markt um. Wo könnten Sie noch arbeiten? Wie wären die Arbeitsbedingungen? Was wäre einem anderen Arbeitgeber Ihre Arbeit wert? Dadurch gewinnen Sie Sicherheit für das entscheidende Gespräch mit Ihrem Arbeitgeber. Sie gewinnen eine gesunde Position der Stärke, weil Sie erkennen: Sie sind nicht abhängig von Ihrem derzeitigen Job.
- **Terminieren Sie ein Gespräch mit dem Entscheider in Ihrer Firma.** Sagen Sie: »Ich möchte mich gern über den Wert unterhalten, den ich für das Unternehmen darstelle.« Üben Sie das Gespräch, das Sie führen wollen, mit einem Bekannten oder/und vor dem Spiegel.

Das Gespräch

Das eigentliche Gespräch sollte folgende vier Punkte beinhalten:

1. Erklären Sie, warum Sie gern für die Firma und Ihren Chef arbeiten. Bedanken Sie sich.
2. Fragen Sie, wie Ihr Chef Ihre Arbeit einschätzt. Bedanken Sie sich für Lob.
3. Ergänzen Sie, wenn wesentliche Stärken und Fähigkeiten nicht angesprochen wurden. Zeigen Sie Selbstbewusstsein, ohne arrogant zu wirken. Bringen Sie – falls nötig – Ihre wichtigsten Verdienste für die Firma zur Sprache. Zeigen Sie anschließend auf, was Sie darüber hinaus in Zukunft für das Unternehmen tun können.
4. Bringen Sie das Thema auf Ihren Wunsch, mehr zu verdienen. Bitten Sie um einen Vorschlag. Achtung: *Nennen Sie niemals als Erster eine konkrete Summe.* Zum einen wollen Sie erfahren, wie Ihr Chef Ihren Wert bemisst; und zum anderen gilt: *Wer den ersten Vorschlag macht, verliert.* Lassen Sie sich aber möglichst auf nicht weniger als auf eine 20-prozentige Erhöhung ein.

Die Verhandlung

In einigen Fällen wird der Chef von sich aus einen zufrieden stellenden Betrag nennen. Das ist aber nicht die Regel. Was können Sie also tun, wenn Ihr Chef nicht bereit ist, 20 Prozent mehr zu zahlen? Zunächst einmal sollten Sie verhandeln. Dabei gilt eine wichtige Regel: Machen Sie niemals den ersten Kompromiss-Vorschlag. Denn auch hier gilt: *Wer als Erster einen Kompromiss anbietet, verliert.*

Lassen Sie mich das an einem Beispiel erklären: Angenommen, Sie verdienen im Moment 2500 Euro. Ihr Chef bietet an, Ihnen künftig 10 Prozent mehr zu zahlen, was 2750 Euro entsprechen würde. Sie wollen aber mindestens 20 Prozent. *Um dies zu erreichen, fordern Sie zunächst mehr: nämlich 25 Prozent.*

Dann warten Sie darauf, dass Ihr Chef einen Kompromiss vorschlägt. Schweigt er, so bitten Sie ihn nachdrücklich darum, Ihnen entgegenzukommen. Nehmen wir an, er erhöht auf 15 Prozent. Sofort nehmen Sie nun seinen Vorschlag als feste Größe an und sagen: »Okay, Sie bieten also 15 Prozent; ich hätte gern 25 Prozent; da ich gern weiter hier arbeiten würde, schlage ich vor, wir treffen uns in der Mitte bei 20 Prozent.«

Der Vorteil: Gedanklich ist Ihr Chef jetzt sowieso schon bereit, 15 Prozent mehr zu zahlen. Bis zu den 20 Prozent ist es nun nicht mehr so weit.

Wenn Sie diesen Trick nicht kennen und Sie den ersten Kompromiss vorschlagen, dann wird die Verhandlung wahrscheinlich ganz anders ausgehen: Sie wollen 20 Prozent, der Chef bietet 10 Prozent. Bieten Sie nun an, sich in der Mitte auf 15 Prozent zu einigen, so wird er einen Gegenvorschlag machen, der bei 12 bis 13 Prozent liegen wird. Nun hätten Sie keine guten Argumente mehr – schließlich wollen Sie ja kompromissbereit erscheinen.

Vor allem müssen Sie eins vermeiden: Sprechen Sie niemals davon, eine gewisse Summe zu *brauchen*. Auch wenn es sich hart anhört: Niemanden interessiert, was Sie brauchen. Wichtig für die Firma ist Ihr Wert. *Sprechen Sie also immer nur von dem, was Sie verdienen, und niemals davon, was Sie brauchen.*

Und wenn das nicht funktioniert?

Natürlich kann der beste Plan scheitern. Was können Sie also tun, wenn er nicht funktioniert?

Bitten Sie Ihren Chef, einen Tag über den Ausgang des Gesprächs nachzudenken. So gewinnen Sie Zeit. Jetzt ist es zunächst einmal wichtig, dass Sie eine Analyse vornehmen. Was ist schief gelaufen? Es gibt nur drei Möglichkeiten: Der Fehlschlag lag an Ihnen, im System, oder es ist einfach der falsche Arbeitsplatz für Sie.

Wenn *Sie* den Fehler gemacht haben, dann sollten Sie die Fehler notieren und aus ihnen lernen. Gehen Sie dann nach drei Monaten noch einmal zu Ihrem Chef.

Vielleicht lag es aber auch nicht an Ihnen: Sie haben alles getan;

aber Ihr Wert wird nicht erkannt. In dem Fall sollten Sie so bald wie möglich den Arbeitsplatz wechseln. Verkaufen Sie sich nicht unter Wert!

Aber Vorsicht: Vielleicht wird Ihr Wert erkannt und man würde Ihnen auch gern mehr bezahlen – man kann es aber nicht. Manchmal ist einfach nicht genug Geld vorhanden. In dem Fall sollten Sie abwägen: Wie wichtig ist es mir, in der Firma weiterzuarbeiten? Ist die finanzielle Schieflage vorübergehend? Welche anderen Vorteile bringt mir das Unternehmen – abgesehen vom Geld? Kann ich zum Beispiel viel lernen?

Für den Fall, dass Sie dort gern weiter beschäftigt wären, gibt es einen einfachen Weg, um doch nach Ihrem Wert bezahlt zu werden: *Schlagen Sie vor, künftig für das gleiche Gehalt zu arbeiten, aber täglich nur noch sieben Stunden anstatt acht.*

Die freie Zeit können Sie dann nutzen, um aus anderen Quellen mehr Geld zu beziehen. Sie könnten nebenbei Investor werden, unternehmerisch tätig sein, oder Sie könnten die Zeit nutzen, um sich als Experte zu positionieren. Wer weiß, was sich daraus alles entwickelt … Vielleicht ist es für Sie sogar im Moment lukrativer, mehr Zeit zu haben, als etwas mehr zu verdienen.

Zu den drei Möglichkeiten: investieren, unternehmerisch tätig sein und positionieren als Experte erhalten Sie in den nächsten drei Kapiteln viele praktische Tipps.

8

Investor – schaffen Sie sich eine Geldmaschine

Denke daran, dass Geld fruchtbar ist und sich vermehren kann.
Geld bringt Geld hervor und seine Nachkommenschaft noch mehr.
(Quelle unbekannt)

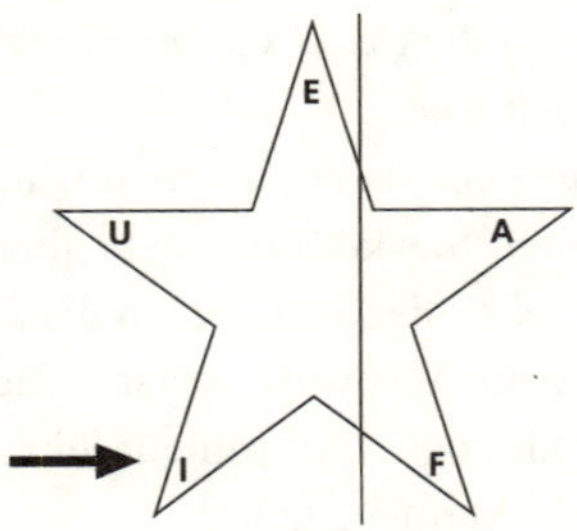

Es ist nicht nur wichtig, dass Sie Investor werden; Sie haben gar keine andere Wahl. Sie können entscheiden, ob Sie Angestellter oder Freiberufler werden wollen. Sie können Unternehmer oder Experte sein. Aber Sie haben nicht die Wahl, ob Sie Investor werden wollen oder nicht. Erst als Investor verwandeln Sie Ihr Geld in Wohlstand. Sie müssen Investor werden, wenn Sie wohlhabend sein wollen! Dafür gibt es zwei Gründe:

Erstens nützt Ihnen eine Gehaltserhöhung überhaupt nichts, wenn Sie kein Investor sind. Sie können Ihr Einkommen sogar verdoppeln – aber wenn Sie kein Investor geworden sind, wird auch dann der Verdienst nicht reichen. Solange Sie kein Investor sind, steigen Ihre Verpflichtungen und Ihr Lebensstandard parallel zu Ihrem Einkommen.

Es ist wie bei einem Eimer mit Löchern: Ganz gleich, wie viel Wasser Sie hineinschütten, es kann nichts übrig bleiben. Solange Ihr Finanz-Eimer Löcher hat, befinden Sie sich im Hamsterrad und treten auf der Stelle. Sie müssen die Löcher stopfen – und dafür brauchen Sie ein System. Indem Sie ein solches System einrichten, sind Sie schon zu 50 Prozent Investor.

Zweitens haben wir alle ein Verlangen nach Sicherheit; dazu gehört auch die finanzielle Sicherheit. Der erste Schritt dahin ist der finanzielle Schutz: Sie sparen so viel Geld an, dass Sie einige Monate leben können, auch wenn Sie kein Einkommen mehr beziehen. Vollkommen sicher sind Sie aber erst dann, wenn Sie von den Zinsen Ihres Geldes leben können.

Sie müssen also sparen; und mit dem gesparten Geld müssen Sie irgendetwas tun: Sie sollten es vermehren. Und zwar so gut wie möglich. Das sind die zweiten 50 Prozent, die ein Investor beherrschen muss.

Einsparen + vermehren = Investor

Um diese beiden Punkte geht es in diesem Kapitel: einsparen und vermehren. Wenn Sie beide Punkte beherrschen, sind Sie ein erfolgreicher Investor. Geld macht zwar nicht glücklich; aber mit Geld sind Sie in einer vergleichbaren Situation glücklicher als ohne Geld.

Wir beschäftigen uns zuerst damit, wie Sie *einsparen* können – also die Löcher stopfen. Dazu ist es notwendig, dass Sie den Unterschied zwischen einer *Investition* und einer *Verbindlichkeit* verstehen. Sie denken vielleicht, das sei ganz einfach. Ist es aber leider für die meisten Menschen nicht. So ist zum Beispiel das Eigenheim nach Meinung der meisten eine Investition. Ein wirklicher Investor aber weiß: *In Wahrheit ist sein Haus eine Verbindlichkeit.*

Wenn Sie einsparen und den Unterschied zwischen einer Investition und einer Verbindlichkeit verstanden haben und entsprechend handeln, dann sind Sie schon ein halber Investor. Sie werden dann vermögender als 99 Prozent aller Menschen in unserem Land. Nun brauchen Sie nur noch die richtigen Anlagen zu kaufen; und dazu gehören auch Sachwerte (Aktien, Fonds, Beteiligungen).

Während ich dies schreibe, machen die Börsen gar keinen Spaß; genau genommen machen sie schon länger keinen Spaß mehr. Viele haben sich enttäuscht von der Börse abgewendet. Die Emotionen haben gesiegt: zuerst die Gier, jetzt die Angst und der Frust. Damit drehen Sie Ihrer finanziellen Zukunft den Rücken zu! Darum ist es wichtig, dass Sie dieses Kapitel lesen. Sie erfahren nämlich die Antwort auf die *entscheidenden drei Fragen*, die Sie beantworten können müssen:

- Welche Anlagen sollten Sie kaufen?
- Wann sollten Sie kaufen?
- Wann sollten Sie verkaufen?

Wenn Sie die Antworten auf diese drei Fragen kennen, ist es leicht für Sie, ein erfolgreicher Investor zu sein. Aber dafür brauchen Sie Geld. Fangen wir also damit an, wie Sie einsparen.

Die Löcher stopfen

Ganz gleich, wie viel Geld Sie heute haben, in den nächsten sieben Jahren werden Sie weiter Geld bekommen. Und Ihre Einnahmen werden in einem bestimmten Verhältnis zu Ihren Ausgaben stehen. Wenn Sie in sieben Jahren Bilanz ziehen, so kommen Sie immer zu einem von drei Ergebnissen:

- Sie haben *mehr* ausgegeben, als Sie eingenommen haben.
- Sie haben *genauso viel* ausgegeben, wie Sie eingenommen haben.
- Sie haben *weniger* ausgegeben, als Sie eingenommen haben.

Für viele Menschen ist es hilfreich, sich das Ergebnis einmal aufzumalen:

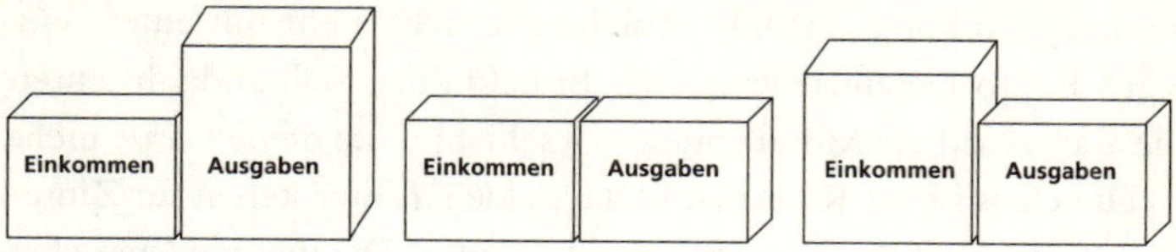

1. Möglichkeit: mehr raus als rein

2. Möglichkeit: genauso viel raus wie rein

3. Möglichkeit: weniger raus als rein

Eine der drei Grafiken wird Ihren Umgang mit Ihrem Einkommen beschreiben. Da gibt es keinen Platz für Entschuldigungen und Erklärungen. Nur das Ergebnis zählt. Dabei spielt es zunächst keine Rolle, wie viel Sie verdient haben. Welches der drei Ergebnisse Sie erzielen werden, hängt einzig und allein davon ab, ob Sie die *überflüssigen* Löcher in Ihrem Eimer gestopft haben.

Aber was tun die meisten Menschen? Kaum verdienen sie mehr, kaufen sie ein größeres Auto, bessere Möbel; sie ziehen in eine größere Wohnung oder kaufen ein Haus ... Wenn wir bei unserem Bild mit dem Eimer bleiben, so bedeutet das: Kaum wird mehr Wasser (Einkommen) in den Eimer gegossen, werden sofort neue Löcher gebohrt und alte Löcher vergrößert. Ganz schön dumm. *Jedoch auch allzu menschlich.* Und weil es so »menschlich« ist, brauchen wir ein *System*, das uns sparen lässt und bei dem wir trotzdem Spaß haben. Und wir brauchen ein finanzielles Ziel; ein Ziel, das auch alle anderen Bereiche des Lebens auf ein höheres Niveau hebt. In meinem ersten Buch, »Der Weg zur finanziellen Freiheit«, habe ich eine Fabel von Äsop wiedergegeben, um ein erstrebenswertes Ziel aufzuzeigen:

Die Geldmaschine als Ziel

Ein armer Bauer fand eines Tages ein goldenes Ei im Nest seiner Gans. Er ließ es vom Goldschmied prüfen, und es stellte sich heraus, dass es aus reinem Gold war. Von da an fand er jeden Morgen ein Ei in dem Nest der Gans; er wurde reich. Obwohl er anfangs sein Glück kaum fassen konnte, wollte er sich bald nicht mehr mit einem einzigen Ei pro Tag zufrieden geben. Er lief in den Stall und schlachtete die Gans. Und die Moral von der Geschicht: Töte deine Gänse nicht.

Die Gans ist das Kapital, und die goldenen Eier stehen für Zinsen und Renditen. Ohne Kapital keine Renditen. Die meisten Menschen geben ihr ganzes Geld aus. So können sie niemals eine Gans züchten. Sie töten bereits ihre kleine, junge Gans, noch bevor sie jemals goldene Eier legen kann. Solange Sie keine Gans oder Geldmaschine *haben*, sind *Sie* die Geldmaschine.

Diese goldenen Eier, diese Renditen bilden eine besonders schöne Form von Einkommen: Sie erhöhen Ihr Kapital ständig und somit auch Ihr Einkommen. Aber auch für diese Form von Einkommen gilt das Gleiche wie für alle anderen Einkommensarten: *Sie müssen etwas dafür tun!*

Zuerst müssen Sie bereit sein, etwas einzusparen, und dann müssen Sie wissen, wie Sie es vermehren. In der Schule lernen Sie keins von beidem. Und doch erwarten Menschen, dass sie plötzlich hervorragende Investoren sind. Sie wollen den Gewinn, ohne den Preis dafür zu zahlen. Sie wollen hohe Renditen, ohne finanzielle Intelligenz zu entwickeln. *Aber Geld, mit dem Sie ohne finanzielle Intelligenz umgehen, ist Geld, das bald weg ist.* Auch für den Investor gilt: *Unser größter Schatz ist unser Wissen; unser größtes Risiko ist das, was wir nicht wissen.*

Angenommen, Sie wollen lernen, Geige zu spielen. Dann nehmen Sie in Kauf, viele Jahre zu üben. Niemand erwartet, einfach eine Geige in die Hand zu nehmen und plötzlich virtuos spielen zu können. Jede Form von Kunst oder Meisterschaft erfordert Übung. Das Gleiche gilt auch für das Investieren. Um erfolgreich Geld anzulegen, müssen Sie bereit sein, Zeit zu investieren. Sie werden Fehler machen und aus diesen Fehlern lernen. Das wichtige Stichwort ist *Lernen*. Es beginnt damit, eine Investition von einer Verbindlichkeit unterscheiden zu können.

Investition oder Verbindlichkeit

Wie jeder Investor musste ich den Unterschied zwischen einer Investition und einer Verbindlichkeit erst mühsam lernen. Mit 26 Jahren war ich privat pleite. Ich sagte zu meinem Coach: »Ich stecke in einem großen, dunklen Loch.« Er antwortete: »Der erste Schritt, wie Sie aus dem Loch herauskommen: Hören Sie auf, tiefer zu graben. Dazu müssen Sie zuerst den Plan erkennen, dem Sie gefolgt sind.«

Ich erwiderte: »Ich habe überhaupt keinen Plan.« Aber mein Coach sagte: »Sie haben einen Plan – wenn auch unbewusst: einen Armuts-Plan.« Das war wenig schmeichelhaft; aber es stellte sich heraus, dass er Recht hatte. Ich hatte immer dieselben Fehler gemacht – als wäre ich einem verhängnisvollen Plan gefolgt. Es gab im Wesentlichen drei Gründe für meine finanzielle Misere:

Ich glaubte, alles werde automatisch besser, wenn ich mehr verdienen würde. Falsch. Wir müssen zuerst lernen, mit dem Geld zurechtzukommen, das uns heute zur Verfügung steht; sonst werden wir bei einem höheren Einkommen nur noch größere Probleme haben.

Dann verwechselte ich »brauchen« mit »wollen«. Die meisten Dinge, die wir kaufen, brauchen wir nicht wirklich. Wir wollen sie. Und um die Ausgabe vor uns selbst und anderen zu rechtfertigen, behaupten wir, gewisse Dinge zu brauchen. Es ist wichtig, dass wir ehrlich zu uns selbst sind.

Drittens verwechselte ich Verbindlichkeiten mit Investitionen. So hielt ich zum Beispiel mein Auto und auch die Möbeleinrichtung für eine notwendige Investition. Mein Coach erklärte mir den Unterschied sehr treffend. Er sagte: »Eine Investition sorgt dafür, dass Geld *in* Ihre Tasche fließt; eine Verbindlichkeit lässt dagegen Geld *aus* Ihrer Tasche herausfließen.«

Warum befinden sich so viele Menschen in einem finanziellen Hamsterrad? Die Antwort: Nicht weil sie nicht genug verdienen, sondern weil sie zu viel ausgeben und zu wenig investieren. Die entscheidende Frage lautet dabei: *In welche Richtung fließt das Geld?*

Ich wollte damals unbedingt ein »großes« Auto fahren. Ich fand das sehr wichtig für meine geschäftlichen Aktivitäten. Mein Coach wollte mir finanzielle Intelligenz vermitteln. Er versah Investitionen mit dem Symbol einer Gans und Verbindlichkeiten mit dem Symbol eines großen Autos. Die Skizze für Verbindlichkeiten sieht folgendermaßen aus:

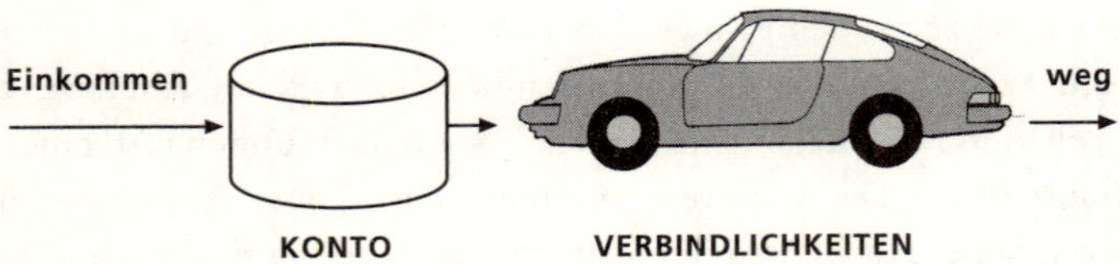

Sie sehen: *Der Weg des Cashflows erzählt die ganze Geschichte.* Die Skizze für Investitionen zeigt einen vollkommen anderen Geldfluss:

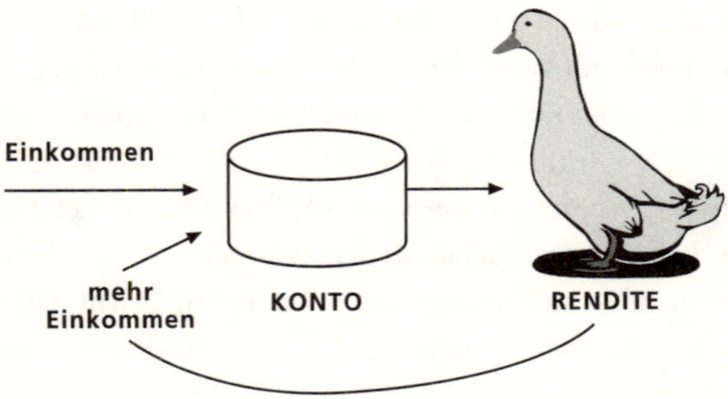

Ihr Haus ist eine Verbindlichkeit

Dieses Bild konnte ich verstehen. Ich ging keine weiteren Verbindlichkeiten ein und baute nach und nach meine alten Schulden ab. Gleichzeitig sparte ich und lernte zu investieren.

Aber nachdem ich aus dem Schlimmsten heraus war, wollte ich mir ein Haus kaufen. Mein Coach war alles andere als begeistert; er sagte: »Bevor Sie neue Verbindlichkeiten eingehen, sollten Sie mehr investieren.« Schon damals glaubten die meisten Menschen, dass ihr Eigenheim eine Investition sei.

Aber mein Coach deutete nur auf die Skizzen und fragte: »Wenn Sie ein Haus kaufen, wohin fließt dann das Geld? Fließt es in Ihre Tasche oder in die Tasche anderer Menschen?« Und er sagte: *»Unsere Ausgaben sind die Einnahmen anderer Leute; und unsere Verbindlichkeiten sind die Investitionen anderer Leute.«*

Ich erwiderte: »Aber irgendwann gehört mir doch das Haus.« Er sagte: »Irgendwann ist für die meisten in 25 bis 30 Jahren. Und auch dann fließt kein Geld in Ihre Tasche zurück, solange Sie nicht verkaufen.«

Selbst wenn Ihr Haus abbezahlt ist, gehört es nicht zu Ihrem Anlage-Vermögen. Es ist Luxus-Vermögen. Das Luxus-Vermögen kostet Sie Geld; das Anlage-Vermögen bringt Ihnen mehr Geld.

Ein Haus, das Sie bewohnen, bleibt eine Verbindlichkeit. Für die Bank aber ist es eine Investition: Sie leiht Ihnen Geld, bekommt gute Zinsen dafür und hat außerdem Ihr Haus als Sicherheit. Darum haben Banker Recht, wenn sie sagen: »Ihr Haus ist eine Investition.« Allerdings sagen sie meist nicht, *für wen* es eine Investition ist – nämlich für die Bank.

Mein Coach war nicht dagegen, ein Haus zu kaufen. Aber er wollte, dass ich erkannte: Ein Haus ist eine Verbindlichkeit und keine Investition. Und er wollte, dass ich *zuerst* investierte. Seine Regel war: »Kaufen Sie sich erst dann ein Haus, wenn Sie eine gewisse Summe gespart haben; und auch dann sollte das Haus nicht mehr kosten als Ihr vierfaches Netto-Jahreseinkommen; und Ihre monatliche Ratenzahlung sollte nicht mehr als 25 Prozent Ihres Einkommens ausmachen.«

Er erklärte mir, dass viele Familien ein unwürdiges Dasein führen, weil sie sich an ihrem Haus übernommen haben. Er nannte diese Menschen »haus-arm«. Sie arbeiten hart – und größtenteils nur für die Bank.

Ich wollte mich an die Regel meines Coaches halten und schaute mich im Markt um. Es gab zwar Häuser, die ich für mein damaliges vierfaches Jahreseinkommen hätte kaufen können – aber in denen wollte ich nicht wohnen. Also wartete ich und investierte in der Zwischenzeit. Dadurch wuchs meine Gans.

Denken Sie an das Hamsterrad

Die meisten Menschen können Gelegenheiten nicht nutzen, weil sie dadurch ihre Sicherheit aufs Spiel setzen würden. Sie haben kein finanzielles Fundament und müssen sich an ihren Job klammern. Wer wenig Geld hat, der wird kaum Investitionen wagen, die »riskant« sind. Er wird sich gar nicht erst mit solchen Investitionen befassen – und so lernt er nie, die Risiken wirklich beurteilen zu können.

Denken Sie an die Übersicht am Ende von Kapitel 4: Arme Menschen haben Schulden; Reiche kaufen Sachwerte und vermehren ihr Geld; die Mittelklasse geht Verbindlichkeiten ein und glaubt, es handle sich um Investitionen. Der Weg, das Hamsterrad zu verlassen, ist: zuerst investieren und erst dann Verbindlichkeiten eingehen, wenn Sie es sich wirklich leisten können.

Einsparen oder sparen

Angenommen, Sie gehen einkaufen, weil Sie einen Wintermantel brauchen. Sie haben geplant, 300 Euro auszugeben, und finden einen Mantel, der Ihnen gefällt und der nur 200 Euro kostet. Haben Sie nun 100 Euro gespart?

Natürlich nicht. Sie haben die 100 Euro *eingespart*. Aber möglicherweise kaufen Sie sich nun mit dem Eingesparten ein Paar Schuhe. Dann haben Sie zwar an dem Mantel 100 Euro *eingespart*, aber Sie haben nichts *gespart*.

Auch wenn Sie eisern budgetieren und jeden Cent umdrehen, so heißt das noch lange nicht, dass Sie sparen und eine Geld-Gans züchten.

Viele Menschen sind sehr gut darin, Geld einzusparen; sie lieben es, Sonderangebote zu finden und zu nutzen; sie hassen es, zu viel für ein Produkt ausgeben zu müssen. Aber sie sind keine guten Sparer und grauenhafte Investoren.

Wohlhabende Personen haben beides gelernt. Sie lieben es, Geld einzusparen, und investieren das eingesparte Geld.

Mein Tip: *Immer wenn Sie etwas einsparen, so nehmen Sie das ein-*

gesparte Geld buchstäblich aus Ihrer Geldbörse heraus und stecken Sie es in einen separaten Umschlag. Bringen Sie dieses Geld zur Bank, sobald Sie 100 Euro gesammelt haben.

Sie müssen lernen zu sparen. Sparen ist ein Kompromiss: Sie nehmen etwas von heute, um das Morgen zu verbessern. Kompromisse sind für beinahe jeden Fortschritt wesentlich. Aber Sie sollten es nicht allein dem Zufall oder Ihrer Disziplin überlassen, ob Sie beim Sparen erfolgreich sind. Ein Teil Ihres Sparens kann (und sollte) sich aus *Einsparungen* ergeben, der andere und größere Teil sollte *systematisch* erfolgen. Sie sollten darum ein System installieren, das für Sie spart.

Das Konten-Modell

Haben Sie auch schon versucht, nach dem alten, untauglichen Modell zu sparen: Was am Monatsende übrig bleibt, wird »konsequent« gespart? Manchmal bleibt tatsächlich etwas übrig, oft aber auch nicht. Von einem System kann man da wirklich nicht sprechen.

Außerdem steht so jeder Euro gewissermaßen in einem »Interessenkonflikt«: Sie können ihn ausgeben, dann haben Sie aber nichts für eine bessere Zukunft gespart. Andererseits können Sie den Euro sparen, dann haben Sie aber weniger zum Ausgeben und damit weniger Spaß. Sie brauchen also ein System, das Ihnen die Disziplin abnimmt. Ein System, das automatisch läuft, nachdem Sie es einmal eingerichtet haben.

Vielleicht haben Sie schon von meinem Konten-Modell *gehört*. Aber haben Sie es auch wirklich *eingerichtet?* Wenn Sie das noch nicht getan haben, so vereinbaren Sie doch jetzt gleich einen Termin mit dem Kundenberater Ihrer Bank. *Jetzt*. Bitte lesen Sie nicht weiter! Nehmen Sie Ihr Telefon und legen Sie den Termin. Sie können es sich nicht erlauben, damit zu warten. Allein durch das Konten-Modell werden Sie wohlhabender werden als die 99 Prozent aller übrigen Menschen in unserem Land.

Wenn Sie jetzt diese Worte lesen: Dann HABEN Sie doch bereits den Termin vereinbart – oder?! Gut.

Das Modell sieht folgendermaßen aus: Sie legen neben Ihrem Girokonto ein weiteres Konto oder ein Sparbuch an, auf das Sie jeden Monatsanfang 10 Prozent Ihres Einkommens per Dauerauftrag überweisen lassen. Immer wenn eine gewisse Summe auf diesem *Sparkonto* eingegangen ist, investieren Sie das Geld. Die fehlenden 10 Prozent werden Sie nicht bemerken; mit den verbleibenden 90 Prozent kommen Sie genauso gut (oder schlecht) durch den Monat. Mit diesen 10 Prozent bezahlen Sie sich gewissermaßen selbst.

Natürlich leben Sie nicht nur, um zu sparen. Darum legen Sie ein weiteres Konto an, Ihr *Spaßkonto*. Auch hierauf überweisen Sie per Dauerauftrag 5 bis 10 Prozent Ihres Einkommens. Immer wenn Sie sich oder anderen etwas Gutes tun wollen, so schauen Sie auf Ihr Spaßkonto. Finden Sie dort genug Geld für Ihren Wunsch, so erfüllen Sie ihn sich. Reicht das Geld dafür nicht aus, so warten Sie.

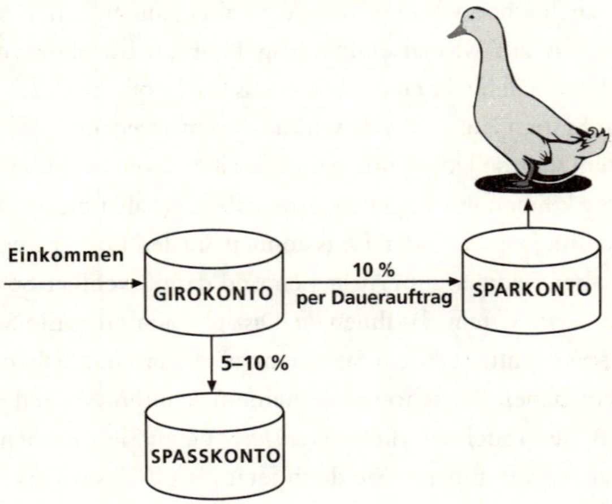

Bestimmen Sie nun Ihre persönliche monatliche Sparrate

Dazu zwei Anmerkungen: *Erstens sind die 10 Prozent nur ein Beispiel; Sie können gern mehr sparen. Aber es sollte nicht weniger sein.* Sorgen Sie dafür, dass Sie ein vernünftiges Gleichgewicht finden. Geben Sie also nicht zu viel aus, das geht auf Kosten Ihrer Zukunft; sparen Sie aber auch nicht zu viel, das geht auf Kosten Ihrer Gegenwart.

Es ist geradezu peinlich und unwürdig, wenn es einem intelligenten Menschen nicht gelingt, wenigstens 10 Prozent regelmäßig zu sparen. Alles, was Sie tun müssen, ist, sobald wie möglich einen Termin mit Ihrem Kundenberater zu vereinbaren und das System zu installieren.

Andererseits ist es ebenso traurig, wenn jemand so geizig ist, dass er sich nichts mehr gönnt. Jemand hat ausgerechnet: Wenn man Seife auspackt und zwei Monate an der frischen Luft trocknen lässt, bevor man sie benutzt, so ist sie circa 8 Prozent ergiebiger. Bei dreißig Stück im Jahr bringt das eine Ersparnis von rund einem Euro. Das klingt für mich nicht nach wildem Spaß ...

Machen Sie niemals Konsum-Schulden

Die zweite Anmerkung: *Machen Sie niemals Konsum-Schulden.* Borgen bringt Sorgen. Geben Sie das Geld auf Ihrem Spaßkonto hemmungslos aus. Aber kaufen Sie sich niemals Konsum-Gegenstände auf Kreditbasis. Niemals. *Denn wer sich verschuldet, der ist im wahrsten Sinne des Wortes weniger wert, als er hat.* Er fühlt, dass er eine Lüge lebt: Er präsentiert sich der Welt mit Dingen, als ob sie ihm gehören würden. Auf diese Weise will er Anerkennung für etwas erhalten, was er gar nicht ist. Er versteckt sich hinter äußeren Attributen, die ihm nicht gehören.

Ich hatte damals ein Auto auf Kredit gekauft. Mein Coach sagte: »Lassen Sie nicht zu, dass das, womit Sie sich fortbewegen, der Grund dafür ist, dass Sie in Ihrer finanziellen Entwicklung stehen bleiben.« Er erklärte mir, *dass Konsum-Schulden den Platz von mangelnden Zielen einnehmen.* Denn wer gewissermaßen »keine Zukunft hat«, der kann sie auch bereitwillig opfern für ein bisschen Luxus in der Gegenwart.

Auch aus diesem Grund sind die Kapitel 5 und 6 so wichtig: Ziele führen unter anderem zu einem verantwortungsvolleren Umgang mit Geld. Denn nichts wird Sie so sehr davon abhalten, Ihre (finanziellen)

Ziele zu erreichen, wie Konsum-Schulden. *Schulden fesseln an die Vergangenheit. Investitionen öffnen die Tür zu einer besseren Zukunft.*

Die Gehaltserhöhung

Haben Sie am Anfang Ihres Berufslebens schon mit weniger zurechtkommen müssen als heute? Wenn Sie dann mehr verdient haben – sind dann auch Ihre Ausgaben wie durch Zauberhand angewachsen? Die meisten von uns haben so etwas erlebt. Schon die alten Babylonier wussten: »Deine Ausgaben werden immer wachsen bis zu dem Niveau deines Einkommens.«

Denken Sie daran: Ein höheres Einkommen bedeutet nicht unbedingt mehr Lebensqualität. Oft werden nur die Probleme noch größer. Ich möchte Ihnen darum vorschlagen, jede Gehaltserhöhung in drei Teile aufzuteilen:

1. *Sparen Sie 50 Prozent* von jeder Gehaltserhöhung. Erhöhen Sie Ihren monatlichen Dauerauftrag zu Ihrem Sparkonto entsprechend.
2. Überweisen Sie *25 Prozent auf Ihr Spaßkonto*. Sie können sich nun deutlich mehr erlauben.
3. Die letzten *25 Prozent sind für die Ausgaben des täglichen Lebens*. So erhöhen Sie Ihren Lebensstandard nur minimal.

Wenn Sie mit diesem Buch arbeiten, werden Sie sich in Zukunft häufiger eine Gehaltserhöhung verdienen; und sie werden höher ausfallen als bisher. Da ist es gut, wenn Sie sich ein System schaffen. Folgen Sie der oben beschriebenen Aufteilung, so haben Sie einige Vorteile:

Erstens sparen Sie »schmerzlos« mehr, denn Sie haben sich noch nicht an einen höheren Lebensstandard gewöhnt. Sie heizen die Überkonsumspirale nicht unnötig an.

Zweitens: Sie haben mehr Geld, um sich und anderen gezielt eine Freude zu machen.

Drittens sind Sie stolz auf sich; Sie beweisen sich, dass Sie gut mit Geld umgehen können.

Viertens rücken mit jeder Gehaltserhöhung Ihre finanziellen Ziele ein gutes Stück näher.

Fünftens können Sie mehr Risiken eingehen, weil Sie nun mehr Geld zur Verfügung haben. Einen Teil dieses Geldes können Sie risikofreudiger anlegen, ohne Ihre finanziellen Ziele zu gefährden.

Wie Sie Ihr Geld vermehren

Sobald Sie *mit System* sparen, sind Sie bereit für den nächsten Schritt: wie Sie *mit System* anlegen. Und damit haben Sie auch schon die wichtigste Regel für das Vermehren Ihres Geldes gelesen: *Sie brauchen ein System.*

Es mag sein, dass es kein »perfektes« System gibt; und sicherlich werden Sie mit den Jahren Ihr System verbessern. Aber *ohne* System haben Sie keine Chance. Wer nur seinem Gefühl folgt, ist nicht mehr als ein Zocker, der früher oder später verliert. *Bei Ihren Anlageentscheidungen müssen Sie sich von Ihren Emotionen trennen, sonst trennen Ihre Emotionen Sie von Ihrem Geld.*

Sie brauchen ein System, das Ihre individuelle Situation berücksichtigt:

- Ihre Ziele,
- Ihre Investment-Persönlichkeit (Risikobereitschaft),
- Ihren Vermögensstand
- und Ihren Anlagehorizont.

Wie Sie dies genau bestimmen und auswerten, haben Bernd Reintgen und ich in unserem Buch »Wohlstand ohne Stress« beschrieben. Dieses Buch sollten Sie meines Erachtens aber erst dann lesen und umsetzen, wenn Sie entweder Ihr doppeltes Jahreseinkommen gespart haben oder mindestens mehr als 50 000 Euro.

Der Grund: *Ihr Aufwand sollte möglichst immer in einem gesunden Verhältnis zu dem möglichen Ergebnis stehen.* Da ich nicht weiß, wie Ihr

Vermögensstand ist, schlage ich vor, dass Sie entscheiden: Verfügen Sie über mehr als die oben genannte Summe, so lesen Sie so schnell wie möglich »Wohlstand ohne Stress«. Haben Sie weniger, so folgen Sie den Schritten, die ich nun beschreibe. Ich gehe dabei nach den Fragen vor, die Teilnehmer aus meinen Seminaren erfahrungsgemäß stellen.

Erste Frage: Welche Risikoklasse sollte ich wählen?

Sie können alle Finanz-Produkte in sechs Risikoklassen einteilen: die erste Klasse hat überhaupt kein Risiko; die zweite ein sehr kleines Risiko im kurzfristigen Bereich; und so weiter bis zur sechsten Klasse, die sehr risikoreich ist. *Außerdem gilt zunächst, dass keine Klasse besonders gut ist und auch keine schlecht.* Es ist wie bei einer Fußballmannschaft; Sie benötigen für sie ganz verschiedene Spieler: einen Torwart, Verteidiger, ein Mittelfeld und auch einen Sturm.

Die meisten Menschen neigen dazu, ihre »Anlage-Mannschaft« willkürlich nach der aktuellen Börsenlage auszuwählen. Läuft es an der Börse gut, so wollen sie möglichst viele Stürmer – also Anlagen, die hohe Gewinne erzielen können. Sinken die Kurse, so wollen sie von der Börse gar nichts wissen und legen ihr Geld auf Sparbüchern oder Ähnlichem still.

Auf lange Sicht können Sie so niemals gewinnen. Genau wie eine Fußballmannschaft, die nur Stürmer aufstellt; sie würde vielleicht einige Tore erzielen, aber das Spiel natürlich verlieren. Aber Sie können auch nicht gewinnen, wenn Sie nur Verteidiger aufstellen. Vielleicht verhindern Sie so eine Niederlage – aber gewinnen können Sie nicht. Wenn Sie ganz auf Nummer Sicher gehen, züchten Sie niemals eine Geld-Gans – allenfalls einen winzigen Spatz.

Sie brauchen ein System, das es Ihnen ermöglicht, im Durchschnitt eine gute Rendite von 12 Prozent und mehr zu erzielen – ganz gleich, ob die Börse nun gerade nach oben oder nach unten geht. Dazu müssen Sie wissen, wie Sie Ihr Geld optimal aufteilen.

Zweite Frage: Wie sollte ich mein Geld genau aufteilen?

Die Frage lautet also nicht: »Welche Anlageform ist die beste?« *Nein, die korrekte Frage muss lauten: »Wie sollte ich mein Geld verteilen?«* Die Antwort: Solange Sie noch kein nennenswertes Vermögen angespart haben, sollten Sie 40 bis 50 Prozent Ihres Geldes in Geld-Produkten anlegen – je nachdem, wie risikofreudig Sie sind. Geld-Produkte sind Sparbücher, Cashgeld- und Renten-Fonds, Festgelder, Rentenpapiere und Ähnliches. Zu dieser Gruppe können Sie auch Immobilien zählen. Dabei handelt es sich zwar um Sachwerte, aber die Renditen entsprechen dem niedrigen Niveau dieser Gruppe. Achtung: Lassen Sie bei der Aufteilung Ihres Anlage-Vermögens Ihre selbst genutzte Immobilie außen vor. Das Haus, das Sie selbst bewohnen, ist kein Anlage-Vermögen, sondern Luxus-Vermögen. Während Ihr Anlage-Vermögen Ihnen Renditen bringt, *kostet* Sie Ihr Haus eher Geld.

Weitere 40 bis 50 Prozent sollten Sie in große internationale Aktien-Fonds investieren bzw. in Produkte, die ähnliche Renditen erwirtschaften, aber ein hohes Maß an Sicherheit aufweisen (zum Beispiel: englische Lebensversicherungen). Und mit den letzten 10 bis 20 Prozent sollten Sie ein höheres Risiko eingehen.

Die Aufteilung sieht also wie folgt aus:

Geld-Produkte (sicher):	40 – 50 %
Mittleres Risiko (langfristige Anlage):	40 – 50 %
Hohes Risiko (setzt mehr Wissen voraus):	10 – 20 %

Dritte Frage: Welche Geld-Produkte sind die besten?

Auf diese Frage kann es keine allgemein gültige Antwort geben. Ich kann Ihnen hier nur die besten Produkt-Arten nennen: Optimal und sehr gut sind für Sie als Privatanleger: Geldmarkt- und geldmarktnahe Fonds, internationale Renten-Fonds und Lebensversicherungen. Mit diesen Produkten bilden Sie sich eine sichere Basis – Ihre »Verteidigung«.

Die besten Produkte und Anbieter innerhalb jeder Produkt-Art ändern sich jedoch ständig; darum macht es keinen Sinn, hier einige zu erwähnen. Aber ich möchte Ihnen die Web-Site der Firma Reintgen Portfolio Consulting empfehlen. Dort finden Sie unter *www.Reintgen.de* die aktuell empfohlenen Produkte. Bernd Reintgen betreut vermögende Kunden ab einer Million Euro; aber er hat sein Wissen im Internet für jeden zugänglich gemacht.

Wie versprochen, beantworte ich Ihnen jetzt die drei wichtigsten Fragen für jede Anlage in Sachwerten:

- Welche Aktien bzw. Aktien-Fonds sollten Sie kaufen?
- Wann sollten Sie kaufen?
- Wann sollten Sie verkaufen?

Vierte Frage: Welche Aktien bzw. Aktien-Fonds sollten Sie kaufen?

Zunächst einmal gilt: An Aktien-Fonds kommen Sie nicht vorbei. Die Reichen machen aus ihrem Geld »reiches Geld«, wandeln es also in Sachwerte um. Sie kaufen mit ihrem Geld Sachen, zum Beispiel Immobilien oder Teile von Firmen, also Aktien oder Aktien-Fonds. Die Mittelklasse hält ihr Geld überwiegend in »armem Geld«, also Geld-Produkten. Die Armen machen aus ihrem Geld oftmals finanztechnisch »Abfall«. Die Amerikaner sagen dazu: »They turn cash into trash.« Sie wissen jetzt: Sie brauchen beides: Geld-Produkte, aber auch Sachwerte. Aktien-Fonds sind optimale Sachwert-Produkte. Die Frage ist also nicht: »ob«, die Frage lautet vielmehr: »welche?«

Wissen Sie, wie die Zauberer und Wahrsager im Altertum versucht haben, die Zukunft vorherzusagen? Sie warfen Knochen auf den Boden und lasen daraus ihre Visionen; sie deuteten den Vogelflug, und sie lasen in den Gedärmen von Tieren. Aus heutiger Sicht mutet das ganz schön merkwürdig an – meinen Sie nicht?

Nun, was glauben Sie wohl, wie wird man in einigen hundert Jahren über unsere heutigen »Zauberer« urteilen, die Chart-Spezialisten und Analysten? Ich kann mir gut vorstellen, dass man keine große Unterscheidung vornehmen wird. Wahrscheinlich wird man sagen: »Weißt du noch – damals, als die Menschen die Zukunft voraussagen wollten, indem sie in Gedärmen und vergangenen Kursentwicklungen lasen …?« Ob mit oder ohne Computer – die Zukunft der Börse kennt niemand.

Es gibt nur zwei Arten von Analysten: die, die nichts wissen, und die, die nicht wissen, dass sie nichts wissen. Die ganzen Theorien besagen nichts – es handelt sich lediglich um Zufallstreffer. So wie auch eine kaputte Uhr zweimal am Tag die richtige Uhrzeit anzeigt.

Trotzdem werden wir natürlich immer auf die Vergangenheit schauen; denn sie ist alles, was wir haben. Und auch Prognosen werden immer abgegeben werden. Treffen sie ein, so nehmen wir die Lorbeeren gern entgegen; treffen sie nicht ein, so erinnern wir uns schnell daran, dass niemand die Zukunft berechnen kann.

Tatsächlich hat kaum jemand *langfristig* besser abgeschnitten als die Topwerte einer Börse (Index). Der Grund ist der, dass niemand die Zukunft vorhersagen kann. Und wenn Sie die Personen genau studieren, denen es gelungen ist, dann werden Sie interessante Feststellungen machen: *Sie haben weniger auf die Zukunft gehofft, sondern sie haben die Zukunft aktiv gestaltet, sprich die Entwicklung der Firmen.*

Nehmen Sie Warren Buffett, den erfolgreichsten Anleger der Welt. Auch er hat seine großen Erfolge nicht erreicht, weil er die Zukunft kannte. Vielmehr hat er seine Versicherungsgesellschaft genutzt, um Aktienkäufe geschickt zu hebeln; das heißt, er hat zusätzlich zu jedem eigenen Dollar noch einmal fünf oder sechs Dollar geliehen und die ganze Summe dann angelegt. So etwas ist sehr riskant, denn wenn die betreffenden Kurse stark nachgeben, so ist nicht nur sein eigenes Geld weg, sondern auch das geliehene. Aber umgekehrt sind auch die Gewinne um ein Vielfaches höher. Um die Chancen auf seiner Seite zu haben, ist Buffett oft in das Management der Firmen eingestiegen, von denen er Aktien erworben hatte. *Er hat also eher die Zukunft gestaltet als vorausgesehen.*

Dem Privatanleger bleibt diese Möglichkeit weitgehend verschlossen. Was also können Sie tun? Die Antwort ist überraschend einfach: Wenn Sie nicht wissen können, welche Aktien und Fonds in Zukunft besondere Gewinne machen, *so kaufen Sie eben den ganzen Markt.* Kaufen Sie so viele Fonds, wie Sie können, so breit gestreut wie möglich, mit so wenig Aufwand wie möglich.

Wie können Sie den »ganzen Markt« kaufen? Dazu gibt es vier plus eine Möglichkeiten:

Erstens: Sie kaufen Index-Zertifikate und decken so einen großen Teil des Weltmarktes ab. Diese Variante hat aber den Nachteil, dass Sie sich ziemlich intensiv mit Ihren Anlagen befassen müssen. Die Zertifikate haben eine begrenzte Laufzeit, und Sie müssen von Zeit zu Zeit umschichten.

Zweitens können Sie einige große internationale Aktien-Fonds kaufen. Aber auch diese Variante setzt voraus, dass Sie sich regelmäßig um Ihre Anlagen kümmern und über ein gutes Basiswissen verfügen. Sie sollten zwischen Wachstums- und Value-Fonds unterscheiden können sowie zyklische und anti-zyklische Fonds auswählen. Vor allem aber sollten Sie genau wissen, wovon hier gerade die Rede ist. Lesen Sie ein Buch über Fonds.

Die dritte Variante: Sie suchen sich einen guten Berater. Verlassen Sie sich dabei nicht auf schöne Versprechungen, sondern folgen Sie am besten Empfehlungen von wohlhabenden Freunden. Im ersten Gespräch sollten Sie einige kritische Fragen stellen. Zum Beispiel: »Wie viel Prozent Ihres Einkommens ergibt sich aus Ihren Investitionen?« Denn es ist so, als hätten Sie vor, den Mount Everest zu besteigen: Sie würden einen erfahrenen Bergsteiger wählen und nicht jemanden, der nur theoretisch in Bergsteigen ausgebildet ist.

Die vierte Möglichkeit: Sie investieren in Dachfonds. Ein Dachfonds besteht aus vielen Einzelfonds. Dabei geht der Fondsmanager wie ein Vermögensberater vor: Er wählt aus der Vielzahl der Fonds die besten heraus und stellt sie zusammen.

Das spart Ihnen Kosten (der Manager kann wesentlich kostengünstiger umschichten); es spart Ihnen Zeit; und Sie müssen keine Spekulationssteuern zahlen (Umschichtungen innerhalb des Dachfonds wirken nicht auf die Spekulationsfrist, solange Sie den Fonds länger als ein Jahr halten); und Sie können sich auf diese Weise an über zwanzig verschiedenen Fonds einer Risikoklasse beteiligen (das können sonst nur Anleger mit vielen Millionen Euro). Sie erzielen mit einem Dachfonds eine optimale Streuung bei geringstem Aufwand.

Die Zusatzmöglichkeit: Fonds sollten Sie deshalb kaufen, weil sie ein sehr gutes Verhältnis zwischen Risiko und Chance sowie zwischen Rendite und Sicherheit aufweisen. Es gibt allerdings auch Produkte, die höhere Sicherheiten bei ähnlichen Rendite-Chancen haben. Das ist bei englischen und irischen Lebensversicherungen der Fall (die in den letzten dreißig Jahren durchschnittlich ca. 12 Prozent pro Jahr erzielt haben) sowie bei Unternehmens-Beteiligungen, um nur zwei Produkte zu nennen.

Die Antwort auf die Frage, welche Produkte Sie kaufen sollten, lautet **zusammengefasst: Langfristig ist kaum jemand besser als der Markt; und da Sie nicht wissen, wer das in Zukunft sein wird, kaufen Sie sich am besten in den ganzen Markt ein.** Die Varianten drei, vier und die Zusatzmöglichkeit halte ich dabei für Privatanleger für die praktischste: Suchen Sie sich einen guten Anlageberater, der Ihnen einige gute internationale Aktien-Fonds zusammenstellt, wählen Sie einen guten Dachfonds und zeichnen Sie Produkte mit hoher Sicherheit, aber hohen Rendite-Chancen.

Fünfte Frage: Wann sollten Sie die Anlagen kaufen?

Auch die Antwort für diese Frage ergibt sich aus dem eben Gesagten: Da Sie nicht in die Zukunft schauen können, sollten Sie *so schnell wie möglich* einsteigen. Je eher Sie einsteigen, umso länger kann Ihr Geld für Sie arbeiten.

Das folgende Beispiel zeigt, wie verhängnisvoll es ist, mit dem Investieren zu warten: Angenommen, Sie sind heute vierzig Jahre alt und wollen mit sechzig über eine größere Summe verfügen. Also investieren Sie 200 Euro monatlich; und wir unterstellen einmal, Sie bekommen 20 Prozent Rendite pro Jahr. Dann haben Sie mit sechzig Jahren 632 000 Euro. Das ist nicht schlecht. Nehmen wir nun an, Sie fangen aber nicht dieses Jahr an zu investieren, sondern erst nächstes Jahr. Dann kann Ihr Geld nur neunzehn statt zwanzig Jahre wachsen.

Von heute ab gerechnet hätten Sie dann in zwanzig Jahren nur 516 000 Euro – das sind ganze 116 000 Euro weniger, als wenn Sie *sofort* angefangen hätten zu investieren. Das bedeutet: Wenn Sie »nur« ein Jahr warten, so kostet Sie dieses Jahr ganze 116 000 Euro! An jedem der 365 Tage, die Sie unnötig gewartet haben, verlieren Sie über 310 Euro (116 000 : 365 = 317,81), in jeder Stunde 13 Euro.

Wenn Sie das gleiche Beispiel auf eine Laufzeit von dreißig Jahren übertragen, so sieht das Ergebnis noch viel deutlicher aus: Das Jahr, in dem Sie gezögert haben, kostet Sie dann 842 803 Euro, also 2000 Euro pro Tag, den Sie gewartet haben, oder fast 100 Euro pro Stunde. *Jeder Tag, an dem Sie nicht investieren, vernichtet geradezu Ihren möglichen zukünftigen Gewinn.*

Überlegen Sie erst gar nicht, wann der optimale Einstiegszeitpunkt ist; denn niemand kann in die Zukunft schauen. *Der beste Moment einzusteigen ist jetzt.* Das wird besonders deutlich, wenn Sie sich des Cost-Average-Systems bedienen: Sie sparen einfach jeden Monat eine gleich bleibende Summe an.

Bitte schauen Sie sich die beiden nächsten Charts an; welchen der beiden Fonds würden Sie vorziehen?

Cost-Average-Effekt bei Fonds 1

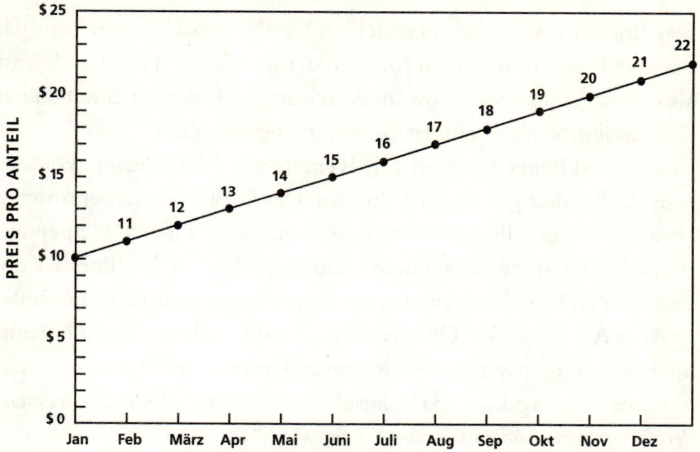

Cost-Average-Effekt bei Fonds 2

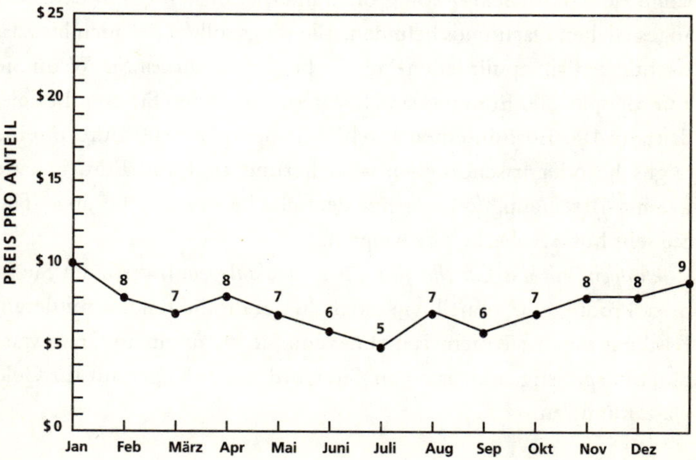

Das Ergebnis wird Sie überraschen: Fonds 2 erzielt ein wesentlich besseres Ergebnis für einen Anleger, der monatlich spart. Fonds 2 ist also im Ergebnis besser, obwohl er sich am Ende des Jahres auf einem niedrigeren Niveau befindet als am Anfang des Jahres.

Während Fonds 1 nur auf eine Rendite von 18,83 Prozent kommt, erreicht Fonds 2 ganze 26,81 Prozent. Der Grund: Wenn der Anteilspreis des Fonds fällt, kann der Investor mit seiner gleich bleibenden monatlichen Sparrate viel mehr Anteile einkaufen. Bei Fonds 1 erwirbt der Anleger 71,3 Anteile; bei Fonds 2 hingegen 160,09 Anteile.

Aber Achtung: Der Cost-Average-Effekt funktioniert nur, wenn Sie regelmäßig investieren – also besonders auch in Zeiten, in denen die Börsen nachgeben. *Wer während der schlechten Zeiten nicht investiert, der verliert seine größten Gewinn-Chancen.*

Meines Erachtens haben Sie einen besonderen Vorteil, wenn Sie monatlich anlegen: *Sie brauchen sich über das richtige Timing keine Gedanken zu machen.* Sie müssen über fallende Kurse nicht traurig sein – solange Sie sich im Sektor von großen internationalen Fonds bzw. dort angesiedelten Dachfonds befinden. Allerdings sollten Sie auch hier das wichtigste Prinzip für jeden Anleger beachten: *Streuen Sie.* Wenn Sie zum Beispiel 300 Euro monatlich sparen, so könnten Sie zum Beispiel dritteln: 100 Euro in einen Dachfonds-Sparplan; 100 Euro in eine englische oder irische Lebensversicherung; und 100 Euro in eine Leasing-Beteiligung (oder in eine deutsche Lebensversicherung – falls Sie sehr hohe Sicherheit benötigen).

Übrigens gilt das Gleiche auch für Einmalanlagen: Investieren Sie in diese Produkte so schnell wie möglich. Bei Produkten mit mittlerem Risiko erzielen Sie niemals mehr, wenn Sie bis zu einem Crash warten, um »günstig« einzusteigen. Sie würden nur länger auf Ihr Geld warten müssen.

Die Antwort auf die Frage, wann Sie kaufen sollen, lautet darum **zusammengefasst: Beginnen Sie so schnell wie möglich monatlich anzulegen.**

Sechste Frage: Wann sollten Sie verkaufen?

Um diese Frage zu beantworten, schauen wir in die Vergangenheit – und ziehen daraus einige zulässige Schlüsse, ohne zum Zauberer zu werden: Von 1950 bis 2000 hat der S&P 500 (der aussagekräftigste Index der USA) nur zwölf Jahre einen Verlust gemacht. Die anderen 38 Jahre hat er stets gewonnen.

Unterstellt, dass das Verhältnis so bleibt, sieht unsere Chance also so aus: *dreimal gewinnen und nur einmal verlieren*. Halten Sie das für gut? Meine Antwort: Das kommt drauf an. Für eine *kurzfristige* Anlage (ein bis drei Jahre) halte ich das Risiko für viel zu hoch! Denn kurzfristig hätten Sie ein Risiko von eins zu drei.

Bei diesem Verhältnis von Chance und Risiko sollten Sie niemals Ihre zweiten 40 Prozent investieren. Sie erinnern sich: 40 bis 50 Prozent sollten Sie in Geld-Produkten anlegen – dieses Geld bildet Ihre Verteidigung. Und weitere 40 bis 50 Prozent in relativ sicheren Aktien-Fonds – Ihr Mittelfeld.

Vielleicht fragen Sie jetzt: »Wie können Sie mir internationale Aktien-Fonds empfehlen, wenn mein Verlust-Risiko so hoch ist?« Und damit sind wir am Kern der Frage angelangt, wann Sie verkaufen sollten. *Denn Ihr Risiko ist nicht immer gleich hoch.* Es ist umso geringer, je länger Sie eine Anlage halten. Das Risiko sinkt auf 1 zu 20, wenn Sie zehn Jahre lang Ihre Anlage halten; und es sinkt gegen null, wenn Sie 25 Jahre und länger halten.

Die offensichtliche Antwort auf die Frage, wann Sie verkaufen sollten, lautet darum: **Am besten niemals. Je länger Sie eine Anlage halten, umso geringer ist Ihr Risiko.** Entnehmen Sie immer nur das Geld, das Sie gerade brauchen. Lassen Sie den Rest weiter für sich arbeiten.

Siebte Frage: Sollte ich wirklich 10 bis 20 Prozent meines Geldes mit hohem Risiko anlegen?

Für einen kleinen Teil Ihres Geldes gilt: Gehen Sie Risiken ein. *Risiken vermeiden zu wollen wäre zu gefährlich, weil Ihnen dadurch mehr Geld entgeht, als Sie sich leisten können.* Ich habe noch niemals einen reichen Menschen getroffen, der kein Geld verloren hat. Aber ich kenne viele Arme, die noch nie bei einer Investition verloren haben.

Noch niemand hat sich richtig verliebt, ohne dass nicht einmal sein Herz gebrochen wäre. Und es ist auch noch niemand ohne Verluste reich geworden. Viele Menschen gewinnen das Investitions-Spiel nicht, weil ihre Angst vor einem Verlust größer ist als die Freude, reich zu sein. Mein Coach sagte dazu: »Jeder will in den Himmel; aber keiner will sterben.«

Die meisten Menschen investieren überhaupt nicht. Sie sparen lediglich und akzeptieren die angebotenen Zinsen. Der Investor befindet sich auf der linken Seite des Sterns. Ihn unterscheiden von den Menschen, die sich ausschließlich auf der rechten Seite des Sterns aufhalten, im Wesentlichen nur zwei Dinge: die Bereitschaft, Risiken einzugehen, und der Wille, lebenslang straßen-schlau zu lernen.

Risiken in Kauf zu nehmen hat nichts mit Zocken zu tun. Viele wollen eine schnelle Mark machen: Ich wünsche ihnen Glück, denn sie werden Glück brauchen. Wenn dagegen ein kluger Investor sein Geld streut, so setzt er mit einem Teil seines Geldes auf Risiko. In diesem Fall verlässt er sich nicht auf Glück; ganz im Gegenteil, er geht nur wohl kalkulierte Risiken ein.

Sie sollten lernen, Risiken zu beurteilen. Dafür brauchen Sie Wissen. Früher wurden Hexen gejagt und verbrannt, weil man Schuldige für Seuchen wie Pocken, Pest und Cholera finden wollte. Heute werden Analysten, Banken und Firmen auf ähnliche Weise gejagt. Ihnen will man die Schuld für die Verluste vieler Privatanleger geben. Natürlich gab es Missstände; aber hauptverantwortlich waren die Anleger selbst. Sie sind gierig und ohne jedes Basiswissen in Risiken gesprungen – und sind dafür bestraft worden.

Entwickeln Sie darum finanzielle Intelligenz: Lesen Sie den Wirtschaftsteil Ihrer Tageszeitung, Finanz-Bücher, Wirtschaftsmagazine und sprechen Sie vor allem mit Menschen, die zehnmal mehr Geld haben als Sie selbst. Suchen Sie sich einen Coach; Profis haben Coaches, Amateure nicht.

In der Praxis heißt das: Investieren Sie auch in Schwellenländer, kleine Firmen und kleine Branchen. Aber lernen Sie vorher die Regeln:

1. Investieren Sie nur in Märkte, die Sie einigermaßen kennen.
2. Wählen Sie dort möglichst einen Fonds, denn der Manager vor Ort kann den Markt wahrscheinlich besser einschätzen als Sie.
3. Investieren Sie nur in Märkte, die gerade um mindestens 50 Prozent eingebrochen sind.
4. Investieren Sie bei einer Erstanlage aber auch dann nur maximal 50 Prozent des Geldes, das Sie für diesen Markt eingeplant haben. Den Rest investieren Sie, wenn sich noch bessere Kaufkurse ergeben.
5. Legen Sie Ihre Renditeziele schriftlich fest; und halten Sie sich an Ihren Plan.

Es gibt noch einen Grund, warum Sie auch in kleinere Firmen investieren sollten. Manchmal bewegt sich eine Börse jahrelang seitwärts, das heißt, die Kurse steigen jahrelang fast überhaupt nicht. Niemand weiß, wann das wieder der Fall sein wird. Aber wir wissen, dass in solchen Zeiten die kleineren Firmen trotzdem gewaltig zugelegt haben. In den beiden langen Seitwärtsbewegungen von 1932 bis 1946 und von 1958 bis 1982 haben die kleinen Firmen die großen in einem Verhältnis von 6 zu 1 übertroffen.

Was können Sie nun konkret tun? Nutzen Sie auch hier die Web-Site von Bernd Reintgen: *www.Reintgen.de*. Hier finden Sie eine Auswahl von Fonds, die in den höchsten Risikoklassen investieren und die sehr aussichtsreich sind.

Sie haben aber auch noch eine andere Möglichkeit: Wählen Sie einen Dachfonds, der nur risikoreiche Fonds hält. Auf diese Weise sind Sie in vielen »heißen« Märkten und Branchen dabei, und ein Profi übernimmt die Arbeit für Sie.

Sie sind verantwortlich

Viele denken immer noch, sie seien für das Feld des Investors nicht verantwortlich. Aber wir können uns nicht länger auf unseren Sozialstaat verlassen. Möglicherweise ist das Investieren für Sie heute wie ein Buch mit sieben Siegeln. Aber innerhalb von wenigen Jahren können Sie entweder zu einem versierten Investor werden, oder Sie finden in dieser Zeit einige sehr gute Berater.

Zum Schluss möchte ich Ihnen einen Tipp geben, den Sie vielleicht geneigt sind, sofort zu verwerfen. Möglicherweise denken Sie: »Das kann ich auf keinen Fall.« Ich bitte Sie aber: *Unterschätzen Sie sich nicht.* In jedem Menschen steckt viel mehr, als wir glauben.

Hier also der Tipp: *Halten Sie Ausschau, wo Sie sich direkt an einem Unternehmen beteiligen können.* Bei Firmen-Neugründungen ist dazu manchmal sehr wenig Geld notwendig. Sparen Sie Geld; und dann halten Sie die Augen offen und suchen Sie nach Gelegenheiten, um direkt in Firmen zu investieren.

Dabei gehen Sie das mit Abstand größte Risiko ein – Sie haben aber auch mit Abstand die größte Chance. Wenn die Firma, in die Sie investiert haben, erfolgreich wird, dann gilt: Nirgendwo hätten Sie so leicht ähnlich viel Geld verdienen können. Und wenn Sie es klug anstellen, dann ist dieser Verdienst auch sehr steuergünstig.

Lesen Sie darum gleich das nächste Kapitel. Es schärft Ihren Blick für eine gute Gelegenheit: Wenn ein Unternehmer sich klug positioniert, ist das ein Zeichen für mögliche fantastische Gewinne.

9

Positionieren Sie sich als Experte

»Die letzten hundert Jahre haben wir angenommen, dass es Fachwissen geben müsse … und einen davon deutlich unterschiedenen Platz, an dem bloß ›die Arbeit getan werde‹ … Wir erkennen heute an, dass in einer schnelllebigen, modernen Welt jeder ein Experte sein muss.«
Tom Peters

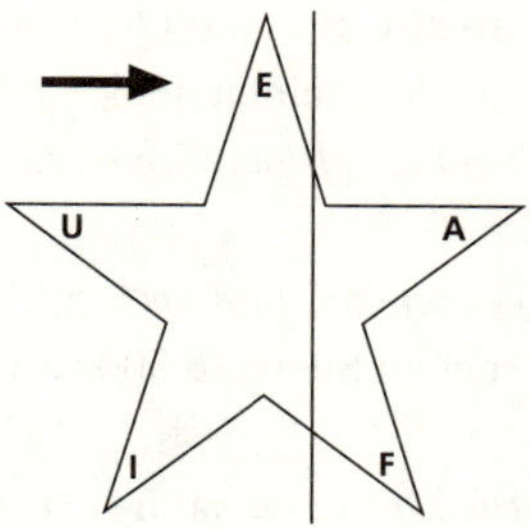

Stellen Sie sich vor, jemand wirft zwei 500-Euro-Scheine und zwanzig 5-Euro-Scheine auf den Boden vor Ihnen. Was wäre jetzt wohl das Effektivste, was Sie tun können? Natürlich würden Sie zuerst die zwei großen Scheine aufheben. Das ist besonders dann wichtig, wenn auch noch andere Personen anwesend sind, die sich einen Anteil sichern wollen.

In diesem Kapitel geht es um die *großen Scheine*. Wenn Sie als Angestellter nach den fünfzehn Geboten aus dem Kapitel 7 arbeiten, werden Sie innerhalb eines Jahres rund 20 Prozent mehr verdienen können. Vielleicht auch mehr. Aber meist nicht viel mehr. *Um Ihr Einkommen zu verdoppeln, müssen Sie sich vollkommen neue Voraussetzungen schaffen.*

Um bei unserem Beispiel zu bleiben: Auch wenn Sie alle zwanzig kleinen Scheine eingesammelt haben, so haben Sie nicht einmal 10 Prozent des Geldes vom Boden aufgehoben. Und das, obwohl Sie viel härter »gearbeitet« haben, als wenn Sie nur die zwei 500-er aufgehoben hätten. Es geht also nicht allein darum, hart zu arbeiten; Sie müssen sich auch auf die 500-er spezialisieren, wenn Sie wirklich viel verdienen wollen.

Experten

Der Weg zu einem hohen Einkommen liegt darin, sich als Experte zu positionieren. Allerdings bedeutet der Begriff Experte nicht für jeden dasselbe. Wir müssen uns also auf eine Definition einigen. Wenn Sie an das Beispiel mit den Geldscheinen denken, dann ergibt sich:

Spezialisieren Sie sich auf ein kleines Gebiet, das klar begrenzt ist (500-Euro-Scheine).

Widerstehen Sie der Versuchung, auch noch die 5-Euro-Scheine aufsammeln zu wollen. Lieber suchen Sie neue 500-er und erhalten auf diese Weise viel mehr Geld.

Sie sollten der Erste sein. Der Erste kann sich aussuchen, was er will; die anderen müssen nehmen, was übrig bleibt.

Lernen Sie, wirtschaftlichen Erfolg aus dem Experten-Status zu ziehen. Es gibt Spezialisten, die zwar viel wissen, aber wenig verdienen. Sie erscheinen eher weltfremd. *Wenn ich aber von »Experten« spreche, so meine ich die gelungene Kombination zwischen Fachwissen und wirtschaftlicher Schlauheit.* Experten, die sich nach den Grundsätzen in diesem Kapitel richten, nehmen ein Vielfaches dessen ein, was ein normaler »Spezialist« verdient.

Dieses Kapitel kann Ihr Leben verändern! Zumindest aber kann es Ihr Einkommen auf eine Höhe bringen, die Ihnen vielleicht heute noch vollkommen unrealistisch erscheint. Sie können innerhalb von drei Jahren das Doppelte verdienen – und sogar mehr …

Natürlich wird Ihnen so viel mehr Einkommen nicht geschenkt. Sie müssen einen Preis dafür zahlen: Erstens müssen Sie wahrscheinlich sehr stark umdenken und vieles komplett verändern. Dazu sind viele Menschen nicht bereit; es erscheint ihnen zu riskant. *Zweitens müssen Sie sich etwa eine Stunde täglich mit Ihrer Positionierung beschäftigen.* Dieses Buch kann Ihnen den Weg weisen – aber gehen müssen Sie ihn schon selbst.

Wenn Sie zu beidem bereit sind, möchte ich Sie nun auf eine spannende Reise einladen: wie Sie sich als Experte positionieren.

Die wichtigste Voraussetzung

In den USA ist Positioning seit dreißig Jahren ein Begriff; Jack Trout und Al Ries haben diese wahrscheinlich erfolgreichste Strategie aller Zeiten populär gemacht. In Deutschland ist Positionierung weitgehend unbekannt. Dafür gibt es hierzulande die von Wolfgang Mewes entwickelte EKS (Engpass konzentrierte Strategie).

Beide Modelle sind genial, und jeder Unternehmer sollte sich mit ihnen beschäftigen. Aus der Sicht dieses Buches müssen sie jedoch um zwei wichtige Punkte ergänzt werden:

Zum einen sind beide Modelle in erster Linie für Unternehmen entwickelt worden. Insbesondere die Positionierungs-Lehre befasst sich fast ausschließlich mit großen Konzernen. Uns ist hier aber wichtiger, *wie Sie sich als Person positionieren können:* wie *Sie* zu einem Experten werden.

Zum anderen geht es in beiden oben genannten Modellen ausschließlich um Profit. Nicht dass Geld in meinen Augen etwas Schlechtes wäre. Im Gegenteil. Aber bei unserem Job darf nicht alles *zuerst* durch die Brille des Gewinns gesehen werden. *Zuerst muss der Mensch kommen – und nicht der Verdienst.* Sich in einem Gebiet zu positionieren, das nicht Ihrer Leidenschaft entspricht, heißt nur schneller ans falsche Ziel zu kommen.

Um es ganz deutlich zu sagen: Es würde mir keine Befriedigung geben, wenn Sie zwar viel mehr verdienen würden, dabei aber nicht glücklich und erfüllt wären. Dafür habe ich dieses Buch nicht geschrieben.

Darum sind die Kapitel 5 und 6 die Voraussetzungen für die Positionierung als Experte. Zuerst muss sichergestellt sein, dass Ihre Tätigkeit auch Ihren Talenten entspricht; dann sollten Sie viel Spaß an Ihrer Tätigkeit haben; und schließlich sollten Sie damit ein Problem anderer Menschen lösen. Dann aber sollten Sie auch möglichst klug vorgehen und viel verdienen.

Viele Menschen sind unsicher, wer sie wirklich sind. Und so definieren sie sich über das Wissen, das sie erworben, oder über die Leistungen, die sie erbracht haben. Nur ungern werfen sie ihre kostbare Beute an Sachkunde und Leistung über Bord. Es ist so, als müssten sie sich von ihrer Identität verabschieden.

Kernfähigkeit kommt vor Kerngeschäft

Dabei kommt es stark auf die beschriebene Reihenfolge an. Sie sollten nicht als Erstes die Frage stellen: «Was ist mein Kerngeschäft?« Sie würden dann den zweiten Schritt vor dem ersten machen. Fragen Sie zuerst: »*Was ist meine Kernfähigkeit?*«

Viele bestimmen ihr Kerngeschäft ausschließlich aufgrund von wirtschaftlichen Überlegungen. Nach dem Motto: »Hier ist viel Geld zu machen; hier ist mein Kerngeschäft.« Ich halte das für den völlig falschen Ansatz. Sie würden Ihr Potenzial nur an die Kette legen. Wenn Sie dagegen nach Ihrer Kernfähigkeit fragen, können Sie sich frei entfalten. Hätte Richard Branson (Virgin) nur nach seinem Kerngeschäft gefragt, dann hätte er niemals den Grad der Erfüllung erreicht, den ihm sein weit verzweigtes Firmennetz beschert hat. Branson erkannte seine Kernfähigkeit: Wachstumschancen zu erkennen, die sich ergeben, wenn ein träge gewordener Marktführer den Kunden zu wenig Leistung für ihr Geld bietet. So besitzt er heute über 220 Firmen. Seine Erfolgsstory widerspricht nicht den Positionierungsgrundsätzen, sondern bekräftigt sie. Zu den Unterschieden zwischen der Positionierung als Experte und der Positionierung als Unternehmer in Abgrenzung zu der eines Unternehmens erfahren Sie mehr im nächsten Kapitel.

Finden Sie immer zuerst heraus, was Ihren Talenten entspricht und Ihnen Spaß macht.

Erst auf dieser Basis macht es Sinn, sich zu positionieren, um viel zu verdienen. Andererseits gilt aber auch: Wenn Sie sich diese Basis geschaffen haben, gibt es keinen Grund, die großen Scheine nicht einzusammeln.

Wie Sie viel verdienen, erfahren Sie in diesem Kapitel. Stellen Sie aber bitte sicher, dass Sie vorher für sich geklärt haben, *was* Sie machen wollen.

Ihre Position

Bitte denken Sie an zwei, drei sehr bekannte Persönlichkeiten. Womit verbinden Sie diese Personen? Ich gehe jede Wette ein, dass Ihnen sofort ein Bereich einfällt, für den jede von ihnen steht. Bill Gates steht für Software, ohne die so gut wie nichts geht. Steven Spielberg für Filme mit Spezialeffekten. Anita Rodderick für Body-Shops mit Natur-Kosmetik.

Und nun zu Ihnen: Wofür stehen Sie? Gibt es ein Gebiet, das Sie »besetzt« haben? Worin sind Sie der oder die Erste? Zu viele Menschen versuchen »alles« zu sein und alles zu können. Aber es gilt: *Wer versucht, alles zu sein, endet als gar nichts.* Die Kunst liegt heute darin, in einem möglichst kleinen Gebiet der bekannteste Experte zu sein. Die Eier legende Wollmilchsau, die auch noch tiefsee-erfahren und höhentauglich sein will, wird von niemandem ernst genommen.

Ein Beispiel: Angenommen, Sie sind 57 Stundenkilometer zu schnell gefahren; man will Ihren Führerschein für ein Jahr einziehen. An wen würden Sie sich wenden? An einen »Feld-Wald-und-Wiesen-Anwalt«?

Oder an einen Experten in Sachen Verkehrsrecht? Angenommen, Sie hören von einem Freund: »Es gibt da den Verkehrs-Anwalt Schmitz, der 97,5 Prozent aller auch noch so eindeutigen Geschwindigkeits-Übertretungs-Verfahren gewinnt. Man nennt ihn darum nur ›Schmitzchen Freispruch‹. Mein Bruder war 80 Stundenkilometer zu schnell, aber der Schmitz hat es geschafft, dass das Verfahren eingestellt wurde. Der hat jeden Trick drauf.« Klare Sache, wen Sie vorziehen würden.

Ein weiteres Beispiel: Sie hatten einen Skiunfall und haben sich einen komplizierten Bruch zugezogen. Würden Sie zu dem Arzt in Ihrer Nachbarschaft gehen, der zu Ihnen sagt: »Einen ähnlichen Fall hatte ich schon einmal vor siebzehn Jahren. Ich suche schnell die Unterlagen heraus; mal sehen, was ich damals gemacht habe …« Oder hätten Sie ein besseres Gefühl, wenn Sie zu *»dem* Spezialisten« in Deutschland gingen, der jeden Tag sieben bis zwölf solcher Brüche behandelt und nichts anderes macht?

Dumme Fragen, werden Sie sagen! Stimmt. Die Antwort könnte wirklich nicht eindeutiger sein. Nun erlauben Sie mir eine provozierende Frage: Wenn *Sie selbst* sich möglichst an einen wirklichen Spezialisten wenden würden – und Sie ahnen, dass Spezialisten viel mehr als »normale« Menschen verdienen …

- *Haben Sie für Ihren eigenen Beruf daraus die logischen Konsequenzen gezogen?*
- *Haben Sie sich ganz klar spezialisiert?*

Warum spezialisieren sich so wenige?

Wenn ich auf unseren Seminaren die Frage stelle: »Wer kann seine Position in wenigen Sätzen beschreiben?«, dann herrscht bei den meisten große Stille. Auch in persönlichen Gesprächen kann mir fast niemand diese Frage beantworten. Ich habe nach den Gründen geforscht. Es gibt mehrere:

Zum einen sind die Grundsätze der Positionierung noch recht neu und noch kaum bekannt. Bis vor etwa hundert Jahren galt der Allrounder viel. Noch heute bewundert man gern Menschen mit »großer Allgemeinbildung« und spricht despektierlich vom »Fach-Idioten«. In ihrem Urteil geht die Masse aber fehl – wie so oft. Denn wenn Sie in die Tasche des »Fach-Idioten« schauen, dann finden Sie dort viele 500-Euro-Scheine.

Zweitens scheint es langweilig zu sein, wenn man sich spezialisiert und immer nur das Gleiche tut. Diese Ansicht wird natürlich nur von Nicht-Experten geteilt. Der Experte weiß: Das Gegenteil ist wahr. Wenn Sie sich nicht spezialisieren, dann bleiben Sie auf einer Stufe stehen. Sie kommen nicht weiter, und Ihre tägliche Routine ändert sich nicht. *Die spannenden Arbeiten müssen Sie immer den Experten überlassen.*

Der Experte hat zwar nur einen kleinen Aufgabenbereich. Aber das Wissen verdoppelt sich in vielen Gebieten alle drei Jahre. Er lernt in der gleichen Geschwindigkeit – ein Leben lang. Dies ist natürlich nur möglich, weil das Gebiet relativ klein und übersichtlich ist. So verändert sich seine tägliche »Routine« ständig. Vor allem aber kommt er auf ein immer höheres Niveau.

Drittens denken viele, Experten seien keine interessanten Menschen und langweilige Gesprächspartner. Auch diese Annahme trifft nicht zu. Je spezialisierter Sie sind, umso eher suchen hochkarätige Persönlichkeiten Ihren Rat.

Oder glauben Sie, unser Bundeskanzler lässt sich von jemandem beraten, dem der Ruf vorauseilt, von vielem ein bisschen zu wissen – aber nichts Genaues? Er wird sich natürlich von dem besten Experten auf dem jeweiligen Gebiet Ratschläge einholen. Darum gilt: *Je mehr Sie von einem Spezialgebiet wissen, umso mehr interessante Personen lernen Sie kennen.*

Der vierte Grund, warum sich so wenige als Experten positionieren, ist schlicht und einfach Angst. Angst, nicht genug

Kunden bzw. Arbeit zu bekommen, bzw. Kunden zu verlieren. Lieber bieten darum viele ihren Kunden so viel wie möglich an. So wollen sie ihre Kunden binden und möglichst gute Geschäfte machen.

Bis vor fünfzig Jahren mag diese Angst in vielen Bereichen berechtigt gewesen sein. Aber heute haben wir durch die modernen Medien unglaubliche Möglichkeiten, Informationen zu verbreiten. Und Entfernungen sind durch die heutige Verkehrstechnik kein Problem mehr. Um ein bestimmtes Problem zu lösen, können wir leicht viele hundert Kilometer reisen.

Heute gilt: Je spezialisierter Sie sind, umso mehr Kunden haben Sie. Prüfen Sie selbst; bei wem bekommen Sie schwerer einen Termin: bei dem Allrounder oder bei bekannten Spezialisten? *Angst muss heute nur derjenige haben, der sich NICHT spezialisiert.*

Der fünfte Grund: Viele Menschen können nicht nein sagen; sie wollen oder können den Verlockungen der vielen schönen Dinge am Wegesrand nicht widerstehen. Wie Rotkäppchen im Märchen lassen sie sich immer tiefer in den unübersichtlichen Wald hineinziehen. Um kurzfristiger Vorteile willen verlieren sie ihr eigentliches Ziel aus den Augen. Ein Experte muss aber nicht nur wissen, was er will, er muss auch wissen, was er *nicht* will. *Die Fähigkeit zur Konsequenz trennt die Spreu vom Weizen.*

Die Grundsätze einer erfolgreichen Positionierung

Nach einer Geschichte verirrt sich eine junge Frau in einem Wald. Als sie auf einen älteren Mann trifft, fragt sie nach dem Weg. Der Alte denkt einen Moment nach und sagt: »Gehen Sie geradeaus den Pfad entlang. Nach ungefähr fünfhundert Metern kommen Sie an eine mächtige Eiche, in die der Blitz eingeschlagen hat; dort wenden Sie sich nach links, dann wieder … Nein, das geht nicht. Besser gehen Sie zuerst zurück und dann an dem Bach halb rechts; bis zu der alten Mühle und dann links ... Nein, das geht auch nicht.«

Der alte Mann denkt eine Weile nach und sagt dann: »Wissen Sie was? Von hier aus kommen Sie da gar nicht hin!«

Erinnert Sie diese Geschichte an Ihre momentane berufliche Situation? Vielleicht befinden Sie sich in einer Sackgasse. Vielleicht müssen Sie einen anderen Weg einschlagen; vielleicht auch einen vollkommen neuen Weg. Ich möchte Ihnen Mut machen: Es lohnt sich. Nehmen Sie alle Veränderungen vor, die notwendig sind, um die Grundsätze einer erfolgreichen Positionierung umzusetzen. Wenn es dazu nötig sein sollte, so stellen Sie Ihren jetzigen Job in Frage.

Viele Menschen sind dazu nicht bereit. Sie reden sich ein, dass »größerer« Erfolg nichts für sie sei. Oder sie folgen alten Traditionsweisheiten, die viel Tradition, aber wenig Weisheit beinhalten.

Kennen Sie den Spruch: »Lieber den Spatz in der Hand als die Taube auf dem Dach«? Vergessen Sie diesen Satz bitte ganz schnell. Auf unser Beispiel mit den Geldscheinen übertragen würde das heißen: »Lieber einen 5-Euro-Schein in der Hand, als einen 500-Euro-Schein aufheben.« Ein schlechtes Konzept.

Schauen wir uns nun die sechs Grundsätze für eine erfolgreiche Positionierung an. Sie werden feststellen, dass keiner von ihnen schwer zu verstehen ist. Allerdings erfordert es Mut, sie auch in die Praxis umzusetzen. Wahrscheinlich müssen Sie vieles ändern.

Die einzelnen Grundsätze sind zunächst für Selbständige erklärt; anschließend finden Sie den Transfer für jede Form von Job.

Erster Positionierungs-Grundsatz: Nicht besser, sondern anders sein

Wenn ich Seminarteilnehmer frage: »Warum soll ich bei Ihnen kaufen bzw. zu Ihnen kommen?«, so höre ich besonders oft: »Weil ich der Beste bin.« Und schon habe ich einen der schlimmsten Fehler entlarvt, den man im Berufsleben machen kann.

Um Missverständnisse zu vermeiden: Natürlich bin ich ein Freund von Qualität. Wer keine saubere Arbeit leistet, ist sehr bald weg vom Fenster. Aber Qualität ist nicht geeignet, um damit Werbung zu machen. Dafür gibt es zwei Gründe:

***Erstens** behaupten heute fast alle Unternehmen, die Besten zu sein.* Die meisten lügen. Ein neuer Kunde kann nicht unterscheiden, ob Sie nun die Wahrheit sagen oder nicht. Also geht er lieber zu dem Anbieter, der sich an den ersten Grundsatz hält: Nicht besser, sondern *anders.*

***Zweitens** erzielt man mit der Behauptung, der Beste zu sein, keine Aufmerksamkeit.* Dafür ist sie zu unspektakulär. Qualität ist etwas, das man *voraussetzt.* Der Kunde will wissen, was Sie von den anderen Anbietern *unterscheidet.* Die entscheidende Frage lautet: *Was bekommt der Kunde nur bei Ihnen und von keinem anderen?*

Was halten Sie von einem Restaurant, das damit wirbt, das beste Essen zu kochen? Wäre es Ihnen nicht lieber zu wissen: In dem Restaurant XY bekomme ich indische Gerichte, die zum Teil sehr scharf sind. Wenn Sie so etwas mögen, dann gehen Sie dahin.

Der gleiche Grundsatz gilt für jeden Job: Finden Sie einen Weg, anders zu sein. *Wenn Sie tun, was alle tun, dann sind Sie so wertvoll wie Sand in der Wüste.* Da nützt es Ihnen ziemlich wenig, wenn Sie den »besten« Sand haben.

Hier kann das Kapitel 6 eine große Hilfe sein. Erinnern Sie sich an die Schnittmengen? Ihre persönlichen Schnittmengen der Dinge, die Ihnen wilden Spaß machen, und die Ihrer wichtigsten Fähigkeiten sind Ihr Wegweiser zum »Anders-sein«. Wenn Sie diese Schnittmengen zugrunde legen, ist die Wahrscheinlichkeit sehr hoch, dass Sie etwas ziemlich »anderes« tun als andere Menschen, die einen ähnlichen Job machen.

Ich habe in dieser Beziehung einen kindlichen Glauben: Es muss ein Sinn darin liegen, warum wir über gewisse Fähigkeiten verfügen und an unterschiedlichen Dingen Spaß haben. Wenn Sie diese Puzzle-Steine zusammensetzen, entsteht ein Bild, das keinem anderen gleicht.

Der Schlüssel zu dem ersten Positionierungs-Grundsatz ist also die Erkenntnis Ihrer Einzigartigkeit.

Zweiter Positionierungs-Grundsatz: Es genügt nicht, exzellent zu sein, Sie müssen außergewöhnlich sein

Erinnern Sie sich an die Schule? Für die meisten von uns war es vollkommen in Ordnung, wenn wir einigermaßen gute Noten hatten. Außerdem hatten viele ein sehr schlechtes Vorbild ausgewählt: die Masse. Viele Jugendliche wollen nicht auffallen; darum ziehen sie sich ziemlich gleich an, und auch ihre Interessen ähneln sich. Als Erwachsene leben sie oft weiterhin nach diesen Grundsätzen. Ein verhängnisvoller Weg. Denn wer tut, was alle tun, der bekommt, was alle bekommen.

Nehmen Sie ein weiteres Beispiel: den Sport. Erinnern Sie sich an den Mann, der während der letzten Olympiade im Hundert-Meter-Lauf die Goldmedaille gewonnen hat? Wahrscheinlich: Maurice Greene.

Wissen Sie auch, wer den zweiten, dritten, vierten und fünften Platz erreicht hat? Nein? Warum nicht? Ist es nicht exzellent, wenn Sie während einer Olympiade einer der fünf schnellsten Männer der Welt sind? Stimmt, es ist exzellent – ABER: *Es interessiert keinen Menschen, wenn Sie exzellent sind. Wir interessieren uns nur für das Außergewöhnliche.* Gewinner glauben *nicht* an den Grundsatz »Dabei sein ist alles.«

Warum ist das so? Weil wir mit Informationen überfüttert werden. Eine durchschnittliche Familie sieht täglich circa 750 000 Bilder im Fernsehen; jeder von uns sieht 547 Werbungen pro Tag, über 200 000 im Jahr; in einem durchschnittlichen Supermarkt können Sie zwischen 12 000 Produkten wählen …

Denken Sie nun an die vielen Sportereignisse, die uns im Laufe eines Jahres präsentiert werden: Olympiade, Weltmeisterschaften, Champions League, Formel 1, Qualifikation zur Europameisterschaft, Bundesliga, Tennis, Golf … *Unser Gehirn musste lernen, zuerst die nor-*

malen und die unwichtigen Dinge auszublenden; dann alles, was nicht wirklich sensationell ist – wir würden sonst buchstäblich verrückt. Wir können nur noch auf die außergewöhnlichen Ereignisse achten.

Mittelmäßigkeit und selbst gute Leistungen sind kein Ersatz für das Außergewöhnliche. Der Gewinner, der Außergewöhnliche bekommt alles. Wer jetzt in die Gerechtigkeitsfalle tappt, fragt vielleicht: »Darf der Gewinner wirklich alles bekommen?« Die Antwort ist: »Ja!« Denn viele mittelmäßige Menschen ersetzen keinen Gewinner, der sich positioniert hat.

Wer will jemanden, der halb so gut ist wie George Clooney oder Pavarotti? Selbst wenn ein Zweitrangiger *gratis* arbeiten würde, wäre die Wirtschaftlichkeit erheblich schlechter als beim hoch bezahlten Topstar. Dessen Honorar mag für eine Einzelperson einen gewaltigen Betrag darstellen; aber die Kosten pro Konsument sind verschwindend gering. Wenn Sie auf sich aufmerksam machen wollen, müssen Sie also außergewöhnlich sein. Das heißt nicht, dass Sie eine Goldmedaille gewinnen müssen. Aber Sie müssen einen Weg finden, aus allen Mitbewerbern herauszuragen. Und das ist viel leichter, als Sie jetzt vielleicht denken; Sie müssen nur den nächsten Grundsatz umsetzen:

Dritter Positionierungs-Grundsatz: Der Erste sein

Möglicherweise sind Sie ein Star. Herzlichen Glückwunsch: Sie sind erfolgreicher als viele andere, und Sie ragen heraus. Aber sollten Sie kein Star sein, so können Sie trotzdem herausragen: *Dazu müssen Sie nicht besser sein als andere, sondern Sie brauchen nur der ERSTE auf Ihrem Gebiet zu sein.*

Erinnern Sie sich an den ersten Menschen, der mit einem Flugzeug den Atlantik überquerte? Charles Lindbergh. Und wer war der zweite? Bert Hickler – er war nur einige Wochen nach Lindbergh geflogen und dabei fast drei Stunden schneller – also besser! Aber das interessiert keinen Menschen (außer die Einwohner einer kleinen Stadt in Australien, wo er geboren wurde). Wer kletterte als Erster auf den Mount Everest? Sir Hillary. Wer war der Zweite? Kaum einer weiß das.

Wer hat als erster Mensch den Mond betreten? Neil Armstrong. Den zweiten kennen wiederum die wenigsten; und das, obwohl er der Kommandant von Apollo 11 war. Sie sehen wieder: Es zählt nicht, wer der Bessere ist oder wer das Kommando hat. Übrigens: Ein dritter Mann ist die ganze Strecke mitgeflogen, hat aber den Mond nie betreten, weil er in der Rakete bleiben musste. Kennen Sie den? Ein Komiker sagte: »Der hätte eigentlich gleich zu Hause bleiben können ...«

Überlegen Sie, in welcher Nische Ihrer Branche Sie der Erste sein können. Dabei gilt folgender Grundsatz: *Je kleiner die Nische, desto leichter ist es, der Erste zu sein.* Schon Julius Caesar wusste: »Es ist besser, der Erste in einem Dorf zu sein als der Zweite in der Stadt.« Frei übersetzt: Es ist besser, der Erste in einer kleinen Nische zu sein als einer von vielen in einer ganzen Branche. Andrew Carnegie sagte: »Der Erste bekommt die Perle; der Zweite bekommt nur die Muschel.«

Was aber können Sie tun, wenn alle Nischen in Ihrer Branche bereits besetzt sind – wie können Sie dann Erster sein? Indem Sie den vierten Grundsatz anwenden:

Vierter Grundsatz: Wenn Sie nicht Erster sein können, erfinden Sie eine neue Positionierungs-Kategorie

Erinnern Sie sich an den ersten Flug über den Atlantik? Und dass kaum jemand weiß, wer der Zweite war, der ihn überquerte? Dabei ist interessant, dass der dritte Mensch wieder gut bekannt ist: Emely Earheart. Sie war nämlich die erste Frau, der dies gelungen ist. Sie war also in ihrer Kategorie die Erste.

Das Gleiche gilt für Reinhold Messner. Er war nicht der Erste, der den Mount Everest bestiegen hat – und auch nicht einer der ersten zehn. Also gründete er eine neue Kategorie: Er ist der erste Mensch, der den höchsten Gipfel ohne Sauerstoff-Gerät erreichte. Und er ist der Erste, der alle Achttausender bestieg. Und er ist der erste Europäer, der Managern erklärt, was sie vom Bergsteigen lernen können. (Sie sehen, wenn man es einmal verinnerlicht hat …)

Zugegeben: Der erste Grundsatz ist wesentlich leichter umzusetzen als der dritte und vierte. Sie müssen wahrscheinlich lange nachdenken, um ein Gebiet zu finden, in dem Sie der Erste sind. Wenn es Ihnen aber gelingt, dann verdienen Sie Millionen – pro Jahr.

Mein Vorschlag lautet darum: Überlegen Sie zunächst, wie Sie Ihre Eigenart und Ihre Fähigkeiten und das, was Ihnen Spaß macht, so einsetzen, dass Sie *anders* sind als alle anderen. Begnügen Sie sich aber nicht damit – überlegen Sie weiter: Wo können Sie eine neue Kategorie aufmachen? Die meisten Menschen denken einige Stunden darüber nach und geben dann auf. Ich glaube: Es gelingt nicht deshalb so wenigen, eine Nische zu besetzen, weil es so schwer ist, sondern weil kaum jemand bereit ist, sich mehrere Jahre darüber den Kopf zu zerbrechen.

Angenommen, Sie machen es sich zur Gewohnheit, täglich nur fünfzehn Minuten darüber nachzudenken, worin Sie der Erste sein könnten, und Ihre Überlegungen aufzuschreiben – wahrscheinlich werden Sie etwas finden. Mir jedenfalls fallen Dutzende Kategorien ein, die in Deutschland noch nicht besetzt sind. Alles großartige Gelegenheiten.

Fünfter Positionierungs-Grundsatz: Besser spitz statt breit

Als der Düsseldorfer Flughafen brannte, soll sich Folgendes ereignet haben: Dutzende Personen waren im Erdgeschoss in einem großen Raum eingeschlossen. Sie versuchten eine große Scheibe zu zertrümmern, um ins Freie zu gelangen. Einige starke Männer ergriffen einen großen Tisch und rannten damit gegen die Scheibe. Die Tischplatte donnerte immer wieder gegen die Glasscheibe, aber die gab nicht nach. Panik entstand.

In diesem Moment fuhr ein Mann in seinem Auto an der Scheibe entlang. Er erkannte die Situation. Er hielt an, riss das Radkreuz aus dem Kofferraum und lief zur Scheibe. Dann holte er mit dem Kreuz einmal aus: Als die Spitze auf die Glaswand traf, zersprang sie in tausend Stücke.

Die Lehre lautet: Versuchen Sie nicht, breit in den Markt zu dringen. *Je größer das Angebot ist, mit dem Sie werben, umso schwieriger ist es, Aufmerksamkeit zu bekommen.* Zu viele Firmen werben mit zu vielen Dingen. Ihr Angebot ist zu breit. Sie machen es ihren Kunden unnötig schwer. Stellen Sie sich vor, Sie springen von einem Sprungbrett ins Wasser. Da ist der »Bauchplatscher« sicherlich nicht die eleganteste Methode.

Je »spitzer« Sie eintauchen, umso besser. *Je enger Sie Ihr Geschäftsfeld definieren, desto schneller wächst Ihr Marktanteil.* Je breiter Sie sich hingegen präsentieren, umso weniger erreichen Sie. Da nützt dann auch rohe Gewalt wenig. Einen Nagel können Sie wesentlich leichter in ein Brett schlagen als einen dicken Stein. Und das, obwohl der Stein die wesentlich größere Durchschlagskraft hat.

Legen Sie Ihre Marketing-Strategie spitz an

Machen Sie darum möglichst nur mit einem einzigen Produkt oder einer einzigen Fähigkeit auf sich aufmerksam. Haben Sie einen Kunden erst einmal gewonnen, können Sie selbstverständlich mehr anbieten. In Marketing-Begriffe übersetzt heißt das: *Bewerben Sie den kalten Markt (wo man Sie nicht kennt) spitz; bieten Sie Ihrem warmen Markt (Ihrem Kundenstamm) aber alles, was zu Ihrer Positionierung passt.*

Ich habe vielen Experten die Frage gestellt: »Kennen Sie eine Firma, die mit einem breiten Produktangebot sehr schnell groß geworden ist?« Niemand konnte mir bisher ein Beispiel nennen. Immer war es ein einziges Produkt oder maximal eine einzige Produktkategorie, die das schnelle Wachstum ermöglichte. Erst später – nachdem sie groß geworden waren, haben sie diversifiziert. Ob das dann klug war, sei dahingestellt. Jedenfalls war das Wachstum dann meist gebremst.

Aber der entscheidende Punkt ist: *Wenn Sie »klein« sind und schnell wachsen wollen, müssen Sie spitz in den Markt eindringen – sonst kommen Sie gar nicht hinein.*

Ein Tipp: Meist ist es auch für Ihren warmen Markt besser, spitz zu bleiben. Denn auch für Ihre Kunden gilt der Grundsatz: *Man nimmt niemandem ab, dass er ein Experte in vielen Gebieten ist.* Je spitzer Sie bleiben, umso glaubwürdiger sind Sie. Und je glaubwürdiger Sie sind, umso erfolgreicher sind Sie.

Wer zu viel kann, wird unglaubwürdig

Was heißt das für Ihren Job? Die Antwort: Bringen Sie die Sprache auf eine einzige Fähigkeit; machen Sie nur auf ein einziges Talent aufmerksam. Sie vergeben sich damit nichts. Im Gegenteil: Sie gewinnen viel. Niemand glaubt, dass Sie auf mehreren Gebieten richtig gut sein können. Selbst wenn Sie es sind.

Menschen mit vielen Fähigkeiten haben es darum in diesem Punkt schwer. Sie müssen sich für ein Talent entscheiden. Denken Sie an Michael Schumacher: Er war sehr gut im Tischtennis, im Fußball und in vielen anderen Sportarten. Wo stünde er heute, wenn er sich nicht auf einen spitzen Bereich spezialisiert hätte? Er wäre sicherlich in vielen Disziplinen exzellent – aber er wäre niemals der geworden, der er heute ist: der herausragende Weltmeister und bestverdienende deutsche Sportler aller Zeiten.

Unterstellen wir, Sie können singen, tanzen, mit dem Computer arbeiten, Sie verstehen die Sprache der Tiere, Sie malen, tauchen, betreiben Freeclimbing, können großartig Buch führen, fehlerfrei rechtschreiben, vergessen nie einen Namen … Dann werden viele Sie bewundern (ich zum Beispiel – denn ich kann nichts davon). Aber wenn Sie all diese Fähigkeiten anbieten wollten, dann wäre das alles andere als spitz. Und wer Sie nicht kennt, würde Sie für einen Angeber halten.

Sie brauchen Mut zum Verzicht. Weniger ist mehr. Wenn Sie wirklich Karriere machen wollen, dann müssen Sie sich für ein Spezialgebiet entscheiden. *Es ist besser zu zielen als zu streuen.*

Sechster Positionierungs-Grundsatz: Wählen Sie ein Grundbedürfnis und kein besonderes Verfahren

Angenommen, Sie haben sich vor zwanzig Jahren auf Schallplatten konzentriert: Sie wissen alles über sie: wie man sie lagert, pflegt, wie man Plattenspieler repariert ... – was würde Ihnen das heute nutzen? Nichts. Schallplatten sind out. Hätten Sie dagegen auf das Bedürfnis gesetzt, Musik zu hören, dann wären Sie mit der Zeit gegangen. Ein anderes Beispiel ist der deutsche Neue Markt. Wer sich auf ihn spezialisiert hatte, der hatte nach seinem Zusammenbruch wenig zu lachen. Wer dagegen auf das Grundbedürfnis gesetzt hatte, Geld zu vermehren, der blieb im Geschäft.

Wir erleben immer wieder, dass ganze Branchen unmodern werden. Massenhaft verlieren Menschen ihre Arbeit. Und das gilt nicht nur für ungelernte Arbeiter; es trifft auch die Spezialisten.

Die Lehre lautet also: Spezialisierung unbedingt; aber nicht die Spezialisierung auf ein bestimmtes Verfahren, sondern auf ein Grundbedürfnis. Wählen Sie aus, worin Sie Experte sein wollen, und nutzen Sie dann *alle* technischen Möglichkeiten, die Ihnen zur Verfügung stehen.

So geben Sie Ihrem Kunden das Gefühl, nicht nur ein bestimmtes Produkt verkaufen zu wollen, sondern sein Bedürfnis mit den bestmöglichen Hilfsmitteln zu befriedigen. *Experten, die sich auf Grundbedürfnisse spezialisiert haben, wirken souveräner und sind unabhängig.*

Hier liegt einer der größten Vorteile eines Experten: *Er gibt dem Kunden das Gefühl, die Interessen des Kunden zu vertreten. Verkäufer vertreten dagegen meist die Interessen ihrer Firma.* Der Experte ist unabhängig und sucht das passende Produkt oder die passende Vorgehensweise für seinen Kunden. Natürlich wirkt sich das positiv für den Experten aus: Kunden rufen ihn an; Unternehmer müssen dagegen ihre Kunden akquirieren. Darum gilt: Je mehr ein Unternehmer auch Experte ist, umso eher kommen Kunden auf ihn zu.

Siebter Positionierungs-Grundsatz: Wählen Sie eine kleine Zielgruppe

Marlboro ist die erfolgreichste Zigarettenmarke aller Zeiten. Das hat sicherlich in erster Linie etwas mit der Werbung des Herstellers Philip Morris zu tun. Solange ich mich erinnern kann, wurde das Thema der Werbung nicht verändert. Sie kennen die Spots. Beantworten Sie sich doch bitte die Frage: Auf wen ist die Werbung eigentlich zugeschnitten?

Die Antwort: Auf *Cowboys!* Das sollte Sie nachdenklich machen. Denn: Wie viele Cowboys kennen Sie in Europa? Das ist schon eine extrem kleine »Zielgruppe«. Also sind aber die Cowboys nicht die Zielgruppe, sondern die extrem große Menge aller Raucher. Tatsächlich werden natürlich die Bedürfnisse nach Freiheit und Abenteuer in jedem Menschen angesprochen.

Die meisten wollen alles für alle sein. *Wer aber versucht, es allen recht zu machen, macht es schließlich keinem recht.* Es gibt den Trend: Halte deinen Kunden. Und das ist natürlich wichtig. Firmen unternehmen viele Anstrengungen, um ihre Kunden zufrieden zu stellen. *Bevor* Sie dies tun, sollten Sie sich aber eine entscheidende Frage stellen: *Wollen Sie den Kunden überhaupt?* Denn Sie werden nur dem Kunden auf Dauer guten Service bieten, den Sie respektieren und wirklich mögen.

Die entscheidende Regel für diesen Grundsatz lautet: *Bilden Sie Ihr Geschäft nicht um die Kunden, die Sie haben; sondern bilden Sie Ihr Geschäft in einer Weise aus, dass Sie die Kunden anziehen, die Sie gern haben möchten.*

Kunden können sich heute mehr denn je aussuchen, wo sie kaufen. Aber diese Freiheit funktioniert auch anders herum: Auch *Firmen können sich heute aussuchen, wen sie als Kunden haben wollen.* Wenn ich Unternehmer frage: »Wen hätten Sie gern als Kunden?«, so höre ich oft: »Jeden, der zahlen kann.« Bei allem Respekt: Das ist weder eine kleine noch eine genau definierte Zielgruppe.

Bei dieser »Zielgruppen-Bestimmung« wird sich kaum jemand persönlich angesprochen fühlen. Wer Kunden als Kühe sieht, die umso »besser« sind, je stärker man sie melken kann, wird kaum deren Bedürfnisse wirksam befriedigen können. Sie haben Ihr Unternehmen *nicht* gegründet, um alle Dinge für alle Leute zu tun, sondern um *einige* Dinge für *einige* Leute *ausgezeichnet* zu tun.

Es gibt zwei entscheidende Gründe, warum Sie Ihre Zielgruppe klein halten und genau bestimmen sollten:

Erstens wollen Kunden in ihrer Eigenart und ihren besonderen Bedürfnissen und Wünschen ernst genommen werden. »Einheitslösungen« gelten zunehmend als unseriös und werden abgelehnt. Sie können nur dann ein einzigartiges und konkurrenzloses Produkt schaffen, wenn Sie die Besonderheiten Ihrer Kunden kennen.

Zweitens können Sie Ihre Zielgruppe gar nicht bewerben, wenn Sie nicht sehr viel über sie wissen. Sie würden nur Ihr Geld zum Fenster rauswerfen. Es reicht auch nicht, dass Sie einiges wissen; Sie müssen so viel wie möglich wissen: Alter, Beruf, Familienstand, Hobbys, die TV-Sendungen, die sie sehen, und die Magazine, die sie lesen, wofür sie Geld ausgeben, ihre Vorbilder und Helden, Schulbildung, Interessen … eben so viel wie möglich.

Achter Positionierungs-Grundsatz: Lösen Sie für andere ein Problem

Fragen Sie sich: *Was ist das dringendste Problem meiner Zielgruppe?* Wie können Sie dieses Problem lösen? Wie können Sie wohl am besten herausfinden, was das dringendste Problem Ihrer Zielgruppe ist? Indem Sie Kontakt mit ihnen halten. Sprechen Sie immer wieder mit Ihren wichtigsten Kunden. Finden Sie heraus, was sie beschäftigt. Bieten Sie Lösungen an.

Angenommen, Sie müssten sich einer Herz-Operation unterziehen: Würden Sie die Operation von Ihrem Hausarzt durchführen lassen? Natürlich würden Sie den besten Herz-Spezialisten wählen. *Je größer Ihr Problem ist, desto stärker ist Ihr Wunsch, einen wirklichen Spezialisten zu finden.* Und desto größer ist Ihre Bereitschaft, viel zu bezahlen. Es lohnt sich also, als Spezialist Probleme zu lösen.

Lassen Sie zu, dass andere für Sie tun, was Sie für andere tun: Erlauben Sie anderen, Ihre eigenen Probleme zu lösen. Es gilt also: Suchen Sie nach geeigneten Kooperations-Partnern. *Sehr oft kann jemand anderes viel leichter und kostengünstiger ein Problem lösen, als es Ihnen möglich ist.* Warum? Weil der andere sich genau darauf spezialisiert hat.

Fragen Sie sich regelmäßig: *Wo ist mein Flaschenhals?* Wo ist mein Engpass? Und: Wer könnte diesen Engpass für mich beseitigen? Wenn Sie dagegen versuchen, alles alleine zu machen, so geht das auf Kosten Ihrer Positionierung. Sie wären dann vielleicht gut auf vielen Gebieten – aber auf keinem Gebiet wirklich herausragend. Es ist darum die logische Konsequenz der Positionierungs-Strategie, gewisse Aufgaben an andere Firmen zu delegieren und Partner zu suchen.

Wenn Sie nach Kooperations-Partnern suchen, so sollten diese nicht die gleichen Fähigkeiten haben wie Sie selbst. In einem solchen Fall können Sie kaum Synergien entwickeln. *Suchen Sie Partner, deren Fähigkeiten sich mit den Ihren ergänzen.* Vereinbaren Sie immer eine gewisse Probezeit, ehe Sie eine dauerhafte Bindung eingehen.

Neunter Positionierungs-Grundsatz: Reden Sie drüber

Haben Sie schon einmal ein Entenei gegessen? Wahrscheinlich nicht. Dabei sollen Enteneier größer, schmackhafter und reicher an Nährstoffen sein. Warum essen wir also die kleineren Hühnereier? Weil die Hühner ihre Eier besser »vermarkten«: Kaum hat ein Huhn ein Ei gelegt, fängt es an zu gackern und macht so auf sein Produkt aufmerksam.

Es genügt also nicht, dass Sie die ersten acht Grundsätze erfolgreich umsetzen; *Sie müssen auch andere auf sich aufmerksam machen.* Selbst wenn Sie der erste Mensch wären, der den Mars betritt – solange niemand davon erfährt, nützt es Ihnen nichts.

Wir müssen also den dritten und vierten Grundsatz ergänzen. Sie sollten nicht nur etwas als Erster tun, sondern auch der Erste sein, den die Öffentlichkeit damit in Verbindung bringt. Denken Sie an die

Wikinger; sie waren lange vor Kolumbus in Amerika. Trotzdem wird Kolumbus als Entdecker Amerikas gefeiert.

Es bleibt Ihnen also gar nichts anderes übrig, als sich in der Öffentlichkeit als Experte zu präsentieren. Sie können dafür außergewöhnliche Dinge tun oder ein Buch schreiben (»Autor« hat denselben Wortstamm wie »Autorität«); Sie können Fachartikel verfassen oder zum Fernsehen gehen. Sie können Vorträge halten oder Auszeichnungen gewinnen. Aber Sie müssen an die Öffentlichkeit.

Hüten Sie sich vor der Denkfalle, lediglich im Kreise von anderen Experten bekannt sein zu wollen. Das ist erstens ein langer, mühseliger Weg – ein Experte gönnt oft dem anderen den Erfolg nicht. Zum anderen aber sind andere Experten nun mal nicht der Maßstab.

Auf die Öffentlichkeit kommt es an. *Allein Ihre Bekanntheit entscheidet über die wirtschaftliche Verwertbarkeit Ihrer Positionierung.* Da spielt es keine Rolle, was die so genannten Fachleute sagen. Selbst wenn diese schlecht über einen bekannten Experten reden oder schreiben, so wird das nur seine Bekanntheit fördern … und so wird er noch mehr verdienen.

Über Ihre Spezialität zu reden muss übrigens nicht mit seelischem Exibitionismus gleichzusetzen sein. Es gibt viele Arten, auf sich aufmerksam zu machen. Dafür müssen Sie weder den Clown spielen noch Ihr Privatleben offen legen. Denken Sie zum Beispiel an Roland Berger, Consultant Nummer eins in Deutschland. Fast jeder kennt ihn, obwohl er sich nur alle paar Wochen zu seinem Fachgebiet äußert.

Zehnter Positionierungs-Grundsatz: Bestimmen Sie den Preis

Wenn Ihre Firma anders ist und einen Vorteil bietet, den der Kunde nirgendwo sonst bekommen kann, dann können Sie den Preis festlegen. Wenn Sie sich nicht unterscheiden, legt die Konkurrenz den Preis fest. Das Gleiche gilt für Angestellte: *Wenn Sie etwas können, das kein anderer kann, bestimmen Sie Ihren Verdienst. Wenn viele das Gleiche können, bestimmt die Firma das Gehalt.*

Anders ausgedrückt: Entweder Sie unterscheiden sich durch das Anders-Sein, oder Sie müssen an einem gnadenlosen Preis-Wettbewerb teilnehmen. Wenn Konkurrenten um Kunden kämpfen, indem sie sich gegenseitig im Preis unterbieten, werden sie keine ausreichenden Gewinnmargen erzielen. Sie müssen ihre Produkte bzw. ihre Arbeitskraft weit unter Wert verkaufen. Für Experten gilt dagegen: *Die Menschen bitten sie geradezu, ihr Geld zu nehmen.*

Was tun Sie mit diesen Grundsätzen?

Wie reagieren Sie auf diese zehn Positionierungs-Grundsätze? Natürlich können Sie sagen: »Das kann ich auf meine Situation nicht anwenden.« Das wäre schade. Denn ich würde wetten, dass irgendjemand auf dieser Welt in einer ähnlichen Lage war wie Sie, mit ähnlichen Fähigkeiten ... und zu einem reichen Experten geworden ist.

Der Unterschied liegt nicht in der jeweiligen Situation. Der Unterschied liegt allein darin, was Sie aus Ihrer Situation machen. Vieles auf dieser Welt können wir nicht ändern. Aber unser Leben, das können wir jederzeit ändern – Sie und ich. Die Grundsätze der Positionierung können dazu ein ausgezeichneter Wegweiser sein.

Es ist klüger, das Boot zu flicken als den See trockenzulegen. Soll heißen: *Konzentrieren Sie sich auf das, was in Ihrer Macht steht.* Jammern Sie nicht über die Umstände. Wenn Sie Arzt sind, dann warten Sie nicht darauf, dass sich die Gesetze ändern, sondern positionieren Sie sich als Experte.

Nur wenige von uns werden in der Lage sein, den Markt umzukrempeln. Darum mein Rat: Versuchen Sie gar nicht erst, andere Menschen zu überzeugen oder sie gar zu ändern. Dafür benötigen Sie zu viel Energie und Zeit – und Sie kämpfen wie Don Quijote gegen Windmühlen. Konzentrieren Sie sich auf das, was Sie tun können. Fokussieren Sie sich auf diejenigen, die genau das suchen, was Sie anzubieten haben. Versuchen Sie nicht, Menschen und die Welt zu ändern, ändern Sie lieber Ihre Position und Ihre Marketing-Methoden.

Jeder kann es, aber ...

Die genannten Grundsätze kann jeder umsetzen. Jeder! Aber ... vielleicht dauert es bei dem einen etwas länger als beim anderen. Vielleicht ist auch etwas mehr Mühe erforderlich, und wahrscheinlich erzielen wir nicht alle die gleichen Ergebnisse. Aber es wird sich für jeden lohnen. Anstatt auf bessere Bedingungen zu warten, sollten Sie anfangen. Malen Sie mit den Farben, die das Leben Ihnen zugeteilt hat. Aber malen Sie gut!

Keine zwei Menschen haben die gleichen Voraussetzungen. Aber mit Zeit und Ausdauer können wir oftmals einiges von dem erreichen, was andere geschafft haben. So kann zum Beispiel nicht jeder in der Schule mit den Besten mithalten. Aber ein langjähriges Experiment hat Folgendes bewiesen: *Wenn man Schüler, die durch eine Prüfung gefallen sind, nach drei Jahren erneut prüft, so bestehen fast 100 Prozent.* Das gilt auch für sehr schwere Prüfungen, die vorher nur wenige, sehr gute Schüler bestanden haben.

Oft ist es also nur eine Frage der Zeit. Einige Menschen sind durch unterschiedliche Faktoren etwas früher in der Lage, gewisse Dinge zu tun, als andere. Das ist nichts Schlimmes. Denn was sind schon drei Jahre im Laufe eines Lebens? *Schlimm ist aber, wenn jemand den Mut verliert und sich einredet, er könne niemals erfolgreich sein.* Auf jeden von uns warten Chancen: Alle Experten von morgen sind heute noch unbekannt.

Sie brauchen also Ausdauer und Mut: Jeder hat ein Talent. Selten aber hat jemand den Mut, dem Talent an all die dunklen Orte zu folgen, zu denen es uns führt. Oftmals ist es zum Beispiel leichter zu behaupten: »Ich habe keine Talente«, als Risiken einzugehen, schwere Entscheidungen zu treffen und seine Talente auszubilden.

So trainieren und üben Spitzensportler jeden Tag vier bis sechs Stunden. Kein Wunder, dass sie immer besser werden und viel verdienen. Das ist nicht ungerecht, sondern entspricht den neuen Regeln.

Fragen Sie sich: Wie viele Stunden trainieren Sie pro Tag? Aber Achtung: Ich frage nicht, wie lange Sie Ihre Tätigkeit *ausüben*, sondern wie lange Sie für Ihre Tätigkeit *trainieren*.

Was können Angestellte tun, um sich zu positionieren?

Womit sollten Sie beginnen? Was können Sie tun, wenn Sie keine gute Idee haben, wie Sie sich als Experte positionieren? Zunächst sollten Sie zwischen zwei Möglichkeiten wählen: Wollen Sie Angestellter bleiben, oder wollen Sie sich selbständig machen?

Angenommen, Sie entscheiden sich, angestellt zu bleiben. Auch dann können und sollten Sie sich positionieren. Überlegen Sie, wie Sie anders sein können – statt besser. Wie können Sie herausragen? *Sie können sich mehr und mehr spezialisieren und dabei Ihre Fähigkeiten und Talente fördern und ausbauen.* Sie können Sorge tragen, dass Sie damit ein Grundbedürfnis befriedigen. Achten Sie darauf, dass Sie in einer Firma arbeiten, die sich klug positioniert: die eine kleine Zielgruppe anspricht, die ein dringendes Problem dieser Zielgruppe löst und die irgendwo die Erste ist. In einer Firma, die vieles richtig macht, können Sie leichter aufsteigen und viel lernen.

Spezialisieren Sie sich darauf, ein bestimmtes Problem innerhalb der Firma zu lösen. Lernen Sie, auf sich aufmerksam zu machen, ohne arrogant oder angeberisch zu wirken. Schreiben Sie zum Beispiel in der Firmen-Zeitung regelmäßig einen Artikel.

Für Selbständige gilt: Warten Sie nicht, bis Sie die perfekte Strategie gefunden haben

Wenn Sie selbständig sind oder sich selbständig machen wollen, so brauchen Sie eine zündende Idee. Kennen Sie den Unterschied zwischen einer Strategie und einer Technik? Techniken sind gewisse

Vorgehensweisen; die Strategie ist der Plan dahinter, das große Bild. Techniken kann jeder ziemlich schnell einsetzen; Strategien sind dagegen schwerer zu finden.

Was, glauben Sie, ist wichtiger: eine gute Strategie oder eine gute Technik? Die meisten Menschen antworten: Die Strategie ist wichtiger. Meine Antwort: Stimmt, ABER … die wenigsten von uns haben von Anfang an eine fantastische Gewinnerstrategie.

Wer absolut auf eine Strategie vertraut, der wird eine Technik nach der anderen ausprobieren, um die Strategie erfolgreich umzusetzen. Möglicherweise funktioniert die Strategie aber gar nicht. Was dann? Sie hätten dann viel Zeit verloren und müssen von vorn anfangen. Wenn Sie sich dagegen *nicht endgültig* auf eine Strategie festgelegt haben, so sind Sie flexibler und können leichter umdenken.

Einige der besten Strategien sind entstanden, weil jemand entweder bereit war, eine nicht erfolgreiche Strategie auszutauschen; oder weil er zunächst einfach begann und mehrere Techniken ausprobierte – bis er schließlich eine Gewinnerstrategie fand. Im Folgenden einige lehrreiche Beispiele für beides:

- Ein junger Mann hörte davon, dass die Goldsucher in Massen nach Kalifornien aufbrachen. Er überlegte sich, dass diese vielen Menschen sehr gut Zelte gebrauchen könnten. Also setzte er sein ganzes Geld ein, um Zeltplanen zu kaufen, und fuhr viele hundert Kilometer nach Kalifornien.

  Dort angekommen, stellte er fest, dass schon vor ihm jemand dieselbe Idee gehabt hatte. Die ganze Gegend war gut mit Zelten versorgt. Was tun? Er suchte nach einer neuen Strategie und beobachtete die Goldsucher. Bald fiel ihm auf, dass sie ständig auf den Knien herumrutschten und sich ihre Hosen durchscheuerten. Die Stoffe waren zu dünn. So kam er auf den Gedanken, aus seiner Zeltplane Hosen für die Goldsucher zu fertigen. Die Levis-Jeans waren erfunden. Der Rest ist Geschichte.
- Ein Mann hatte eine Idee: Er fasste alle großen Klassiker der Weltliteratur in einem Buch zusammen; er nannte es »Kompakte Klassiker«. Eine tolle Idee; nur wollte sie leider keiner kaufen. Der Mann verlor viel Geld.

Einige Zeit später kam eine andere Person auf die Idee, die gleichen Zusammenfassungen in einem neuen Rahmen zu präsentieren: »Das Große Amerikanische Toiletten-Buch«. Er kaufte dem ersten Mann die Kurzfassungen für wenig Geld ab und verdiente viele Millionen.

- Walt Disney hatte gerade einen Prozess verloren: Die Rechte für die Comic-Figur »Oswald der Hase« gingen an einen Konkurrenten, mit dem er um den Hasen gestritten hatte. Als er auf der Heimreise im Zug eine Maus beobachtete, kam er auf den Gedanken, das Gleiche mit einem anderen Tier zu versuchen: Micky Mouse war entstanden. Was wäre wohl geschehen, wenn Disney lange getrauert und mit seinem Schicksal gehadert hätte?
- Eine Frau verdiente einige Millionen mit dem Buch: »Alles, was Männer über Frauen wissen«. Das Buch wurde ihr von Frauen buchstäblich gleich zu Dutzenden aus den Händen gerissen. Die besondere Idee: Das Buch hatte lediglich 96 Seiten – auf denen NICHTS stand.
- Eine pharmazeutische Firma arbeitete an der Erfindung eines Allheilmittels gegen Grippe. Es sollte Menschen, die daran erkrankt waren, in die Lage versetzen, trotzdem normal weiterzuarbeiten. Endlich hatte man die Mixtur zusammen: Das Fieber legte sich, ebenso der Husten, die Nase war frei, die Kopf- und Gliederschmerzen verschwanden. Allerdings hatte das Mittel eine »kleine« Nebenwirkung: Wenn man es einnahm, konnte man sich nicht wach halten. Man schlief tief und fest. Die Lösung war natürlich eine neue Strategie: Die Firma machte daraus eine Medizin für die Nacht. Wick Medi Night wurde ein Verkaufsschlager. Übrigens soll auch Viagra so entstanden sein. Forscher experimentierten an einem Herz-Kreislauf-Mittel und beobachteten interessante Nebenwirkungen…
- Im Labor von 3M sollte ein Allround-Klebstoff entwickelt werden. Dabei entstand dann aber ein Kleber, der nie trocknete. Ziel verfehlt. Schließlich änderte ein ideenreicher Mann die Strategie: Er strich den Klebstoff auf ein kleines Stück Papier. Die gelben Post-it-Zettel waren erfunden.

Vielleicht sagen Sie: »Schöne Geschichten. Aber was kann ich daraus lernen?« Die Antwort: Lernen Sie, Ideen zu entwickeln. Noch bevor Sie sich als Experte positionieren, müssen Sie lernen, Experte im Finden von Ideen zu werden.

Wie entstehen Ideen?

Viele Menschen glauben, dass sie einfach keine guten Ideen entwickeln können. Ich glaube, ihnen fehlt nur die Übung darin. Es ist ein Mythos anzunehmen, einige von uns seien von Geburt an mit der Gabe gesegnet, ständig geniale Ideen zu produzieren. *In Wahrheit ist das Ideen-Finden lediglich harte Arbeit.* Für viele ist es einfach bequemer zu sagen: »Mir fallen keine genialen Dinge ein …« – so brauchen sie sich nicht die Mühe zu machen und haben eine Entschuldigung.

Um eine Idee zu entwickeln, müssen Sie meist vier Stadien durchlaufen – und das geht in den wenigsten Fällen schnell. Oft dauert es sogar ziemlich lange. Selbst die genialsten Erfinder haben oft viele Jahre benötigt, um eine bahnbrechende Erfindung zu machen. Sie haben Hunderte von Versuchen gemacht. Das war eher ein zähes Ringen als ein »Geistesblitz«. Die vier Stadien lauten:

1. **Vorbereitung.** Sie benennen ein Problem, das Sie lösen wollen. Dazu sammeln Sie so viel Information wie möglich. Sie notieren Daten und befragen andere Menschen. Ihr Gehirn beginnt immer intensiver nach Lösungen zu suchen.
2. **Vergleichen**. Überlegen Sie, welche Ideen anderer Leute Sie adaptieren können. Paul Simon verriet, was ihn zu seinem berühmten Lied »Bridge over Troubled Water« inspirierte: »Ich habe zwei Melodien im Kopf gehabt. Einen Choral von Bach und einen Gospel von Swan Silvertones – und die habe ich zusammengefügt.« Dale Carnegie sagte, wie sein Buch »Wie man Freunde gewinnt« zustande kam: »Die Ideen in diesem Buch sind nicht meine eigenen. Ich habe sie von Sokrates, Chesterfield und Jesus geklaut – und sie dann in einem Buch zusammengefasst.« Dieses Buch ist rund 40 Millionen Mal gekauft worden.

3. **Ausbrüten.** Ihr Gehirn befasst sich Tag und Nacht mit dem Problem. Sie vergleichen Lösungen; Sie tauschen Teile von Lösungen aus; Sie bestimmen Teilergebnisse und notieren sie. Langsam, ganz langsam beginnt sich ein Bild zu formen.
4. **Erleuchtung.** Plötzlich taucht eine Idee auf – wie aus dem Nichts. Das kann bei einem Spaziergang oder während eines Nickerchens geschehen. Wenn Sie ein Profi im Ideen-Finden geworden sind, so haben Sie immer ein Stück Papier bei sich, um die Idee sofort zu notieren.

Leichte Veränderungen

Oftmals müssen Sie nur etwas zum bereits Bestehenden hinzufügen. Manchmal handelt es sich nur um marginale Veränderungen – die aber Großes bewirken. So haben die Gebrüder Wright ihr Flugzeug im Wesentlichen von anderen Erfindern »übernommen«. Deren Konstruktionen konnten allerdings zunächst nicht fliegen. Die Wrights fanden schließlich heraus, dass dies an den Flügeln lag. Letztlich brachten sie an den Flügelenden lediglich auf besondere Weise geformte Klappen an. Das Flugzeug konnte fliegen, und die Gebrüder Wright wurden unsterblich (und sehr vermögend).

Für Sie als Ideen-Finder gilt das Gleiche wie für einen Entwickler: *Finden Sie heraus, was allgemein bekannt ist, und konzentrieren Sie sich auf den nächsten Schritt.* Vergeuden Sie keine Zeit damit, etwas zu erfinden, was es längst gibt. Suchen Sie nicht nach Wegen, die längst entdeckt sind. Eine von William J. Broad durchgeführte Studie belegt, dass 73 Prozent aller Patente auf öffentlich zugänglichem Wissen basieren.

Bevor Alexander Graham Bell das Telefon »erfand«, hatte ein gewisser Johann Philipp Reis entdeckt, wie man auf elektrischem Wege Musiktöne an ein Empfangsgerät leiten konnte. Allerdings gelang es ihm nicht, Sprache zu übertragen. Bell nutzte Reis‘ Entdeckung und fand schließlich heraus, dass er eine Schraube nur um eine Vierteldrehung stärker anziehen musste. So konnte er aus Wechselstrom

Gleichstrom erzeugen. Mit seiner Erfindung wurde Bell berühmt – und sehr reich.

Herr Reis fühlte sich um »seine« Erfindung betrogen und zog vor Gericht. Bis auf eine geringfügig stärker angezogene Schraube entsprach schließlich alles seiner Konstruktion. Das Gericht wies jedoch Reis' Klage zurück. Interessant ist ein Zitat aus der Urteilsbegründung:

»Der Unterschied zwischen beiden Systemen ist gleichbedeutend mit dem Unterschied zwischen Erfolg und Misserfolg. Hätte Reis nicht aufgegeben, hätte er vielleicht den Weg zum Erfolg gefunden; aber er gab auf und scheiterte. Bell nahm seine Arbeit und führte sie erfolgreich zu Ende.«

Napoleon Hill, der die reichsten Männer der Welt interviewte und deren Erfolgs-Prinzipien in seinem Buch »Denke nach und werde reich« zusammengefasst hat, schreibt: »Ein Habenichts ist ein Mensch, der glaubt, eine Idee sei nur dann gut für ihn, wenn sie von ihm selbst stammt.« Sam Walton, einst der reichste Mann Amerikas, behauptete: »Alle meine Ideen habe ich von der Konkurrenz geklaut und sie dann meinem System angepasst.«

Michelangelo sagte: »Wenn die Menschen wüssten, wie lange ich für meine Spitzenleistungen gearbeitet habe, würde es ihnen nicht mehr so wunderbar vorkommen.«

Power-Tipp

Werden Sie Experte darin, Ideen zu entwickeln.

- Notieren Sie das Problem, zu dem Sie eine Lösung finden wollen.
- Machen Sie es sich zur Gewohnheit, auf neue und interessante Ideen zu achten, die andere mit Erfolg angewendet haben.
- Die einfachste Art der Problemlösung ist, eine Idee von jemand anderem in abgewandelter Form zu übernehmen.

- Werden Sie zu einem Sammler von Ideen. Führen Sie ein Ideen-Journal.
- Gehen Sie dahin, wo die Besten auf Ihrem Gebiet sind, um sich Ideen abzuschauen: Wenn Sie Börsen-Makler sind, gehen Sie an die Wall Street; als Surfer nach Hawaii; als Uhrmacher in die Schweiz. Lernen Sie, indem Sie bei denen einen Job suchen, die es bereits können.
- Überlegen Sie, welche der folgenden Methoden Sie auf bestehende Ideen anwenden können:
  1. Können Sie einige Bestandteile einer Idee austauschen oder ersetzen?
  2. Können Sie etwas zusammenfügen (zum Beispiel zwei Ideen)?
  3. Können Sie etwas verändern und adaptieren?
  4. Können Sie eine Idee auf ein anderes Gebiet übertragen?
  5. Können Sie etwas umdrehen?
- Machen Sie es sich zur Gewohnheit, kurz vor dem Einschlafen an Ihr Problem zu denken. Sie beauftragen so gewissermaßen Ihr Unterbewusstsein, sich mit der Lösung zu befassen – während Sie schlafen.
- Tragen Sie immer ein Stück Papier bei sich.

Im letzten Teil dieses Kapitels finden Sie vier Beispiele aus unterschiedlichen Branchen.

Isabelle

Nachdem ich eine Immobilie auf Mallorca gekauft hatte, stand ich vor einem Problem: Ich hasse es, Möbel zu kaufen. Bis ein ganzes Haus endlich bewohnbar ist, können Monate vergehen. Grauenhaft. Zum Glück gab es für mein Problem eine Spezialistin: Isabelle.

Sie hatte mir ihre Dienste angeboten mit den Worten: »Sie haben wenig Zeit; es nervt Sie, sich um die Inneneinrichtung Ihres Hauses zu kümmern; Sie haben möglicherweise auch keine glückliche Hand beim Zusammenstellen der Möbel … (stimmt absolut). Ich mache das alles für Sie. *Sie brauchen nicht mehr als einen Tag zu investieren,* an dem wir anhand von Katalogen besprechen, wie Sie eingerichtet sein wollen: vom ersten Stuhl über die Vorhänge bis zum letzten Handtuch. *Sie zahlen bei mir weniger dafür als im Laden, und mein Service kostet Sie nichts.*«

Da war ich aber neugierig. Sie machte auch marketing-technisch alles richtig: Sie hatte eine Liste hervorragender Kunden, die bestätigten, dass ihr Service keinen Pfennig koste und ausgezeichnet sei. Ich schaute mir ein Haus an, das sie eingerichtet hatte: Toll.

Sie hielt ihr Versprechen. Ich investierte einen einzigen Tag; ich zahlte circa 10 Prozent weniger als in den entsprechenden Geschäften; sie baute erhebliche Teile des Hauses für mich um – das alles innerhalb von zehn Wochen. Und ich zahlte für ihre Arbeit nicht einen Euro.

Wie das für sie funktioniert? Sehr, sehr gut. Sie hatte ihr Möbelgeschäft aufgeben müssen, als sie schwanger geworden war. Da kam ihr eine Idee: Sie kauft für ihre Kunden die Einrichtung. Sie bezahlt nur den Einkaufspreis, weil sie direkt beim Hersteller kauft, und gibt die Ware für rund 10 Prozent unter dem Verkaufspreis an ihre Kunden weiter. Sie lebt von der Differenz. Und sie lebt sehr gut davon. Dafür organisiert sie für ihre Kunden einfach alles.

Sie tut, was sie liebt – einrichten und einkaufen. Sie kann sich ihre Zeit einteilen und sich um ihre Kinder kümmern. Was für eine wunderbare Lösung. Gleichen Sie einmal die zehn Grundsätze für eine gute Positionierung mit ihrer Geschäfts-Idee ab: Sie finden alle angewandt.

Isabelle hat kaum Kosten, kein Personal und verdient viele zehntausend Euro im Monat. Als junge Frau mit zwei kleinen Kindern! Rechnen Sie einmal: Für eine Hauseinrichtung kann man schnell hunderttausend Euro und mehr ausgeben. Davon hat sie ungefähr die Hälfte für sich …

Bow Wow

Das zweite Beispiel: Kennen Sie Lil Bow Wow? Vielleicht nicht, denn Sie gehören möglicherweise nicht zu seiner Zielgruppe. *Bow Wow ist siebzehn Jahre alt und verdient Millionen* (sein erstes Solo-Album wurde über zwei Millionen Mal verkauft). Warum? Er tut, was er liebt; er hat ein unglaubliches Selbstbewusstsein; er hat von den Top-Experten auf seinem Gebiet gelernt; und er ist ein begnadeter Positionierungs-Experte. Lesen Sie, was er über sich selbst sagt:

»Das Wichtigste: Du brauchst Selbstbewusstsein. Du musst dich was trauen, Mann. Und du musst etwas finden, mit dem du dich ausdrücken kannst. Bei mir war das Rap, schon seit ich sechs bin.

Als Snoop Doggy Dog dann in meiner Heimatstadt aufgetreten ist, bin ich einfach auf die Bühne gesprungen und hab mitgemacht. Ich trat dann ein paarmal mit ihm auf. Ich rappe über Dinge, die Kids in meinem Alter bewegen, verstehst du? Also Spiele, Schule, Ärger mit den Eltern. Snoop mochte das. Er sagte: Wir müssen deinen Namen ändern. Ab jetzt bist du Bow Wow … So ein cooler Name hilft ja, selbst Respekt zu bekommen.

Die Klappe aufzureißen hilft im Show-Geschäft. Das einzige Mal, als mir wirklich nichts Freches einfiel, war, als ich zum ersten Mal meinen Helden, Michael Jordan, traf. Aber da ich seit einigen Jahren mit Superstars rumhänge, gab sich das auch. Wir wollen jetzt sogar einen Film zusammen machen.«

Sie sehen, es ist immer dasselbe System:

1. Etwas finden, das wir lieben,
2. Selbstbewusstsein ausbauen,
3. die Nähe von Vorbildern suchen und von ihnen lernen
4. und sich dann positionieren …

Ob das jemand bewusst oder unbewusst macht – es führt zu Erfolg und einem hohen Einkommen.

Positionierung als Feuerwehrmann?

Das vorletzte Beispiel: Lassen Sie mich mit einer Frage beginnen. Glauben Sie, dass Sie sich auch als Feuerwehrmann positionieren könnten? Wahrscheinlich sehr schwierig?

Angenommen, Sie hätten eine Ölquelle auf Ihrem Grundstück, und die würde brennen. Wen würden Sie rufen, um sie zu löschen? Wenn ich diese Frage in einem Vortrag stelle, so antworten viele sofort: »Red Adair!« Erinnern Sie sich an den Irak-Krieg? Bevor Saddam Husseins Truppen Kuwait verließen, setzten sie unzählige Ölquellen in Brand. Man rief den bekanntesten Experten, der sich auf Ölfeuer spezialisiert hatte: eben Red Adair.

Der Mann verdient nicht schlecht. Er verdient es aber auch, viel zu verdienen. Die Gründe:

1. Er ist *anders* als alle anderen Feuerwehrleute.
2. Er ist *außergewöhnlich* – er ragt heraus (schon deshalb, weil er sich selbständig gemacht hat und seine Interessen verfolgt).
3. Er ist zwar nicht der erste Feuerwehrmann, aber *der Erste* in der neuen, von ihm gegründeten Kategorie »Ölfeuer«.
4. Sein Gebiet ist *sehr spitz* – es gehört viel Mut dazu zu sagen: »Ich bin für normale Feuer nicht zuständig; ich lösche nur Ölfeuer.« Auch hier gilt: Je höher das Risiko, desto größer der mögliche Gewinn.
5. Er befriedigt *ein Grundbedürfnis* und wählt dazu das jeweils bestmögliche Verfahren. Die Technik entwickelt sich weiter; und Red Adair kann immer wirkungsvollere Verfahren einsetzen.
6. *Seine Zielgruppe ist sehr klein* (Besitzer von Ölquellen, die brennen); dafür ist sie aber auch sehr liquide.
7. Er löst für sie ein *echtes Problem*; wenn das Öl brennt, dann gibt es nichts Dringlicheres.
8. Er ist bei seinen spektakulären Einsätzen *im Fernsehen* zu sehen. Er braucht also gar nicht über sich zu reden; andere tun das.
9. Und natürlich *bestimmt er seinen Preis* – und den akzeptieren seine Kunden sehr, sehr schnell ... (So ein Feuerchen verbrennt jede Minute ein Vermögen, da zahlt man dem Experten gern außergewöhnlich viel. Und man verhandelt auch nicht lange.)

Studieren Sie Menschen, die sich gut positioniert haben. Finden Sie deren Strategie heraus. Analysieren Sie erfolgreiche Unternehmer, Medienstars und Experten, von denen die Zeitungen regelmäßig berichten.

Suchen Sie sich Persönlichkeiten aus, mit denen Sie sich identifizieren können – und dann lassen Sie Ihre Denkfabrik arbeiten …

Der Versicherungs-Experte

Natürlich fällt der Transfer der zehn Positionierungs-Grundsätze nicht sofort leicht. Manche Branchen scheinen dafür einfach nicht geeignet zu sein. Aber lassen Sie sich nicht täuschen: *Es gibt immer einen Weg.* Auch in der Versicherungs-Branche, aus der das letzte Beispiel stammt.

Ist Ihnen schon einmal aufgefallen, wie viele »Versicherungs-Experten« in Wahrheit gar keine Experten sind? Anstatt sich immer neue Verkaufs-Strategien anzueignen, sollten sie besser über ihre Positionierung nachdenken. Denken Sie daran: Verkäufer müssen akquirieren; Experten *werden* angerufen.

Ein Positionierungs-Experte unterhielt sich mit einem Versicherungs-Verkäufer, der behauptete, keine besonderen Interessen oder Talente zu haben. Er sagte: »Ich bin ganz normaler Durchschnitt; an mir gibt es nichts Herausragendes.« Das machte es nicht leichter, eine Positionierung für ihn zu finden.

Der Experte ging mit ihm eine geistige Checkliste durch: Besondere Erfolge? Keine. Schlimme Katastrophen erlebt? Auch keine. Eine bestimmte Lebensvision? Nein. Außergewöhnliche Hobbys? Nein. Besondere Freunde oder Verwandte? Nein. Alle Menschen, die Sie kennen, sind vollkommen normal? Ja. Plötzlich sagte er: »Bis auf meine Tante, die ist blind.« Und er sagte es sehr emotional. Offensichtlich stand ihm seine Tante sehr nahe.

Der Experte hatte eine emotionale Tür geöffnet. Der Verkäufer berichtete lebhaft von den Sorgen und Problemen eines blinden

Menschen im Alltag. Besonders über eines ereiferte er sich: dass Blinde für viele Versicherungen einen höheren Beitrag zahlen müssen als Menschen, die sehen können. Versicherungen sprächen von einem Risikoaufschlag. Dabei sei doch statistisch klar belegt, dass Blinde weniger Unfälle hätten als andere Menschen. Eine schlimme Ungerechtigkeit.

Eine Idee entstand: Der Verkäufer sollte den Blinden helfen, sich möglichst fair und gut zu versichern. Er recherchierte und fand einige wenige Versicherungen, die bei Blinden nicht nur auf den Aufschlag verzichteten, sondern sogar einen Nachlass gewährten. Außerdem lernte er die besonderen Bedürfnisse und Schwierigkeiten blinder Menschen besser kennen.

Damit hatte er sich für eine Positionierung entschieden. Aber er war dadurch noch nicht zum Experten geworden. Sie erinnern sich: *Ein Experte versteht es, wirtschaftlichen Nutzen aus seiner Spezialisierung zu ziehen. Dazu muss er über seine Positionierung reden; er muss auf sich aufmerksam machen.* Allein die Bekanntheit in der Öffentlichkeit entscheidet über die Verwertbarkeit der Positionierung.

Wie sollte der Verkäufer die Blinden auf sich aufmerksam machen? Was lag näher, als sich an die Medien zu wenden, die sich an Blinde richten. Als er bei Redaktionen nachfragte, stellte er erstaunt fest: Man freute sich dort über einen neuen Autor. Es war gar nicht schwer, in dem entsprechenden Magazin eine Kolumne zu bekommen. So wurde er zu einem bekannten Versicherungs-Experten für Blinde. In seinem Gebiet hat er innerhalb weniger Jahre über zwanzigtausend blinde Menschen versichert.

Der Erfolg ist leicht nachzuvollziehen: Wenn Sie blind wären, würden Sie sich nicht auch von jemand versichern lassen, der Ihre Probleme kennt und sie optimal lösen kann – und dabei noch wesentlich preisgünstiger ist als die Mitbewerber? Natürlich hat er bei solch einer ausgezeichneten Positionierung sehr gut verdient. Und er hatte zum ersten Mal den Eindruck, etwas Sinnvolles zu tun. Er hatte wilden Spaß bei der Arbeit und einen hohen Grad von Befriedigung.

Der Leitfaden zu Ihrer Positionierung

Natürlich ist jeder von uns verschieden, und unsere Lebensumstände sind unterschiedlich. Dennoch gelten für uns alle bestimmte Grundsätze und Spielregeln, wenn wir mehr verdienen wollen und Erfüllung suchen.

1. Finden Sie heraus, was Ihnen Spaß macht, Ihren Talenten entspricht und Sie »besonders« und »anders« macht.
2. Erkennen Sie, was Sie motiviert, und wenn möglich entwickeln Sie eine Lebensvision.
3. Sollten Sie angestellt sein, so überlegen Sie: Wollen Sie sich als Angestellter positionieren oder sich selbständig machen? Beides ist möglich. Aber treffen Sie eine Entscheidung (die Sie alle paar Jahre überdenken sollten).
4. Berücksichtigen Sie die neuen Regeln (Kapitel 3) und die fünfzehn Grundsätze für ein höheres Einkommen (Kapitel 7). Finden Sie einen Weg, diese Richtlinien kontinuierlich zu wiederholen und sie so immer mehr zu einem festen Bestandteil Ihres Lebens zu machen.
5. Nehmen Sie sich täglich Zeit, um eine Positionierung zu finden. Orientieren Sie sich dabei an den zehn Grundsätzen.
6. Wenn Sie eine Positionierung haben, so arbeiten Sie täglich mindestens eine Stunde daran.

Power-Tipp

Arbeiten Sie *täglich* an Ihrer Positionierung.

- Blockieren Sie eine bestimmte Zeit, in der Sie nur über Ihre Positionierung nachdenken.
- Wenn Sie es wirklich ernst nehmen, dann verwenden Sie darauf täglich mindestens eine Stunde. Es wird die Stunde Ihres Tages sein, die Ihnen innerhalb von drei bis fünf Jahren das meiste Geld einbringt.

- Lesen Sie Marketing-Bücher. Mindestens eins pro Monat. Eine Liste der von mir empfohlenen Marketing-Bücher finden Sie kostenlos auf unserer Web-Site, *www.finwismedia.de*.
- Erstellen Sie sich eine Checkliste für erfolgreiches Marketing. (Gern übersenden wir Ihnen meine Marketing-Broschüre. Mehr über den Inhalt finden Sie im Anhang 3.)
- Lesen Sie Biografien erfolgreicher Menschen und studieren Sie Personen des öffentlichen Lebens. Analysieren Sie deren Positionierungs-Strategie. Überlegen Sie, was Sie davon auf Ihre Situation übertragen können.
- Denken Sie täglich über einen der zehn Positionierungs-Grundsätze aus diesem Kapitel nach.
- Arbeiten Sie an einem Fragen-Katalog, der Ihnen bei Ihren Überlegungen hilft und Ihnen schon durch die Fragestellungen viele neue Ideen beschert. (Gern schicken wir Ihnen den Katalog von siebzig Fragen, mit denen ich persönlich arbeite. Mehr dazu im Anhang 3.)
- Nehmen Sie sich mehrmals im Jahr einige Tage frei, um über Ihre Positionierung nachzudenken.
- Treffen Sie sich mit Experten für Marketing und Positionierung.

Nicht-spezialisierte Arbeiter sind austauschbar. Sie bilden das krasse Gegenteil zu Experten. Eine Firma sagt zu ihnen: »Hier ist ein Job für dich, und dafür gibt es nur so viel Geld; nimm ihn, oder lass es bleiben.«

Positionieren Sie sich dagegen als Experte, so liegt es an Ihnen, den Preis Ihrer Arbeit zu bestimmen. Im Informations-Zeitalter ist Spezialisierung entscheidend. Wenn Sie die Vorzüge unserer Zeit genießen wollen, so führt kein Weg daran vorbei, dass Sie Experte werden.

Im nächsten Kapitel lesen Sie über eine besondere Art von Experten: Unternehmer. Sie erfahren, welche Position ein Unternehmer beziehen und was er auf keinen Fall tun sollte. Natürlich kann jeder Unternehmer sein, ohne sich zu positionieren – aber das wäre nicht sehr effektiv …

10

Unternehmer statt Übernehmer

Der Verlust der kleinen Welt ist der Preis für die Eroberung der großen.
(Quelle unbekannt)

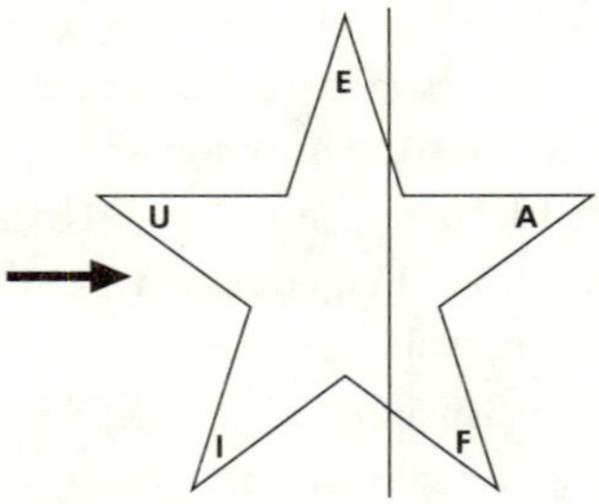

Unternehmer haben in den Augen vieler das beste Los gezogen. Sie haben die meisten Vorteile auf ihrer Seite. Niemand sonst hat ähnlich viel Macht und Einfluss, um sein Leben nach seinen eigenen Wünschen zu gestalten. Allerdings muss ich dieser Ansicht zwei Einschränkungen entgegenstellen:

Die erste Einschränkung: **Nicht jeder Mensch ist in der Lage, ein erfolgreicher Unternehmer zu werden.** Zwar wird von den Vertretern des »positiven Denkens« oft suggeriert: »Jeder kann alles lernen und erreichen.« Aber meine Erfahrung lehrt mich etwas anderes: Viele Menschen wären als Unternehmer absolut unglücklich und auch nicht sehr erfolgreich.

Denn als Unternehmer müssen Sie gewisse *charakterliche Eigenschaften* haben. Diese werden wir gleich besprechen. Anschließend erhalten Sie Tipps, welche *Aufgaben* ein Unternehmer erfüllen sollte. Die Aufgaben erfolgreich zu meistern können Sie lernen; *die charakterlichen Voraussetzungen aber sollten Sie zumindest zu einem guten Teil bereits besitzen.*

Mein Vorschlag: Lesen Sie dieses Kapitel besonders gründlich, wenn Sie bereits Unternehmer oder selbständiger Freiberufler sind oder mit dem Gedanken spielen, eine Firma zu gründen. Aber auch wenn Sie in einem Unternehmen angestellt sind, kann es Ihnen sehr beim Nachdenken über eigene Ziele helfen.

Die zweite Einschränkung lautet: **Die Vorteile eines Unternehmers können Sie natürlich nur genießen, wenn Sie auch wie ein erfolgreicher Unternehmer handeln.** Und genau das ist bei 99 Prozent aller Unternehmer nicht der Fall.

Viele Menschen, die sich Unternehmer nennen, sagen schlicht und einfach nicht die Wahrheit. Sie handeln eher wie Angestellte, Freiberufler oder Experten. Ich kenne einen Mann, der behauptet: »Ich bin selbständig; und wie man aus dem Wort ableiten kann, sollte ein Selbständiger ständig selbst arbeiten.« Was für ein Unsinn. Welch schlimme Folgen ergeben sich durch solch eine Einstellung.

Aber ich musste die Wahrheit erst mühsam lernen: Als ich meine erste Firma gründete, war es für mich selbstverständlich, dass ich dort härter arbeitete als irgendjemand sonst. Schließlich gehörte mir doch der Laden. Ich musste den Unterschied zwischen einem Unternehmer und einem *angestellten Unternehmer* erst erkennen. Lernen bedeutet, Unterscheidungen treffen zu können.

Jemand, der in seiner eigenen Firma arbeitet, ist ein angestellter Unternehmer. Zwar arbeitet er für seine eigene Firma – aber damit auch für den strengsten Arbeitgeber, den er finden kann: sich selbst. Nur so ist es zu erklären, dass die meisten Selbständigen länger und härter arbeiten als Angestellte.

In welchem Feld des Sterns sind Sie wirklich?

Sie müssen ein wichtige Entscheidung treffen: Wollen Sie wirklich Unternehmer sein – oder eher Angestellter? Denken Sie an unseren Stern: Die Unternehmer befinden sich auf der linken Seite, die Angestellten auf der rechten.

Wo sind Sie wirklich tätig?

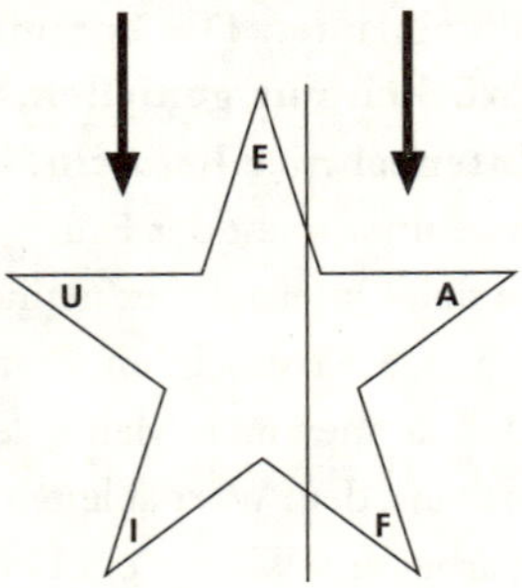

Die meisten »Unternehmer« sind in Wahrheit eher Angestellte, die versuchen, gleichzeitig unternehmerisch tätig zu sein. Das ist aber sehr schwierig, denn U's und A's trennt zu viel: ihre *Aufgabenstellung*, die *erwarteten Ergebnisse* und vor allem die *Art zu denken*. Die Lehre aus Kapitel 4 lautet: Sie können und sollten nicht versuchen, beides zu sein; Sie sollten wählen.

Nachdem Sie dieses Kapitel durchgelesen haben, werden Sie eine fundierte Entscheidung treffen können. Lassen Sie mich Ihnen vorab aber schon eines zu bedenken geben: Sollten Sie sich entschließen, Unternehmer und Angestellter in einer Person zu sein, so wird mit großer Sicherheit dreierlei passieren:

Erstens erfüllen Sie keine der beiden Aufgaben richtig. Zweitens erwarten angestellte Unternehmer viele, viele urlaubslose Jahre und durchgearbeitete Wochenenden. Drittens werden Sie wahrscheinlich nicht den Erfolg erleben, den Sie erzielen könnten. So erzeugen viele

Firmen gerade genug Gewinn, um überleben zu können: Willkommen im Hamsterrad.

Sie sollten als Unternehmer nicht *im* Unternehmen arbeiten, sondern *am* Unternehmen. Solange Sie *in* Ihrer Firma arbeiten, können Sie niemals so erfolgreich mit ihr sein, so viel verdienen und auch nie so viel Lebensqualität erhalten, wie wenn Sie *an* Ihrer Firma arbeiten.

Freiberufler

Freiberufler befinden sich vielfach in einem schlimmen Hamsterrad: Alles steht und fällt mit ihrer Person; sie sind das System und damit unersetzlich. Je erfolgreicher sie werden, umso größer wird das System; und da sie selbst das System sind, wird die Arbeitsbelastung immer größer.

Die Lösung ist einfach: Schaffen Sie ein System. *Werden Sie Unternehmer.* Stellen Sie Experten an. Erfolgreiche Unternehmer haben immer einen Trumpf im Ärmel: die Fähigkeit, sich zu duplizieren. Das heißt, sie schaffen sich ein System, das es anderen ermöglicht, gute Resultate zu erzielen. Dabei machen sie sich zum einen selbst entbehrlich, zum anderen können sie Zweigstellen eröffnen oder Franchise-Nehmer werden. *Wenn Sie sich mit Erfolg duplizieren, setzen Sie sich frei.* Sie sind dann frei zu tun, was Sie am besten können und am meisten mögen. Hier gilt aber auch: *Wenn das, was Sie am besten können und am meisten mögen, Ihrer Firma nicht wirklich hilft, sind Sie nicht im richtigen Geschäft.*

Aber zurück zum Schaffen von Systemen: Ein wirklich erfolgreiches System funktioniert ohne Sie. Vielleicht sagen Sie sofort: »Das geht in meinem Fall nicht!« Meine Meinung: Vielleicht ist es schwer, aber unmöglich ist es nicht. Es gibt genügend Beispiele von Freiberuflern wie Ärzten, Rechtsanwälten, Architekten …, denen es gelungen ist, Unternehmer zu werden.

Auch hier hilft der Blick auf den Stern. Fast alle Freiberufler arbeiten in ihrer eigenen Firma und erfüllen dort die Aufgaben von vier Feldern: Sie sind Angestellte, Freiberufler, Experten und Unternehmer in einer Person. Wir können sie »angestellte Freiberufler-Experten-Unternehmer-Allzweck-Arbeitskräfte« nennen. Kein Wunder, dass Freiberufler durchschnittlich viel früher sterben als Menschen der anderen Felder.

»Angestellte Freiberufler-Experten-Unternehmer-Allzweck-Arbeitskräfte«

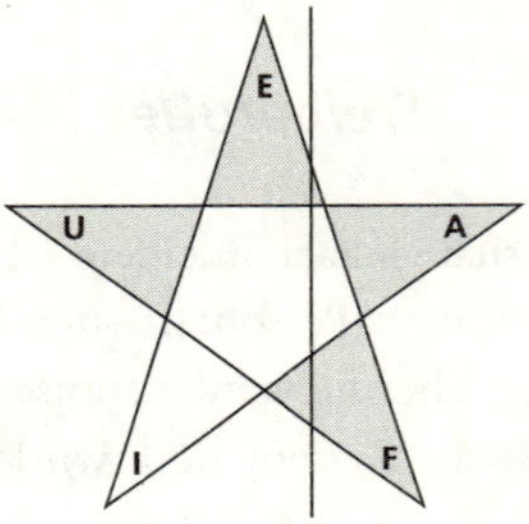

Bedenken Sie: *Solange Sie in Ihrer Firma kein System haben, das ohne Sie funktioniert, haben Sie keine Freiheit.* Denn wer kein System installieren kann, der muss das mit seiner Arbeitskraft wettmachen. Selbst das System zu sein entspricht nicht meiner Vorstellung von Spaß. Wenn Sie selbständiger Freiberufler sind, so sollten Sie ernsthaft erwägen, ob Sie als Unternehmer nicht mehr Lebensqualität hätten. Oder wenn Sie Dinge lieber allein erledigen, könnten Sie in Betracht ziehen, sich als Experte *anstellen* zu lassen. Dieses Kapitel wird Ihnen bei Ihrer Entscheidung helfen.

Die charakterlichen Eigenschaften

Nicht jeder Mensch ist auch ein guter Unternehmer; man kann lernen, die wichtigsten Aufgaben zu erkennen und sie auf die richtige Weise zu lösen. Aber gewisse charakterliche Eigenschaften sollten Sie mitbringen. Natürlich können Sie einige von ihnen entwickeln; andere aber wieder nicht oder nur unter großen Anstrengungen.

Um etwas trainieren zu können, muss es wenigstens in Ansätzen vorhanden sein.

Viel wichtiger aber ist: Meist macht es uns keinen Spaß, etwas mühsam zu erlernen, das nicht unserem Naturell entspricht und an dem wir wenig Freude haben. Prüfen Sie darum ernsthaft die folgenden zehn charakterlichen Voraussetzungen für Unternehmer:

1. Unternehmer gehen Risiken ein

Menschen, die auf der linken Seite des Sterns arbeiten, verfügen insbesondere über eine Eigenschaft: *Sie sind bereit, Risiken einzugehen.*

Das Interessante daran ist, dass es sich ihrer Meinung nach überhaupt nicht um besondere Risiken handelt; sie tun einfach nur das Naheliegende.

Sie und ich – wir waren einmal vier Jahre alt. Damals war es für uns normal, Risiken einzugehen, zu lernen, zu forschen; wir waren voll konzentriert; wir hatten Spaß; wir gaben nicht auf. Unternehmer haben sich diesen Zustand bewahrt – als den Normalzustand ihres Lebens. Fragen Sie sich also: Sind Risiken für Sie etwas Lästiges oder ein recht normaler Bestandteil Ihres Lebens?

Wer Risiken regelrecht scheut, sollte sich gründlich fragen, ob er dennoch Unternehmer werden will; falls ja, so muss er sich darauf gefasst machen, dass er sich des Öfteren sehr unwohl fühlen wird. Unternehmer müssen in der Lage sein, riskante Entscheidungen zu treffen. Sie können fast alles mit kleinen, wohl überlegten Schritten erreichen. Aber ein Unternehmen können Sie so nicht gründen, und große Veränderungen können Sie so auch nicht vornehmen; dafür brauchen Sie den Mut, einen großen Sprung zu wagen. Zwischen den anderen Feldern des Sterns und dem Unternehmertum liegt ein ziemlich breiter Graben – und den können Sie nicht mit mehreren kleinen Sprüngen überqueren.

Im Hinblick auf Entscheidungskraft beschreibt Tom Wolfe zwei Charaktere. Das Motto des einen lautet: »Achtung, feuern, zielen.«

Das Motto des anderen dagegen: »Achtung, zielen, zielen, zielen, zielen, zielen, zielen, zielen, zielen …«

Grundsätzlich kann ich aber nur jedem raten: *Werden Sie Schritt für Schritt etwas risikofreudiger.* Schon Publius Cornelius Tacitus wusste: »Das Bedürfnis nach Sicherheit steht jedem großen und edlen Unternehmen entgegen.« Spielen Sie nicht, um nicht zu verlieren; spielen Sie, um zu gewinnen. Die Wahl zwischen diesen beiden völlig unterschiedlichen Ansätzen entscheidet zwischen Armut und Reichtum, zwischen einem Leben voller Abenteuer und Schönheit und einem Leben am Existenz-Minimum mit Angst und Unsicherheit.

Die meisten Menschen suchen Sicherheit – und wissen nicht, wie sie zu finden ist. Sicherheit findet letztlich nur derjenige, der lernt, Risiken einzuschätzen und mit ihnen umzugehen.

Wer Sicherheit sucht, indem er Risiken ausweicht, findet Angst und Furcht. Die Welt eines solchen Menschen wird immer kleiner und kleiner, bis schließlich das winzigste Problem wie eine Katastrophe anmutet.

Vor kurzem habe ich mich mit einer älteren Dame unterhalten, die meines Erachtens ein recht langweiliges Leben führt. »Langweilig?«, rief sie. »Dann sollten Sie mal meine Sorgen und Ängste kennen lernen!« Da wurde mir bewusst: Gerade für die Personen, die in ihrem Leben Risiken ausweichen, ist der Kampf besonders hart. Sich Sorgen zu machen ist ein schlauer Trick: So bringt man in ein eher monotones Leben etwas Spannendes und Abwechslungsreiches. Allerdings betrügt man sich auf diese Weise selbst.

Ängste und Fehlschläge, die von uns Besitz ergreifen, ziehen letztlich genau die Dinge an, vor denen wir uns fürchten. Es gäbe wohl viel mehr erfolgreiche Unternehmer, wenn sich nicht so viele Menschen durch Enttäuschungen aufhalten ließen. Goethe sagte: »In der Kühnheit liegt Genie, Macht und Zauberkraft.«

Je weniger Sicherheit ein Unternehmer braucht, desto größer ist der Erfolg, den er aufbauen kann.

2. Unternehmer verkraften Enttäuschungen gut

Als Unternehmer sollten Sie ziemlich unempfindlich in Bezug auf Ablehnungen, Fehlschläge und Enttäuschungen sein. Solche Dinge müssen Sie gelassen an sich abprallen lassen.

Unternehmer wissen, dass Ablehnung ein fester Bestandteil ihres Lebens sein muss. Andernfalls werden sie aus Angst vor dem »Nein« viele Versuche unterlassen; Versuche, die ihnen unter Umständen fantastische Ergebnisse eingebracht hätten. Und es ist unglaublich, was Menschen alles einfällt, um eine Ablehnung zu vermeiden, um ihr »Gesicht nicht zu verlieren«. Der Erfolg muss Ihnen wichtiger sein als eine falsch verstandene »Würde«.

Als Unternehmer können Sie sich auch Fehler verzeihen. Das gelingt Ihnen selbst bei schweren Fehlern. Bei uns ist zum Beispiel ein Konkurs eine anrüchige Geschichte. In den USA gilt dagegen folgende Weisheit: »Es gibt fast keinen anständigen Unternehmer, der keine Pleite in seinem Vorleben hatte.« Dort gilt eine Pleite als Ausweis der gewonnenen Erfahrung, als eine Art zusätzlicher Ausbildung.

Ohne diese Einstellung hätten Sie es als Selbständiger schwer. Immerhin machen neun von zehn Neugründungen innerhalb der ersten fünf Jahre Pleite. Und auch von denen, die diese ersten fünf Jahre überleben, gehen später noch einmal neun von zehn Pleite. Jetzt stellt sich eine wichtige Frage: *Sehen Sie den Fehlschlag als eine Hypothek, die Ihre Zukunft schwer belastet? Oder sehen Sie darin eine Investition – eine Erfahrung, die Sie besser für die Zukunft rüstet?*

Sie sollten niemals ein Leben lang für einen Fehler zahlen, indem Sie sich zukünftig in Ihr Schneckenhaus zurückziehen. Im Gegenteil: Sie haben vieles gelernt, und nun können Sie erfolgreicher vorgehen. Wenn jemand sagt: »Das versuche ich nie wieder!«, dann weiß ich: Derjenige hat aufgehört zu lernen. Die Enttäuschung hat ihn gefangen genommen. Vergessen Sie nicht: Niederlagen zählen nur, wenn wir denken, sie zählen.

Vielleicht fragen Sie: Darf ich nie enttäuscht sein? Natürlich ist jeder Mensch nach unangenehmen Ereignissen enttäuscht. Der ausschlaggebende Unterschied ist aber: Wie lange hält diese Phase der Enttäuschung an? Erfolgreiche Unternehmer können diese Zeit verkürzen. Bald erkennen sie die Enttäuschung als eine Investition in ihre Zukunft.

Es gibt einen entscheidenden Grund, warum diese Eigenschaft so wichtig ist: Ausdauer. Wer mit Enttäuschungen nicht umgehen kann, der gibt bald auf. Wer es jedoch gelernt hat, der arbeitet so lange für seine Ziele, bis er sie erreicht hat.

3. Unternehmer lieben Probleme

Vielleicht halten Sie es für übertrieben, wenn ich behaupte, dass Unternehmer Probleme lieben. Und doch ist es so. Denn der Aufbau einer Firma ist eine einzige Aneinanderreihung von Problemen. Fragen Sie sich darum, *ob Probleme für Sie ein willkommenes Spiel sind*. Wer ein Leben ohne Probleme vorzieht, der sollte niemals eine Firma gründen oder leiten.

Wenn das nächste Mal das Telefon klingelt und Ihnen ein dickes Problem mitgeteilt wird, dann sagen Sie: »Prima! Jetzt kann ich lernen und mich beweisen. Endlich wird es spannend. Endlich eine solide Chance, die Firma erheblich zu verbessern.« Probleme sind das Gewürz in unserem Leben.

4. Unternehmer wollen Macht

Es gibt Menschen, die nicht so gern Verantwortung übernehmen; sie führen lieber Aufgaben aus, anstatt sie zu verteilen. Unternehmer dagegen suchen Macht. Sie wollen ihre eigenen Vorstellungen umsetzen. Es ist ganz einfach: Die einen kaufen Eintrittskarten zum Spiel, die anderen entwickeln das Spiel, machen die Regeln und verkaufen die Tickets. Entweder führen Sie selbst die Regie in Ihrem Leben, oder ein anderer tut es. Was liegt Ihnen eher? Unternehmer sind nicht, »wie man sein sollte«, sondern wie sie sein wollen. Sie müssen und wollen ihrer Umwelt nicht unbedingt gefallen; und genau das macht sie merkwürdig stark.

Macht erhalten Unternehmer, weil es ihnen gelingt, andere mitzureißen. Logik lässt kein Herz höher schlagen, und niemand folgt einem Ausschuss in den Krieg. Nur wer andere für seine Ideen einnehmen kann, erhält Macht. Wohl darum sagt Tom Peters: »Lesen Sie mehr Romane und weniger Wirtschaftsbücher. Nur auf die menschlichen Beziehungen kommt es an.«

5. Unternehmer brauchen viel Selbstbewusstsein

Selbstbewusstsein ist erlernbar. Aber um es zu lernen, benötigen Sie Disziplin – zum Beispiel um das Erfolgs-Journal zu führen, in das Sie täglich fünf Dinge notieren, die Ihnen gut gelungen sind. *Als Unternehmer müssen Sie sich praktisch alles zutrauen.*

Wie oft muss ich erleben, dass ich einem Unternehmer einen Rat gebe und der dann sagt: »Ich glaube nicht, dass ich das kann …« Mein Rat ist dann leider zunächst nutzlos. Denn eine solche Person benötigt als Erstes keine neue Strategie, sondern vor allem Vertrauen in die eigene Fähigkeit.

6. Unternehmer müssen Vorbilder sein

Durch nichts prägen Sie Ihr Unternehmen so sehr wie durch Ihr gelebtes Vorbild. Bei einem Manager mag es ausreichen, wenn er seine Aufgaben erfolgreich erledigt. Nicht so beim Unternehmer: *So, wie Sie sind, so wird auch Ihre Firma.* Ihr Unternehmen ist niemals so, wie Sie es gern hätten oder wie Sie als Person gern wären, sondern immer nur so, wie Sie sind.

Der Grund dafür ist leicht verständlich: Sie ziehen Menschen an, die sich mit Ihnen identifizieren; wer das nicht kann, verlässt Ihre Firma bald wieder. Auf diese Weise wird Ihr Unternehmen immer stärker zu einem Spiegelbild Ihrer Persönlichkeit.

Erfolgreiche Unternehmer *machen* nicht nur vieles anders; sie *sind* auch anders. In letzter Konsequenz heißt das: Nur außergewöhnliche Menschen können ein außergewöhnliches Unternehmen erschaffen. Große Unternehmer sind immer auch große Persönlichkeiten. Bevor Sie Ihre Firma verändern können, müssen deshalb *Sie* sich verändern. Fragen Sie sich: Wenn Ihre charakterlichen Züge in Ihrem Unternehmen sichtbar würden – wäre das gut?

7. Unternehmer können mit Geld umgehen

Ein dringender Rat: Gründen Sie niemals eine Firma, solange Sie nicht gelernt haben, mit Geld umzugehen. Ihre private finanzielle Situation wird sich sehr schnell in Ihrem Unternehmen widerspiegeln.

Der Geiz einiger großer Firmengründer ist legendär. Allerdings gab es durchaus auch sehr freigiebige Unternehmer. Aber alle hatten eins gemeinsam: Sie verstanden es, privates Vermögen anzuhäufen, und sie haben nie ihr ganzes Geld längere Zeit ausschließlich in ihrer Firma belassen.

8. Unternehmer wollen siegen

George Bernard Shaw sagte: »Der normale Mensch passt sich der Welt an; der Verrückte besteht auf den Versuch, die Welt sich anzupassen. Deshalb hängt aller Fortschritt von verrückten Menschen ab.«

Unternehmer wollen gewinnen: Marktanteile, Geld, Macht. Sie scheuen keinen Konflikt. Sie wollen ihrer Umwelt ihren Stempel aufdrücken – in der festen Meinung, dass es so allen besser geht. Das Ganze ist für sie ein großes Spiel, das sie gewinnen wollen.

Sobald Ihr Erfolg wächst, werden andere Menschen und Firmen gegen Sie kämpfen – ob Sie wollen oder nicht. Sie müssen diese »anderen« nicht beachten; aber eins müssen Sie als erfolgreicher Unternehmer: siegen.

9. Unternehmer sind wissensdurstig

Es gibt eine Ausbildung für Zahnärzte, Steuerberater, Richter, Lehrer … warum nicht auch für Unternehmer? Nicht nur, dass es kein bestimmtes Studium gibt, es existiert noch nicht einmal eine allgemein gültige Version der Aufgaben, die Unternehmer erfüllen sollten. Darum sind Neugierde und Wissensdurst unverzichtbare Eigenschaften von Unternehmern.

Es gibt heute keine Garantie für einen lebenslangen unternehmerischen Erfolg – außer Sie sind bereit, täglich zu lernen. Straßen-Schlauheit ist gefragt; Sie müssen dem Wissen entgegengehen. Alle Informationen, die Sie benötigen, sind vorhanden. Aber Wissen ist eine Hol-Schuld; Sie dürfen nicht darauf warten, dass die notwendige Information zu Ihnen kommt.

Die Regel für das Informations-Zeitalter ist einfach: Solange Sie lernen, haben Sie Erfolg. Unternehmer lernen aus Leidenschaft – und nicht, weil sie müssen. Leben heißt für sie lernen.

10. Unternehmer haben unternehmerische Intuition

Es gibt Menschen, die sehr intelligent sind und hervorragende Arbeit leisten. Aber als Unternehmer sind sie einfach nicht tauglich, weil ihnen etwas Entscheidendes *fehlt:* ein Gespür für Chancen und Gefahren. Oberflächlich betrachtet, würde man sagen: Sie haben einfach kein Glück. Aber es handelt sich wohl eher um eine Fähigkeit, ein besonderes Talent: *unternehmerische Intuition.* Es ist bei allen erfolgreichen Unternehmern zu finden: Sie wittern eine gute Gelegenheit geradezu.

J. Paul Getty sagte: »Stehen Sie früh auf, arbeiten Sie hart, und finden Sie Öl.« Öl steht für Glück bzw. für Intuition.

Erfolgreiche Unternehmer haben gelernt, sich auf ihre »Nase« zu verlassen. Und so handeln sie sehr schnell, ohne dass sie versuchen, etwas zu erklären, was man ohnehin meist nicht erklären kann.

Power-Tipp

Überprüfen Sie nun, inwieweit Sie die wichtigsten charakterlichen Voraussetzungen eines Unternehmers besitzen. Geben Sie sich einfach für jede Eigenschaft eine Bewertung zwischen 0 Punkten (nicht vorhanden) und 10 Punkten (sehr stark entwickelt).

1. Gehen Sie Risiken ein?
2. Verkraften Sie Enttäuschungen gut?
3. Lieben Sie Probleme?
4. Wollen Sie Macht?
5. Besitzen Sie viel Selbstbewusstsein?
6. Sind Sie ein gutes Vorbild?
7. Können Sie mit Geld umgehen?
8. Wollen Sie siegen?
9. Sind Sie wissensdurstig?
10. Verfügen Sie über unternehmerische Intuition?

Bitte zählen Sie Ihre Punkte zusammen:

____

Optimal wären 90 bis 100 Punkte. Weniger als 70 Punkte sollten es nicht sein. Natürlich können Sie einzelne Eigenschaften entwickeln – und das sollten Sie selbstverständlich auch tun. Aber tun Sie das möglichst, *bevor* Sie eine Firma gründen.

Wie können Sie diese Grundlagen erwerben?

Es gibt zwei bewährte Wege, um diese Charakter-Eigenschaften auszubauen. Erstens können Sie sich einen Coach suchen: einen erfolgreichen Unternehmer, der über diese Charakterzüge reichlich verfügt. Nichts prägt so sehr wie ein enger Umgang mit einer solchen Person.

Zweitens könnten Sie in Erwägung ziehen, nebenberuflich im Verkauf tätig zu sein. Viele Unternehmer haben so ihre ersten Erfahrungen gesammelt. Ich selbst habe während meines Studiums eine ganze Zeit in einem Finanzvertrieb gearbeitet. Durch diese – sehr harte – Tätigkeit habe ich neben Disziplin, Ausdauer und Arbeits-Methodik besonders sechs Dinge gelernt:

- den Umgang mit Geld
- Verkaufen
- das Führen von Mitarbeitern
- Selbstbewusstsein zu entwickeln
- den Umgang mit Enttäuschungen, Absagen und Problemen
- Unabhängigkeit von der Meinung anderer

Wie gesagt: Ich bin fest davon überzeugt, dass es sich lohnt, diese zehn Eigenschaften zu trainieren. Wie sonst wollen Sie wissen, wozu Sie in der Lage wären? Es gibt zu diesem Thema eine alte beeindruckende Geschichte.

Eine Frau fand am Wegrand ein Ei. Sie nahm es mit und legte es zu ihren Enten ins Nest. Als das Küken schlüpfte, sah es den kleinen Enten zunächst sehr ähnlich. Aber als es wuchs, wurden die Unterschiede immer deutlicher: Das Küken war ein kleiner Adler – aber das wusste es nicht. Und so nahm es alle Gewohnheiten der Enten in seiner Umgebung an. Es führte das Leben einer Ente.

Viele Jahre später, als es schon alt und grau war, erblickte es oben am Himmel einen mächtigen Adler. »So wäre ich auch gern«, seufzte es, »was für ein Leben muss so ein starker Vogel haben. Aber das ist leider nichts für mich.« Und so lebte und starb der Adler wie eine Ente. Er hatte nie erfahren, dass er in Wahrheit ein Adler war.

Die Aufgaben eines Unternehmers

Sind Sie Unternehmer? Wenn ja: *Kennen Sie die sechs wichtigsten Aufgaben eines Unternehmers?* Die meisten Unternehmer, mit denen ich spreche, können diese Frage nicht beantworten. Dabei ist die Antwort darauf von zentraler Bedeutung für jeden unternehmerischen Erfolg. Mein Coach sagte zu mir: »Wie willst du eine Aufgabe lösen, wenn du sie noch nicht einmal kennst?«

Es gibt sechs Aufgaben, die über Erfolg und Misserfolg entscheiden. Wenn Sie ein Meister in diesen sechs Feldern werden, dann werden Sie einen gewaltigen Quantensprung machen: nicht nur mit Ihrem Einkommen, sondern auch in Bezug auf Ihre Lebensqualität.

Diese sechs Aufgaben sind sehr anspruchsvoll, und oft erfüllen auch erfolgreiche Unternehmer sie nicht alle perfekt. Aber wenn Sie ständig dazulernen und wachsen, werden Sie immer besser darin. Und sollten Sie Fehler machen, so betrachten Sie diese als Investition in Ihre Zukunft.

Lassen Sie uns zu Anfang wiederholen, was Sie *auf keinen Fall* tun sollten: Achten Sie auch darauf, dass Sie nicht zum System werden. Arbeiten Sie nicht als *Angestellter* in Ihrer Firma. Und arbeiten Sie nicht als *Experte* in Ihrer Firma.

Immer wenn Sie als Angestellter, Freiberufler oder Experte in Ihrer Firma arbeiten, finden Sie nicht mehr ausreichend Zeit, um Ihre Aufgaben als Unternehmer zu erfüllen. Eine Firma braucht Angestellte, Freiberufler und Experten. Aber sie braucht auch einen Unternehmer – und der müssen Sie selbst sein.

Der Grund dafür ist sehr einfach: Angestellte, Freiberufler und Experten können Sie anstellen oder für sich verpflichten. *Aber die Aufgaben des Unternehmers können Sie nur selbst erfüllen. Niemand außer Ihnen kann das Herz des Unternehmens sein.*

Hier die elementaren sechs Aufgaben von Unternehmern im Überblick:

1. Finden Sie gute Mitarbeiter und Partner.
2. Kontrollieren Sie, ob Gewinn gemacht wird und Systeme geschaffen werden.
3. Erfinden Sie Ihre Firma neu.
4. Trennen Sie sich von allem Überflüssigen.
5. Halten Sie das große Bild und den Sinn lebendig.
6. Entwickeln Sie eine Exit-Strategie.

Power-Tipp

Treffen Sie eine bewusste Entscheidung, ob Sie sich nicht komplett aus dem Tagesgeschäft zurückziehen wollen. Als Unternehmer werden Sie Ihrer Firma erheblich mehr nutzen, indem Sie die sechs unternehmerischen Aufgaben erfüllen. Wenn Sie sich im Folgenden mit ihnen befassen, dann werden sehr schnell vier Dinge deutlich:

- Erstens kann kein Unternehmen wirklichen Erfolg haben, wenn diese sechs Punkte nicht gewährleistet sind.
- Zweitens ist dieses Aufgabenprofil ein Full-Time-Job. So etwas können Sie nicht »nebenher« erledigen. Unmöglich.
- Drittens werden Sie diese Aufgaben nicht hervorragend erfüllen können, wenn Sie überarbeitet sind. Zu den besten Ideen und Erkenntnissen gelangen Sie, wenn Sie ausgeruht sind.
- Viertens können nur Sie selbst diese Aufgaben wahren. Alles, was Sie davon nicht tun, wird nicht getan werden.

Erste Aufgabe: Finden Sie gute Mitarbeiter und Partner

Mein zweiter Coach hat innerhalb von acht Jahren eine Firma geschaffen, die mehrere hundert Millionen Dollar wert war. Wie konnte ihm das gelingen? Er sagte: »Ich wurde erfolgreich, weil ich niemals die Dinge getan habe, die ich nicht tun sollte. Ich war zuerst für zwei Dinge verantwortlich: OP und OPM.«

OP steht für »Other People«, andere Leute, also Mitarbeiter und Partner. Ein Unternehmer muss in der Lage sein, andere Menschen anzuziehen und für sein Projekt zu begeistern. *Wenn Sie keine geeigneten Leute finden können, müssen Sie die Arbeit selbst tun.* Wenn Sie das wollen, ist es vollkommen in Ordnung. Aber ein Unternehmer im klassischen Sinne sind Sie dann nicht. Vielleicht besteht die Gefahr, dass Sie sich übernehmen.

Steve Case, der Gründer von AOL, sagt: »Der einzige Weg zur Schaffung eines bedeutenden Unternehmens liegt darin, eine Situation zu erreichen, in der Sie Dinge *anleiten,* statt sie zu *tun.* Das ist der entscheidende Faktor: der Übergang vom Unternehmer zum Unternehmensführer. Wenn ich von einem Problem höre, muss ich mich fragen: Ist dies wirklich etwas, das meine persönliche Aufmerksamkeit erfordert? Fast immer ist die Antwort: nein.

Bitte stellen Sie sich zwei wichtige Fragen:

- Bauen Sie gerade an einer Pipeline, oder schleppen Sie Eimer?
- Wohin bringt Sie Ihre tägliche Arbeit?

Denken Sie daran, dass wir nicht mehr im Industrie-Zeitalter leben, in dem die Arbeitskraft zählte. Heute, im Informations-Zeitalter, arbeiten unsere Ideen für uns. *Als Unternehmer sind Sie in erster Linie Ideen-Fabrikant.* Damit Ihre Ideen ungehindert fließen können, müssen Sie gute Leute finden, die sie umsetzen.

Was glauben Sie, wie oft ich den Einwand gehört habe: »Ja, wenn das so einfach wäre. Ich suche ja schon die ganze Zeit nach geeigneten Mitarbeitern.« Meine Antwort lautet in der Regel: »Da belügen Sie sich selbst. Sie suchen eben nicht *die ganze Zeit* nach geeigneten Leuten. Sie arbeiten die ganze Zeit *anstelle* dieser Leute und suchen *nebenher* sporadisch nach ihnen. Das ist etwas ganz anderes.«

Gute Mitarbeiter sind schwer zu finden. Wenn Sie es »nebenher« versuchen, dann werden Sie höchstens mit Glück fündig. Aber meist werden Ihnen die guten Leute weggeschnappt von Vollblut-Unternehmern, die einen guten Teil ihrer Zeit regelmäßig darauf verwenden, OPs zu suchen.

Eng verwandt mit der Suche nach OPs ist die Suche nach OPM – Other Peoples' Money, also dem Geld anderer Leute. Besonders Unternehmer, die sich entschieden haben, ihr sehr schnelles Wachstum durch fremde Mittel zu finanzieren, müssen einen guten Teil ihrer Zeit dafür verwenden, diese Mittel auch zu finden. Natürlich hat jede Form von Fremdfinanzierung auch erhebliche Nachteile. Überlegen Sie sich darum genau, ob Sie wirklich fremde Gelder aufnehmen wollen – und ob Sie bereit sind, die Konsequenzen zu tragen. Wenn Sie sich aber dazu entschließen, dann müssen Sie für die Suche nach diesem Geld viel Zeit aufbringen.

Finden Sie zuerst einen Geschäftsführer

Beginnen Sie immer, indem Sie einen geeigneten Geschäftsführer suchen. Die Betonung liegt auf »geeigneten«. Diese Position ist zu wichtig, als dass Sie hier Kompromisse eingehen könnten. Ich habe das selbst schmerzlich lernen müssen. Natürlich können Sie andere Menschen anlernen und coachen. Aber ein Geschäftsführer sollte bereits vorher bewiesen haben, dass er über die geeigneten Fähigkeiten verfügt. Auf Fidji gilt folgende Weisheit: »Versuche Schweinen nicht das Singen beizubringen. Du verschwendest nur deine Zeit und verärgerst die Schweine.«

Vor allem aber gilt: Sie sollten niemals selbst der Geschäftsführer sein. Geschäftsführer sind angestellte Manager. Wenn Sie Gesellschafter-Geschäftsführer sind, so sind Sie der typische »angestellte Unternehmer«. Sie werden dann von den Aufgaben eines Geschäftsführers derart in Anspruch genommen, dass Sie kaum Zeit finden, um unternehmerisch tätig zu sein. Geschäftsführer kümmern sich um die Telefonanlage, Mietverträge, Postfächer, Arbeitsverträge, kaputte Kopierer (die sind fast immer kaputt), Mitarbeiterkontrolle …, alles Tätigkeiten, die für einen Unternehmer absolut kontra-produktiv sind.

Ich weiß das, denn ich war einige Male selbst Geschäftsführer. Aber ich habe aus diesen Fehlern gelernt. Heute gründe ich kein Unternehmen mehr, ohne einen Geschäftsführer dafür gefunden zu haben. Sie kennen den Grund: Ich will nicht als Angestellter arbeiten. Das entspricht nicht meinen Fähigkeiten.

Ich kenne Geschäftsführer, die diese Tätigkeit mit großer Begeisterung ausüben und viel Talent dafür haben; natürlich können sie diese Arbeiten viel besser erledigen als ich. Diese Leute wären keine guten Unternehmer – aber sie sind fantastische Geschäftsführer und Angestellte. Sofern sie mit mir zusammenarbeiten, bin ich über diese Partnerschaft sehr froh, denn wir ergänzen uns hervorragend. Jeder tut, was seinen Fähigkeiten und Neigungen entspricht. Und ich bin sehr stolz auf sie.

Aber ich selbst habe mich für andere Felder des Sterns entschieden: Ich will Bücher schreiben, Vorträge halten und als Unternehmer tätig sein. Das entspricht meiner Leidenschaft und – hoffentlich – meinem Talent. Wie sollte ich all das tun, wenn ich in meinen zurzeit acht Unternehmen, an denen ich beteiligt bin, auch noch im Tagesgeschäft gefangen wäre?

Und weil ich mit den Aufgaben eines Geschäftsführers nichts zu tun habe, freue ich mich jeden Tag auf meine Tätigkeit. Früher habe ich mir morgens die Frage gestellt: »Was mag ich nicht so sehr?« – *um es dann als Erstes wegzuarbeiten.* Eine gute Methode. Heute stelle ich mir die gleiche Frage – *um es wegzudelegieren.* Eine wesentlich bessere Methode.

Wenn ich nicht *in* der Firma arbeite, bleibt mir genug Zeit, neue gute Mitarbeiter zu finden. Wenn mich heute Menschen fragen, wie ich es schaffe, so viel Zeit zu haben, so nenne ich als eine der wichtigsten Voraussetzungen: Ich bin nicht im Tagesgeschäft tätig.

Wie ich gute Partner und Mitarbeiter finde? Ganz einfach: Ich habe ein großes Netzwerk von Freunden, Kollegen und Experten. Mit denen spreche ich. Ich lerne fast bei jedem Gespräch etwas dazu – und ich bringe die Sprache auf einen bestimmten Mitarbeiter, den ich gerade suche. Ich habe für mich erkannt: Wenn ich daneben ziele, treffe ich öfter ins Ziel, als wenn ich konzentriert ziele. Wenn ich zum Beispiel über vollkommen andere Dinge nachdenke, habe ich plötzlich eine gute Idee, die einer meiner Firmen weiterhilft.

Zuerst einen Geschäftsführer zu finden bringt viele Vorteile. Zum Beispiel kann er dann die meisten anderen Mitarbeiter suchen. Und er kann die beiden wichtigsten Tätigkeiten eines Geschäftsführers ausüben: Gewinn machen und Systeme schaffen. Der Unternehmer muss dann nur noch die Resultate kontrollieren. Das aber muss er persönlich tun – und damit sind wir bei der zweiten Aufgabe.

Zweite Aufgabe: Kontrollieren Sie, ob Gewinn gemacht wird und Systeme geschaffen werden

Schon durch das Wort »Kontrolle« wird ein weiterer Vorteil deutlich, der sich ergibt, wenn der Geschäftsführer und der Unternehmer *nicht* ein und dieselbe Person sind. Denn wer würde dann die Funktion der Kontrolle übernehmen? Antwort: Niemand. Und wo keine Kontrolle ist, da wird meist das Wichtige übersehen, während man sich um Dringendes kümmert.

Es spricht vieles dafür, dass Sie einen Geschäftsführer einsetzen; aber dann müssen Sie ihn auch *kontrollieren*. Wer nicht kontrolliert, öffnet der *Nachlässigkeit*, dem *Unvermögen* und manchmal auch dem *Missbrauch* Tür und Tor. Schon im Vaterunser heißt es: »Und führe uns nicht in Versuchung ...«

Meines Erachtens spricht aber noch ein anderer Punkt für die Kontrolle: Wenn Sie nicht kontrollieren, holen Sie aus Ihren Mitarbeitern und Partnern nicht die optimale Leistung hervor. Leistungswillige Mitarbeiter aber können Sie am besten fördern, indem Sie sie *fordern*. Und hierbei gilt: *Fordern Sie niemals, ohne zu kontrollieren.*

Menschen tun nicht, was wir erwarten, sondern was wir kontrollieren. Ralph Waldo Emerson sagte: »Die Tragik vieler Menschen besteht darin, dass sie niemanden hatten, der sie aufgefordert hat, über ihre Grenzen hinauszuwachsen.« Wenn Sie auf angenehme Weise kontrollieren, wird Ihre Kontrolle als willkommene Hilfe angesehen. Gewinner wollen kontrolliert werden.

Nun sollten Sie sich aber nicht zum Sklaven eines Kontroll-Apparates machen. *Kontrollieren Sie nur die beiden wichtigsten Aufgaben regelmäßig und alles andere sporadisch – in Form von Stichproben.* Aus Erfahrung weiß ich, dass besonders die beiden wichtigsten Aufgaben nicht oder zumindest unteroptimal erledigt werden, wenn keine Kontrolle erfolgt. Sie müssen die Gewinne kontrollieren, um welche machen zu können; und Sie müssen kontrollieren, dass Systeme geschaffen werden, sonst wird Ihre Firma keinen Wert entwickeln. Untersuchen wir nun die beiden Punkte im Einzelnen:

Erstens: Es wird nicht ausreichend darauf geachtet, Gewinn zu machen. Vergessen wir nicht, dass jedes Unternehmen einen Zweck verfolgt; *der wichtigste Zweck eines Wirtschafts-Unternehmens ist es, Profit zu machen.*

Das ist auch moralisch vollkommen in Ordnung, solange der Profit nicht Selbstzweck ist, sondern Mittel zum Zweck. Darin liegt ein wichtiger Unterschied: *Ein Erfordernis ist kein Zweck.* Wir müssen essen, um zu leben; aber wenn wir leben, um zu essen, verstümmeln wir uns in vielerlei Hinsicht selbst. Profit ist ein Mittel, um andere Ziele zu erreichen.

Natürlich muss unser Augenmerk auf dem Unternehmen liegen, seinen Mitarbeitern und seinen Kunden. Aber wenn kein Profit erzielt wird, lassen sich keine Rücklagen bilden und keine Investitionen tätigen. Ohne Profit ist jedes Unternehmen auf Dauer dem Tod geweiht. Gewinn ist darum kein Selbstzweck, sondern Mittel, ein gesundes Unternehmen zu garantieren.

Dennoch machen viel zu wenige Firmen ausreichend Gewinn.

Dafür gibt es unter anderem folgende sieben Gründe:

- Zuerst ist da die »Schlampigkeit«: Es gibt immer noch den Typ Geschäftsmann, der über seine Zahlen nicht richtig Bescheid weiß. Insbesondere wenn die Geschäfte *nicht* gut gehen, blickt er nur ungern in seine Bücher. Viele Leute meinen, der Wahrheit entkommen zu können, indem sie nicht an sie denken. In jedem Unternehmen muss jemand konsequent prüfen, ob Gewinn oder Verlust gemacht wird.
- Oft wird einfach Umsatz mit Gewinn verwechselt. Man konzentriert sich zu sehr darauf, *ständig neuen Umsatz zu machen*, anstatt darüber nachzudenken, wie gespart werden kann. Wer nur Augen für den Umsatz hat, strebt zielsicher auf den Abgrund zu. Reines Umsatz-Streben führt zu einer unübersichtlichen Produkt-Palette, zu unwesentlichen Kunden und zu deutlich höherer Komplexität.
- Ein gesparter Euro ist oft genauso wertvoll wie zehn neu umgesetzte Euro. Ein Geschäftsführer wird aber meist nur dann eisern sparen, wenn er feste Vorgaben »auferlegt« bekommt. Denn da er tief im Tagesgeschäft steckt, gerät er leicht in die Falle zu glauben, alles sei »notwendig«. Der Unternehmer kümmert sich nur bedingt darum, was notwendig ist; er will vor allem eine Profit-Quote erreicht wissen.
- Es fehlt das tiefe Verständnis, dass Komplexität nicht zwangsläufig etwas Gutes ist. Erfolgreiche Unternehmer meiden das Komplexe und ziehen das Einfache vor. Nirgendwo tummeln sich Kosten so dicht gedrängt wie in komplexen, schwer durchschaubaren Firmen-Strukturen.
- Die möglichen Gewinn-Margen sind zu niedrig. Es ist wichtig, den Kunden viel Wert zu geben; aber der Preis, den sie dafür bezahlen, muss um einen bestimmten festen Prozentsatz höher sein als die Kosten. Oft wird diese simple Wahrheit übersehen. Oder die Gewinne sind viel zu klein. Das ist gefährlich, denn Sie werden immer *mehr* Geld brauchen, als Sie glauben. Immer und grundsätzlich! Also brauchen Sie eine bestimmte Gewinn-Marge, und die darf nicht zu knapp gerechnet sein. Ich weiß um die Notwendigkeit,

Rücklagen zu bilden, gute Berater zu engagieren, neue Investitionen zu tätigen, gute Gehälter zu zahlen und Beteiligungsmodelle zu schaffen … darum engagiere ich mich in keinem Geschäft, in dem ich nicht wenigstens 100 Prozent Gewinn-Marge habe.

- Es werden keine Budget-Pläne gemacht. Das hat wiederum meist mit zwei Gründen zu tun: Erstens meinen immer noch einige Geschäftsführer, sie seien keine »Zahlen-Menschen«. Mein Coach sagte dazu: »Ja was, zum Teufel, glauben sie denn, worin ihre Aufgabe besteht, wenn sie keine Zahlen anschauen?« Meine Meinung: Wer die Kraft und die Macht eines guten Budget-Plans versteht, der wird Zahlen *lieben*.
  Der zweite Grund: Viele erkennen einfach nicht die Kraft eines Budget-Plans. Er ist das wirkungsvollste *Zielplanungs-Instrument*, das beste *Kontroll-Instrument* und das beste *Kommunikations-Instrument*, das Sie in Ihrer Firma haben können.
- Je mehr sich Geschäftsmodelle gleichen, umso geringer ist die Chance, gute Gewinne zu erwirtschaften. Viel zu wenige Modelle unterscheiden sich wirklich deutlich von denen der Mitbewerber. Die *Grundsätze der Positionierung* werden nicht beachtet: Wenn Sie sich nicht deutlich von anderen Anbietern abheben, so entsteht immer ein Preiskampf; nur wenn Sie *anders* sind, können Sie die Preise bestimmen. Schon John D. Rockefeller sagte: »Die Neigung so vieler, Zeit und Geld in immer noch mehr miteinander konkurrierende Firmen zu stecken, ist wahrscheinlich das größte Hindernis auf dem Weg zu Fortschritt und Glück.«

Als Unternehmer müssen Sie darauf achten, dass Gewinn erzielt wird. In diesem Punkt sollten Sie unnachgiebig sein. Wenn Sie die Gewinne nicht kontrollieren, dann werden Sie kaum welche machen. Sofort danach sollten Sie kontrollieren, ob der Geschäftsführer die zweite seiner beiden wichtigsten Aufgaben erfüllt:

Zweitens: Es wird oft nicht ausreichend darauf geachtet, Systeme zu schaffen. Ich habe mich oft gefragt, warum das so ist. Ich glaube, es gibt vor allem vier Gründe:

Erstens fühlen sich Manager wichtiger und unersetzbarer, solange nichts läuft, ohne dass sie sich darum kümmern. Viele klagen zwar ständig, nur von »unfähigen Leuten« umgeben zu sein und dass nichts ohne sie funktioniert. Aber dabei übersehen sie, dass es ja gerade ihre Aufgabe ist, gute Mitarbeiter zu finden. Auch zeigt sich, dass diese Manager entgegen ihren Klagen alles tun, um diesen chaotischen Zustand aufrechtzuerhalten.

Der zweite Grund: *Systeme können oftmals gar nicht geschaffen werden, weil sich nur einfache Ideen und Abläufe systematisieren lassen.* Komplexe Strukturen eignen sich hierfür nicht. Nur was einfach ist, lässt sich standardisieren. Viele Manager suchen nicht konsequent den Weg zum Einfachen. Hier spielen die Unternehmer-Aufgaben 4 und 6 eine wichtige Rolle.

Drittens werden Arbeitsabläufe nicht systematisiert. Solange dies nicht geschieht, können neue Mitarbeiter nur schwer integriert werden; eine klare Aufgabenbeschreibung ist fast unmöglich und somit auch eine Kontrolle fast nicht durchzuführen. Oft werden keine Systeme geschaffen, weil andere Dinge dringender erscheinen – und dann wieder neue Dinge – usw. Jeder von uns hat schon erlebt, dass Notfälle und Unvorhergesehenes den Tagesablauf bestimmen. Aber das darf nicht zur Gewohnheit werden. Besonders Geschäftsführer müssen lernen, ein hervorragendes Zeitmanagement zu betreiben (siehe dazu Aufgabe 5).

Und viertens werden keine Systeme geschaffen, *weil die Notwendigkeit einfach nicht erkannt wird.* Natürlich *müssen* Sie kein System schaffen, aber wenn Sie es nicht tun, entscheiden Sie sich immer auch gegen wirklichen Unternehmens-Erfolg.

Es ist wichtig, dass Sie eine bewusste Entscheidung treffen: Wollen Sie unternehmerischen Erfolg? Wenn ja, dann muss Ihnen ganz klar sein, wie jeder unternehmerische Erfolg entsteht. Sie können es auf einen einfachen Nenner bringen:

Für den *kurzfristigen kleinen Erfolg* müssen Sie die *Gewinne* kontrollieren. Für den *langfristigen großen Erfolg* müssen Sie dafür sorgen, dass *Systeme geschaffen* werden.

Erst wenn Sie ein System geschaffen haben, können Sie eine gute Idee multiplizieren. Und erst wenn Sie multiplizieren, wird aus Ihrer Idee ein unternehmerischer Erfolg. Die Formel ist ganz einfach: *Je öfter Sie Ihre Idee multiplizieren, desto größer ist der Erfolg Ihres Unternehmens.*

Sie sollten genau *jetzt* beginnen, sich zu duplizieren.

Viele Menschen haben gute Ideen. Aber diese Ideen sind relativ wertlos, wenn es Ihnen nicht gelingt, sie so einfach zu machen, dass sie jeder in Ihrem Unternehmen versteht. Dann müssen Sie aus dem einfachen Element ein System bauen. Erst dann können Sie multiplizieren. Je mehr Menschen in Ihrer Firma das System verstehen, umso weniger hängt es von Ihnen ab.

Es gilt: *Je weniger das System von Ihnen abhängt, umso besser ist das System – und umso wertvoller ist Ihre Firma.* Das System ist alles. Wenn Sie keines etablieren können, so müssen Sie das mit Ihrer Arbeitskraft wettmachen – und Sie können nie verkaufen.

Nachfolgend finden Sie eine Liste von Systemen, die Sie etablieren können und meist auch sollten:

- Produkt-Entwicklung
- Inventur
- Tägliche Büro-Routine, Arbeitszeit, Material, EDV
- Auftragsannahme, Auftragsabwicklung
- Kundenpflege, Datenpflege
- Beschwerde-Annahme, Rechtsstreitigkeiten
- Buchhaltung, Rechnungs- und Mahnwesen
- Marketing, PR, Werbung
- Personal-Planung und -Beschaffung, Ausbildung, Verträge
- Kooperationen, BtoB
- Kostenkontrolle, Controlling

Sorgen Sie dafür, dass nach und nach ein SOP angelegt wird, ein Standard-Operating-Procedures-Handbuch, in dem alle Arbeitsabläufe, also alle geschaffenen Systeme, minutiös aufgelistet und beschrieben werden. Das SOP ist somit die schriftliche Form aller installierten Systeme.

Ein solches SOP hat ungeheuer viele Vorteile. Um nur einige zu nennen: Es erleichtert die *Einarbeitung neuer Mitarbeiter* ungemein; es erlaubt die relativ *mühelose Eröffnung neuer Filialen*; es ist die *Grundlage für Mitarbeiter-Kontrolle und -Beurteilung.*

Es ist die Aufgabe Ihres Geschäftsführers, dafür zu sorgen, dass dieses SOP erstellt wird. Und es ist Ihre Aufgabe als Unternehmer, zu kontrollieren, ob es auch wirklich entsteht. Nur so bauen Sie eine Pipeline; alles andere wäre Eimerschleppen.

Dritte Aufgabe: Erfinden Sie Ihre Firma neu

Angenommen, Sie haben ein erfolgreiches System. Dann wird es nicht lange dauern, und Sie werden von Konkurrenten umzingelt sein. Bald wird einer von ihnen eine noch bessere Strategie entwickeln und so dafür sorgen, dass Ihre Strategie veraltet. Und so wird Ihr Konkurrent Ihnen Ihre Kunden wegnehmen. Bevor das passiert, müssen Sie sich als Unternehmer selbst überholen. *Erfinden Sie schneller eine neue Strategie, als Ihre Konkurrenz es kann.*

Kein Unternehmer darf diesen Punkt unterschätzen; sonst ist er schneller aus dem Geschäft, als er denkt. Sehr rasch wird die Vision von heute zur intellektuellen Zwangsjacke von morgen. Der Wunsch, neue Systeme zu schaffen, muss größer sein als der Wunsch, die Vergangenheit zu verteidigen. Bill Gates sagt: »Microsoft ist immer nur zwei Jahre vom Misserfolg entfernt.«

Es ist von großer Wichtigkeit, dass Sie als Unternehmer sich darum kümmern. Der Geschäftsführer wird dazu nicht ausreichend in der Lage sein. Denn es ist fast unmöglich, *neue* Modelle zu entwickeln, wenn Ihre Aufmerksamkeit ständig von *alten* Dingen in Anspruch genommen wird. Der Geschäftsführer muss dafür sorgen, dass das System funktioniert; wie soll er da gleichzeitig ein vollkommen neues System erfinden? Er würde doch jede neue Möglichkeit zwangsläufig durch die Brille des Alten sehen. Die Zukunft darf aber nicht nur ein Mehr des Vergangenen sein.

Wohlgemerkt: Ich spreche hier *nicht* von Verbesserung; auch *nicht* von konstantem Lernen und Wachsen oder Kaizen (der ständigen Weiterentwicklung der Japaner). Das ist alles wichtig; aber es sind Dinge, die Ihr Geschäftsführer leisten kann und muss. Da er im Tagesgeschäft steckt, kann er das sogar wesentlich besser als Sie. Aber Ihre dritte Aufgabe als Unternehmer heißt nicht: schrittweise Verbesserung; sie heißt: *vollkommene Veränderung, Innovation, Neuschaffung.* Und dafür können Sie nicht die Vergangenheit zu Rate ziehen. Sie werden die Zukunft nicht in der Vergangenheit finden.

Zwischen Verbesserungen und Neuschaffungen liegen Welten:

- Verbesserungen fokussieren sich auf Vorhandenes, Neuschaffungen auf die Zukunft.
- Verbesserungen basieren auf Fakten und Erfahrungen, Neuschaffungen auf Hypothesen und Visionen.
- Verbesserungen sind realistisch und fundiert, Neuschaffungen erlauben Träume und sind losgelöst.
- Verbesserung bedeutet meist nur mehr desselben – in leicht optimierter Form; Neuschaffungen beinhalten alle künftigen Möglichkeiten und Chancen.

Es scheint fast verrückt, etwas zu ändern, während das gegenwärtige Konzept so wunderbar greift. Aber der richtige Moment für Innovationen liegt in dem Zeitraum, *bevor* die Erfolgskurve abflacht. Sie können als Richtwert annehmen, dass Sie in vielen Branchen Ihre Strategie alle zwei bis drei Jahre durch neue ersetzen müssen. Natürlich müssen Sie abwägen: Sie dürfen Ihre erfolgreiche Strategie nicht *zu spät* verlassen; aber Sie dürfen Sie auch nicht *zu früh* aufgeben. Immerhin liefert die alte erfolgreiche Strategie Ihnen die Ressourcen, um die Innovation zu etablieren.

Erfolgreiche Unternehmer müssen sich vor jeder Selbstgefälligkeit hüten. Denn wer sich klar auf dem Weg zum Erfolg sieht, neigt dazu, nicht mehr aufmerksam zu sein; er wird stattdessen faul und nachlässig. *Ihren Erfolg sollten Sie als Sprungbrett nutzen, nicht als Podest.*

Erfolgreiche Unternehmer haben immer wieder neue Dinge

erfunden und begonnen, obwohl sie damit ihren eigenen alten Strategien Konkurrenz machten. Aber sie wussten: Es ist besser, dies selbst zu tun, als darauf zu warten, dass es ein Konkurrent tut. Unternehmer sind Innovatoren.

Die vier Rollen des Innovators

Als Innovator haben Sie nicht nur die Aufgabe, sich neue Systeme auszudenken; das allein würde nicht ausreichen, denn es würde nichts geschehen. Innovatoren müssen vier Rollen annehmen. Hier die vier Rollen im Überblick:

1. **Entdecker**. Das ist die Rolle, in der Sie nach dem Material suchen, aus dem neue Ideen entstehen. Hier ist es wichtig, dass Sie verstärkt abseits der ausgetretenen Pfade suchen. Wagen Sie sich auf unbekanntes Gelände vor.
2. **Erfinder**. Ihr nächster Job ist, aus dem Material, das Sie als Entdecker zusammengetragen haben, originelle neue Ideen zu machen. Jetzt sind Kreativität und Fantasie gefragt. Sie können dazu Ideen umdrehen, Dinge beseitigen, vergleichen, angleichen, verschiedene Elemente miteinander verbinden, verändern, übertragen ... (In Kapitel 9 haben Sie ausführliche Tipps gefunden, wie Sie kreativer sein können; diese entsprechen den ersten beiden Rollen eines Innovators im Wesentlichen.)
3. **Entscheider**. Jetzt müssen Sie logisch durchspielen, ob Sie Ihre Kreation einführen, verändern oder verwerfen wollen. Sie prüfen die Fakten, das Timing, wägen Risiken und Chancen miteinander ab. Dann treffen Sie eine fundierte Entscheidung.
4. **Umsetzer**. Schließlich tun Sie, was auch immer nötig ist, um Ihre Idee umzusetzen. Oft müssen Sie dabei den Widerstand in Ihrer eigenen Firma überwinden. Denn Ihre Idee ist möglicherweise ein Angriff auf lieb gewonnene Strategien und Gewohnheiten. Darum müssen Sie wahrscheinlich die Realisierung einer neuen Idee selbst anschieben und für sie kämpfen.

Es ist dabei wichtig, dass Sie nicht in den einzelnen Rollen stecken bleiben. Sie müssen alle vier Rollen der Reihe nach annehmen. Bleiben Sie zum Beispiel in der Rolle des Entdeckers, so kommen Sie nie dazu, das viele Material zu einer neuen Strategie zusammenzufügen (Theoretiker). Bleiben Sie zu lange Erfinder, so verändern Sie immerzu und können nicht loslassen (Perfektionist). Wenn Sie hauptsächlich Entscheider sind, so schüchtern Sie den Erfinder in Ihnen ein, weil Sie zu früh darüber nachdenken, was alles gegen die Idee sprechen könnte; Ihre Kreativität bliebe auf der Strecke (Pessimist). Bleiben Sie dagegen hauptsächlich Umsetzer und Macher, so prüfen Sie unter Umständen nicht ausreichend. Sie neigen dann dazu, vieles zu beginnen, was nicht gut durchdacht ist (Hansdampf in allen Gassen). Verharren Sie in den drei ersten Rollen, produzieren Sie zwar schöne Ideen, aber sie werden nicht umgesetzt. Und so weiter.

Es kann für Sie hilfreich sein, sich periodisch folgende Fragen zu stellen:

- Haben wir unsere Strategie in den letzten zwei Jahren verändert?
- Haben wir neue Kompetenzen erworben?
- Haben wir neue Märkte gewonnen?
- Hat sich die Zusammensetzung unserer Kunden verändert?
- Können wir unseren Nutzen auf eine andere Art anbieten?
- Was sollten wir gar nicht mehr machen?
- Was sind die Wirkungsketten in unserem Geschäft?
- Welchen Vorschlag haben wir abgelehnt, weil er so nicht richtig war – der aber trotzdem interessant ist?
- Spezialisieren wir uns auf ein Grundbedürfnis oder auf ein Verfahren?
- Konzentrieren wir uns auf unsere Kern-Fähigkeit oder auch auf unser Kern-Geschäft?
- Welche Innovationen, die zurzeit stattfinden, können auch die Zukunft unseres Unternehmens bestimmen?
- Wie viele Chancen haben wir untersucht, die außerhalb unseres Geschäfts liegen?

Wenn Sie immer auf Ihrem Weg weitergehen, werden Sie den Weg in die Zukunft verpassen. Mein Vorschlag: Werden Sie ein Ketzer gegenüber dem Bestehenden und süchtig nach Neuem. Sie erfüllen damit Ihre dritte wichtige Aufgabe als Unternehmer und finden zusätzlich viel Spaß. Innovationen fallen Ihnen am besten ein, wenn Sie spielerisch leicht an Ihr Unternehmen herangehen. Im Tagesgeschäft ist das kaum möglich. Vergessen Sie nicht: Alles ist ein Spiel.

Vierte Aufgabe: Trennen Sie sich von allem Überflüssigen

Wir sind alle Sammler. Leider sammeln wir auch Überflüssiges; und je mehr Sie sammeln, desto weniger Zeit haben Sie für wichtige Aufgaben. Mit Ihrem Unternehmen ist es nicht anders: Es neigt dazu, alles mitzuschleppen: überflüssige Arbeitsgänge und Berichtswesen, unfähige Mitarbeiter, wenig erfolgreiche Geschäftszweige …, bis es im eigenen Müll erstickt.

Der Ökonom Peter Drucker sagt: »Organismen haben Systeme, die sie von Abfallstoffen befreien … Ohne systematische, kontinuierliche Entgiftung ist kein Überleben möglich. Trenne dich von Abfall.« Ein Unternehmen hat aber keine Organe, die automatisch den Müll entsorgen. Diese Aufgabe müssen Sie als Unternehmer übernehmen. Sie sollten nicht nur darüber nachdenken, was Sie verbessern können, sondern sich auch überlegen: *Was sollte ich gar nicht mehr tun?*

Die Sioux wussten: »Wenn das Pferd tot ist, steig ab.« Funktioniert eine Strategie nicht, dann muss sie ausgetauscht werden. Wenn das Pferd tot ist, nützt es auch nichts, einen neuen Reiter anzuheuern oder auf andere tote Pferde zu schauen und zu sagen: Denen geht es auch nicht besser.

Immer wieder diskutiere ich mit Unternehmern, die mit dieser Aufgabe Schwierigkeiten haben, weil sie sich gewissen Traditionen verpflichtet fühlen. Meine Antwort lautet dann: *Tradition bedeutet nicht, Asche zu verwahren, sondern eine Flamme am Leben zu erhalten.*

Zwei konkrete Tipps zu dieser Aufgabe: Fragen Sie sich zum einen jedes Jahr: *Was würde ich heute nicht mehr beginnen, wenn ich es nicht bereits täte?* Suchen Sie dann Wege, sich davon zu trennen.

Zweitens könnten Sie dem Beispiel von Aldi folgen: Wenn ein neues Produkt ins Sortiment aufgenommen wird, wird dafür ein anderes ausgemustert. Wir können das auch bei hervorragenden Musikern beobachten. Bevor diese ein neues Stück in ihr Repertoire aufnehmen, streichen sie ein altes. Sie tun das, weil sie wissen: Niemand kann sehr viel hervorragend beherrschen. *Man kann zwar viele Stücke mittelmäßig spielen, aber nur wenige auf sehr hohem Niveau.*

Die vierte Aufgabe hat zwei Hintergründe: Zum einen sichern Sie auf Dauer Ihr Überleben nur, wenn Sie den Müll loswerden. Zum anderen sind Sie gezwungen, sich auf das Wesentliche zu konzentrieren. Um zu wissen, was Sie entsorgen und was Sie behalten sollten, müssen Sie sich immer wieder eine entscheidende Frage stellen: *Warum tue ich etwas überhaupt?*

Damit sind wir bei Ihrer fünften Aufgabe.

Fünfte Aufgabe: Halten Sie das große Bild und den Sinn lebendig

Nichts frisst den Blick für den übergeordneten Zweck mehr auf als die Fülle der alltäglichen Probleme. Wenn die Hektik des Tagesgeschäfts einsetzt, geht das Wichtige im Gestrüpp von Nebensächlichkeiten unter. Es ist schwierig, das Bild zu sehen, wenn man sich innerhalb des Rahmens befindet. Auch darum sollten Sie als Unternehmer nicht ins Tagesgeschäft involviert sein. Ihre fünfte Aufgabe ist es, Ihr Unternehmen immer wieder auf Kurs zu bringen. Kurs-Abweichungen erkennen Sie aber nur von außerhalb.

Den Unterschied erlebe ich auf unserem Seminar »Mut zum Glücklichsein« immer wieder sehr deutlich. Ich bitte die Teilnehmer, ihre Jahresziele für alle fünf Lebensbereiche zu notieren (Gesundheit, Beziehungen, Finanzen, Emotionen/Spirituelles und Job/Lebenssinn).

Wenn ich in die Spalte »Job/Lebenssinn« schaue, dann kann ich sofort erkennen, wer *im* Unternehmen arbeitet und wer als wirklicher Unternehmer *am* Unternehmen arbeitet: Die Geschäftsführer notieren eine Vielzahl von Zielen – das Blatt reicht oft nicht aus. Die Unternehmer sind sehr schnell fertig, sie schreiben nur ein bis zwei Ziele auf. Aber das sind dann auch die entscheidenden.

Um die entscheidende Vision und das große Bild nicht aus den Augen zu verlieren, sind vor allem drei Dinge notwendig: Fokussierung, Einfachheit und Abstand.

1. **Fokussierung:** Erfolgreiche Unternehmen sind nicht nur fokussiert, sie sind auch bereit, dafür Opfer zu bringen. Um des langfristigen Erfolges willen verzichten sie auf kurzfristige Vorteile. Der Erfolgreiche muss wissen, was er tun will; aber er muss auch wissen, was er *nicht* tun will. Die Unternehmensberatung McKinsey sagt dazu: »Fast alle Unternehmen haben zu viele Kunden und zu viele Produkte.«
   Fokussierung bedeutet auch Verzicht. Ein Unternehmen braucht Mut zum Verzicht. Seit Pareto wissen wir: 80 Prozent Ihres Umsatzes erzielen Sie mit 20 Prozent Ihrer Kunden. Sollten Sie da nicht konsequent die Zahl Ihrer Kunden verringern? Und sollten Sie nicht besser dafür sorgen, dass Sie mehr »ideale Kunden« gewinnen? Wer auf Gewinner setzt, wird selbst zum Gewinner. Fokus verändert die Vorstellung von dem, *was sein könnte,* in die Gewissheit, *was sein wird.*
   Ähnlich ist es mit Ihren Produkten: 20 Prozent machen 80 Prozent Ihres Umsatzes aus. Hier greift sofort wieder die vierte Aufgabe: Trennen Sie sich von Überflüssigem. Peter Drucker sagte: »Erfolgreiche Manager tun die wichtigsten Dinge zuerst – und die unwichtigen überhaupt nicht.« Die Fähigkeit zur Konsequenz trennt letztlich die Spreu vom Weizen.

2. **Einfachheit:** In letzter Konsequenz führt eine erfolgreiche Fokussierung zu absoluter Einfachheit. Nur wer seine Ziele genau kennt, kann die teure und gefährliche Komplexitätsfalle vermeiden. Nur wer nachdenkt, kann klar strukturieren und einfache Systeme schaffen. Vergessen Sie nicht: Nur das Einfache lässt sich multiplizieren; und je öfter Sie multiplizieren können, desto größer ist Ihr unternehmerischer Erfolg.
   Einfachheit hat darum zwei entscheidende Vorteile: Erstens ermöglicht es Ihnen erst die Einfachheit, Systeme zu schaffen – und damit Ihren Unternehmenswert zu steigern. Zweitens verringern einfache Systeme Ihre Kosten; so können Sie Ihre Gewinne steigern. Zusammen ergeben ein höherer Unternehmenswert und hohe Gewinne Ihren unternehmerischen Erfolg.
   Zwischen einer guten Idee und großem Erfolg steht die Einfachheit.

3. **Abstand:** Auch wenn Sie nicht im Tagesgeschäft sind, werden Sie feststellen, dass unternehmerische Aufgaben schnell zu Herren werden, anstatt in Ihrem Dienst zu stehen. Sie müssen ständig aufpassen, dass Sie sich nicht vereinnahmen lassen. *Es gibt nur einen vernünftigen Weg, sich Ihren Abstand zu erhalten: Schaffen Sie sich störungsfreie Zeiten.*
   Blocken Sie halbe oder auch ganze Tage, um Ihre Aufgaben als Unternehmer in Ruhe durchführen zu können. Sorgen Sie für Abstand, um sich den Blick für das große Bild freizuhalten.
   Bei mir sieht das folgendermaßen aus: Ich bin drei Nachmittage pro Woche im Büro. Dann bin ich ansprechbar. Drei Monate im Jahr lebe ich auf Mallorca; dort schreibe ich vormittags und bin an drei Nachmittagen für zwei Stunden telefonisch erreichbar. Ich plane also die »Unterbrechungen«; so kann ich mir genügend Zeitblöcke legen, in denen ich ungestört an meinen unternehmerischen Aufgaben arbeiten kann.
   Die Betonung liegt hier auf dem Wort »ungestört«. Während der Tagesablauf der allermeisten Kopfarbeiter aus einer Aneinanderreihung von Unterbrechungen besteht, müssen Sie sich ungestörte Zeit schaffen. Ich weiß, das ist nicht einfach; auch bei mir war das

nicht immer ideal. Aber welche Alternative haben Sie? Wie wollen Sie das große Bild sehen können, wenn Sie keinen Abstand bekommen? Wie wollen Sie sich die Sinnfrage stellen, wenn ständig das Telefon schellt?

Und ich glaube nicht, dass wir auf Dauer der Sinnfrage entkommen können. Wir tragen die Sehnsucht in uns, die Welt ein wenig besser zu machen. Wir träumen von einer Wirtschaft des Herzens. Es ist von entscheidender Bedeutung, dass wir uns entsprechend organisieren.

Sechste Aufgabe: Entwickeln Sie eine Exit-Strategie

Könnten Sie Ihre Firma innerhalb eines Jahres verkaufen? Und könnten Sie dabei einen Preis erzielen, der Ihnen das Gefühl gibt: Es hat sich gelohnt? 99 Prozent aller Firmen-Eigentümer können das nicht. Sie besitzen nicht ihre Firma, sondern *ihre Firma besitzt sie*. Nicht verkaufen zu können bedeutet, keine Wahl zu haben. Wer keine Wahl hat, ist unfrei.

Exit heißt Ausgang. Ihre Exit-Strategie legt fest, wie Sie sich von Ihrer Firma trennen können. Die Möglichkeiten dazu sind begrenzt: Sie könnten ganz oder teilweise verkaufen, an die Börse gehen und sich dann zurückziehen oder vererben. Angenommen, Sie schaffen sich eine Exit-Strategie, die in zehn Jahren genutzt werden soll. Dann heißt das natürlich nicht, dass Sie sich auch wirklich von Ihrem Unternehmen trennen *müssen*. Aber Sie *könnten* es dann – diese Freiheit ist wichtig. In erster Linie geht es also bei der sechsten Aufgabe darum, dass Sie sich zunächst nur die Möglichkeit schaffen, sich zu trennen.

Wann, glauben Sie, sollten Sie beginnen, Ihren Ausstieg zu planen? Nun, der ideale Zeitpunkt ist *vor* dem Unternehmensstart. Dann können Sie die Weichen am besten stellen. Dieser Rat wird allerdings nur von sehr wenigen, erfahrenen Unternehmern beherzigt. Aber es gibt noch einen »zweitbesten« Zeitpunkt: jetzt. Beginnen Sie sofort. Was

Sie zu tun haben, sagen Ihnen die Unternehmer-Aufgaben 1 bis 5; dazu kommt dann allerdings ein kluger Vermögensplan. Eine Exit-Strategie besteht aus den folgenden sechs Punkten, von denen ich die ersten vier nur aufzähle, weil wir sie bereits besprochen haben:

1. Machen Sie Ihr Unternehmen von Ihnen unabhängig.
2. Sorgen Sie für Gewinn.
3. Halten Sie die Abläufe einfach, schaffen Sie Systeme, die sich multiplizieren lassen.
4. Trennen Sie sich von allem, was diese einfachen Systeme gefährdet.
5. Schaffen Sie Kapitalisierungs-Wert.
6. Bilden Sie privates Vermögen.

Schaffen Sie Kapitalisierungs-Wert: Machen Sie Ihre Firma systematisch wertvoller. Achten Sie dabei auf zwei Dinge: Erstens fragen Sie sich periodisch: Was ist wirklich wertvoll in meinem Unternehmen? Was könnte ich davon verkaufen? Und was kann ich tun, um es wertvoller zu machen?

Zweitens fragen Sie sich: Wenn ich am Jahresende meine Firma verkaufen wollte, welchen Wert hätte sie? Arbeiten Sie darauf hin, dass sich dieser Wert jedes Jahr steigert.

Es gibt eine einfache Strategie, um systematisch den Wert Ihrer Firma zu steigern: Finden Sie heraus, zu welchem Preis ein Unternehmen in Ihrer Branche verkauft wurde, das mindestens drei- bis zehnmal wertvoller ist als Ihr eigenes Unternehmen. Beschäftigen Sie sich dann mit dieser Firma. Was hat denen dort diesen Erfolg ermöglicht? Was haben die anders gemacht? Was können Sie davon übernehmen? Was können Sie vielleicht sogar besser machen?

Möglicherweise – und Sie sollten es auf jeden Fall versuchen – können Sie den ehemaligen Eigentümer dieser Firma als Coach oder Berater gewinnen. Er hat ja nun den Verkauf hinter sich und steht nicht in Konkurrenz zu Ihnen.

Bilden Sie privates Vermögen: Wenn ich mit Unternehmern über dieses Thema spreche, stoße ich auf ein geradezu naives Weltbild. Viele denken und handeln nach dem »Plan«: Erst mache ich mein Unternehmen erfolgreich, dann werde ich auch reich. Dabei wird übersehen, dass ein solides privates Vermögen für eine Exit-Strategie von großer Bedeutung ist – und dass es auch auf den Erfolg des Unternehmens Einfluss hat.

Sie werden Ihr Unternehmen viel leichter und vor allem zu einem viel besseren Preis verkaufen können, wenn Sie über privates Vermögen verfügen. Sie sind dann unabhängig. Schon allein dadurch haben Sie eine nicht zu unterschätzende Position der Stärke. Als Unternehmer mit privatem Vermögen haben Sie drei große Vorteile:

Erstens können Sie Ihren Preis bestimmen. Ein Käufer spürt sehr schnell, ob Sie sich in einer dürftigen oder in einer starken finanziellen Lage befinden.

Zweitens müssen Sie nicht verkaufen. Auch wenn sich eine Situation ergibt, in der Sie Ihr Unternehmen nicht führen wollen oder können, ist es enorm wichtig, dass Sie Ihren gewohnten Lebensstandard aus der Rendite Ihres Vermögens halten können.

Drittens können Sie leichter loslassen. Sie brauchen sich keine Sorgen zu machen, dass zum Beispiel vereinbarte Dividendenzahlungen auch tatsächlich erfolgen. Wenn Sie von dem Verkaufspreis unabhängig sind, können Sie leichter Verträge aushandeln, die den Fortbestand der Firma sichern. Möglicherweise bleibt Ihr Lebenswerk so eher erhalten.

Es kann gar nicht genug betont werden: Sorgen Sie dafür, dass Sie privates Vermögen bilden. Sie können auf zwei Beinen besser und sicherer stehen. Schaffen Sie sich darum ein »privates Bein«. Dieses Geld sollte unabhängig von Ihrem Unternehmen sein. Das ist zum Beispiel bei einer Pensionszusage nicht der Fall; diese Gelder sind nämlich bei einem Konkurs nicht gesichert.

Ich habe vielfach den Einwand gehört: »Sie betonen doch immer den Wert der Fokussierung; sollte ich da mein Geld nicht lieber in der Firma belassen?« Die Antwort beinhaltet eine der wichtigsten Unterscheidungen, die Sie als Unternehmer lernen müssen: Sie müssen die Natur des Unternehmens und die des Unternehmers getrennt sehen.

1. **Die Unternehmens-Ebene:** Jedes Unternehmen steht im Wettbewerb mit anderen Unternehmen, und auf Dauer werden nur die Besten bestehen. Wer aber zu den Besten gehören will, darf sich nicht verzetteln. Für das Unternehmen ist Diversifikation ein Fehler; Fokussierung ist unverzichtbar. Natürlich birgt jede Fokussierung auch größere Risiken; aber auf der Unternehmens-Ebene haben Sie keine andere Wahl, als diese Risiken einzugehen, wenn Sie eine erfolgreiche Firma aufbauen wollen.
2. **Die Unternehmer-Ebene:** Auf Ihrer privaten Ebene sollten Sie dieses Risiko relativieren. Hier sollten Sie streuen. Als Anleger haben Sie die Wettbewerbs-Situation nicht, die auf der Unternehmens-Ebene besteht. Hier ist es wichtig, Ihr Risiko zu begrenzen, indem Sie streuen. Je klüger Sie Ihr Vermögen streuen, desto sicherer ist es. Darum sind Sie als Unternehmer gut beraten, Ihr Vermögen in drei große Töpfe einzuteilen, die Sie strikt voneinander trennen sollten:
   1. Ihre Firma;
   2. Ihr privates Anlage-Vermögen;
   3. Ihr Luxus-Vermögen (zum Beispiel Häuser, die Sie selbst bewohnen).

   Ihr Luxus-Vermögen bringt Ihnen keine Rendite, sondern kostet Sie Geld. Darum ist dieser dritte Topf sinnvoll. Finanzielle Freiheit erlaubt Ihnen unmittelbar nur Ihr privates Anlage-Vermögen. Nur hier befinden Sie sich im Feld des Investors und erhalten laufende Renditen.

Zusammenfassend können wir sagen: *Für Ihr Unternehmen heißt die Erfolgs-Formel FOKUSSIERUNG; für Sie als privaten Unternehmer heißt sie STREUUNG.*

Reichtum

Wenn Sie im Feld der Unternehmer tätig sind, können Sie eher als in allen anderen Feldern ein großes Vermögen aufbauen. Aber dazu müssen Sie sich an gewisse Regeln halten. Die wichtigsten Aufgaben eines Unternehmers haben wir besprochen. Als Letztes will ich auf die Steuer-Gesetze hinweisen.

Zwar sind diese Gesetze gemacht, um den Armen und dem Mittelstand zu helfen. Aber in Wahrheit helfen sie nur dem Kundigen. Darum kann ich nur einmal mehr den dringenden Appell an Sie richten: Suchen Sie sich einen ausgezeichneten Steuerberater. Niemand zahlt mehr Steuern als ein reicher Mensch. Aber andererseits hat auch niemand mehr Möglichkeiten, eine legale steuerliche Entlastung zu erfahren als ein Unternehmer.

Hier gilt: Wer die Pflicht hat, Steuern zu zahlen, hat auch das Recht, Steuern zu sparen. Es geht mir nicht um irgendwelche Tricks und Gesetzeslücken, sondern ganz einfach um ein Prinzip: Die Mittelklasse verdient, zahlt von dem Verdienst ihre Steuern und investiert aus dem Netto. Kluge Unternehmer dagegen verdienen, investieren dann und zahlen Steuern auf das, was übrig bleibt.

Reiche Unternehmer	**Mittelstand**
1. verdienen	1. verdient
2. investieren	2. zahlt Steuern
3. zahlen Steuern	3. investiert

Der große Unterschied ist also: *Nur Unternehmer können größere Summen von ihrem Brutto sparen und investieren.*

Wie bereits zu Beginn dieses Kapitels gesagt: Als Unternehmer zahlen Sie einen gewissen Preis – und nicht jeder ist geeignet und willens, Unternehmer zu sein. Darum behaupte ich auch nicht, dass jeder ein Top-Unternehmer werden kann. Aber wer sich an die Regeln in diesem Kapitel hält, wird wesentlich bessere Resultate erzielen, als wenn er es nicht tut.

Es ist mir wichtig, dass Sie nicht in eine Lage geraten, die Sie unglücklich macht. Überprüfen Sie darum gründlich, inwieweit Sie wirklich über die notwendigen Charakter-Eigenschaften eines Unternehmers verfügen. Orientieren Sie sich niemals allein an dem materiellen Erfolg, den Sie erzielen könnten. Achten Sie immer zuerst darauf, ob Sie in dem Feld des Sterns, das Sie auswählen, wirklich glücklich wären.

11

Dienen kommt vor verdienen

»Der Große lebt nicht für sich, sondern für alle.«
Rudolf Diesel

Es ist eine altbekannte Weisheit: Wenn Sie viel verdienen wollen, müssen Sie bereit sein zu dienen. Ich will es sehr deutlich sagen: *Nur wer gelernt hat zu dienen, erhält die wirklichen Belohnungen im Leben.*

Viele wollen zuerst verdienen – und dann erst dienen. So funktioniert es aber nicht. Weder in der Natur noch in Beziehungen und auch nicht beim Einkommen. Wir müssen zuerst säen – dann erst können wir ernten. Wir können uns nicht vor einen leeren Ofen setzen und sagen: »So, nun mach mich mal schön warm, dann gebe ich dir auch Holz.«

Dienen können wir in fünffacher Hinsicht verstehen; es ist wichtig, alle fünf Aspekte des Dienens zu verinnerlichen: Kollegen und Kunden helfen, sich einer Sache unterordnen, die Familie und Freunde fördern, das System verbessern und Arme und Kranke unterstützen.

Lassen Sie uns den Stern in diesem Kapitel noch einmal verwenden. Jetzt geben wir ihm aber eine andere Bedeutung. Jetzt geht es nicht darum, wo Sie überall Geld *ver-dienen* können, sondern wem Sie alles *dienen* sollten. Glück und Erfüllung können wir niemals erfahren, wenn wir uns nur auf das »Nehmen« konzentrieren. Wir brauchen auch die andere Seite des Sterns: das Geben und Dienen. Hier die fünf Schwerpunkte:

1. Familie und Freunde
2. Kollegen und Kunden
3. Aufgaben
4. System
5. Arme und Kranke

In dem Stern dargestellt sieht das so aus:

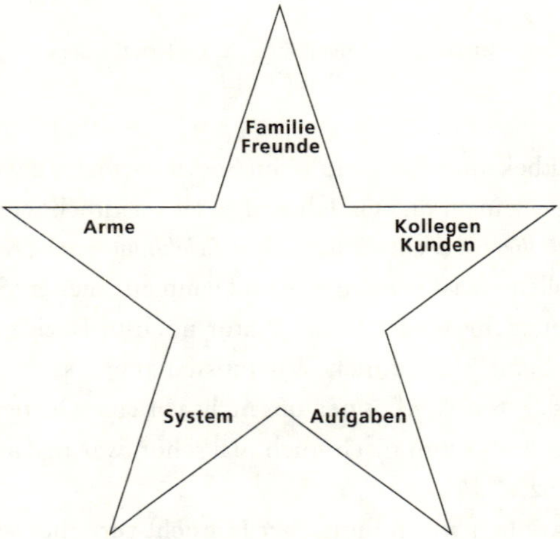

Erstes Feld: Helfen Sie Kollegen und Kunden

Erstens sollten Sie in der Lage sein, in Ihrem Job anderen zu helfen: Ihren Kunden, Ihren Kollegen und Mitarbeitern und der Firma insgesamt. Dienen bedeutet dabei nicht, würdelos und ohne Selbstachtung alle »niederen« Arbeiten zu verrichten, für die sich andere zu schade sind. Dienen bedeutet zu *helfen*.

Wer hilft, muss deshalb nicht automatisch tun, was andere sich von ihm wünschen. Manchmal ist es auch wichtig, auf eine Art zu helfen, die dem anderen nicht bequem ist. Auch bedeutet Hilfe nicht, für andere zu tun, was diese selbst tun könnten und tun sollten.

Wichtig ist: Wir sollten uns niemals *zu schade sein* zu helfen. Wenn nötig, dann können wir auch einmal Geschirr abräumen, Möbel rücken und eine Nachtschicht schieben. Hierbei ist die Einstellung hilfreich, dass es keine unwichtigen Arbeiten gibt. Alles, was es wert ist, getan zu werden, ist es auch wert, *gut* getan zu werden. Nur für Menschen mit winzigem Verstand gibt es unwesentliche, winzige Dinge.

Sie brauchen die Motivation, Kunden gefallen zu wollen und sie zu erfreuen. *Wer dient, wird nicht zum Diener, sondern zum König.*

Ihr Einkommen ist im Grunde genommen der Dank anderer Menschen an Sie. *Sie verdienen viel, wenn Ihnen viele Menschen danke sagen.* Sie sagen Ihnen danke, weil Sie ihnen in irgendeiner Weise gut gedient haben. Sorgen Sie dafür, dass sich viele Menschen bei Ihnen bedanken.

Zweites Feld: Ordnen Sie sich einer Aufgabe unter

Zweitens sollten wir bereit sein, einer Sache zu dienen: einem Projekt, einer Aufgabe, einer Idee. Wer nicht gelernt hat, zeitweise eine Aufgabe höher zu stellen als sich selbst und seine Bedürfnisse, dem entgeht etwas Fundamentales: *Wir wachsen besonders dann, wenn wir an einer Sache arbeiten, die größer ist als wir selbst.* Wir entwickeln uns charakterlich besonders dann weiter, wenn wir uns selbst einmal zurückstellen. Die besten Ergebnisse werden erreicht, wenn Menschen bereit sind, sich selbst eine Zeit lang zurückzunehmen, um gemeinsam in einem Team ein Ziel zu erreichen.

Wir beobachten immer wieder egozentrische Menschen, die das nicht können oder wollen. Manche scheinen zu glauben, die Welt und all die vielen »Menschlein« darin seien nur geschaffen worden, um sich um sie zu drehen. Wenn diese Leute einen Globus sehen, so suchen sie darauf nach sich selbst. Eine sehr begrenzte Sicht der Welt.

Wer sich selbst zu wichtig nimmt, der kann nicht dienen. Indem wir begreifen, dass wir Teil eines sehr großen Spiels sind, werden wir demütig – und Demut ist eine gute Voraussetzung, um zu dienen. Wir sind Hauptdarsteller in unserem eigenen Leben, aber gleichzeitig Nebendarsteller in einem größeren Bühnenstück.

Drittes Feld: Fördern Sie Ihre Familie und Ihre Freunde

Wer seine Familie und Freunde liebt, der fördert sie. Wie können Sie wirkungsvoller demonstrieren, dass Ihnen ein Mensch wichtig ist, dass Sie seine Freiheiten akzeptieren und an sein Potenzial glauben?

Unsere Familie und unsere Freunde buchstabieren Liebe wie folgt: »Z E I T«; aber damit ist hauptsächlich Qualitäts-Zeit gemeint, genutzte Zeit. Sie haben nur wenig Zeit zur Verfügung; diese können Sie nicht auf endlos viele Menschen verteilen. Wenn Sie das dennoch versuchen, machen Sie es schließlich keinem recht. Das ist auch ein Grund, warum wir keine große Zahl wahrer Freunde haben können. Aber Sie können eine bestimmte überschaubare Gruppe von Menschen ganz gezielt fördern.

Machen Sie ihnen Geschenke, die den Horizont erweitern. Teilen Sie Ihr Wissen mit ihnen. Sprechen Sie über Qualitäts-Themen; zum Beispiel darüber, wie Ihre Freunde und Bekannten »endlich mehr verdienen« können. Seien Sie auch nicht immer bequem für die Menschen, die Sie lieben. Zu fördern ist nicht immer angenehm – weder für den, der fördert, noch für den Geförderten.

Viertes Feld: Unterstützen Sie Arme

Das Motto der Französischen Revolution lautete: »Freiheit und Gleichheit!« Erst später kam ein dritter Begriff dazu: Brüderlichkeit. Warum? Freiheit und Gleichheit sind bekanntermaßen Gegensätze, die einander ausschließen. Je freier Menschen sind, desto weniger Gleichheit gibt es; je mehr Gleichheit »durchgesetzt« wird, desto unfreier ist der Einzelne.

Der Staat kann diese Gegensätze nicht überbrücken, er kann immer nur Kompromisse schließen: Mal opfert er etwas Freiheit, ein anderes Mal etwas Gleichheit. Es gibt kein System, das diesen Konflikt lösen könnte. Und das ist gut; denn so ist der Einzelne gefragt. *Brüderlichkeit ist notwendig, um diese Gegensätze zu überbrücken.* Unsere Welt schwankt zwischen Unfreiheit und Ungleichheit; sie wird erst lebenswert, wenn wir einander achten. Wer seinen Mitmenschen achtet, darf nicht zulassen, dass er unter würdelosen Umständen lebt. *Armut ist nicht die Angelegenheit der Armen; sie ist unsere Angelegenheit!*

Die Menschen in Ihrer Familie und in Ihrem Freundeskreis leiden wahrscheinlich nicht unter großer Not. Viele von uns leben in einer Art Kokon, in dem sie beschützt sind. Von der wirklichen Armut bekommen wir nur am Rande etwas mit.

Es ist wichtig, dass wir Armut nicht ignorieren. Es gibt zu viel Elend auf dieser Welt, als dass wir sagen könnten: »Das betrifft mich nicht.« Wer sich weigert, sich mit Armut auseinander zu setzen, verliert das Augenmaß für Ereignisse des täglichen Lebens. Allzu leicht verschieben sich Maßstäbe.

Ein Beispiel: Sind Sie schon einmal in den Urlaub geflogen und Ihr Koffer ist verloren gegangen? War das nicht eine schlimme Katastrophe? Die schönen Kleidungsstücke, in denen Sie so vorteilhaft aussahen – alle weg. Und die Versicherungssumme ist lächerlich niedrig. Und wer zahlt Ihnen die Zeit, um die ganzen Sachen wieder zu besorgen; der Urlaub ist fast ruiniert …

Was glauben Sie, wie viele bettelarme Menschen sofort mit Ihnen tauschen würden? Müssen ihnen unsere Probleme nicht wie Hohn vorkommen? Was ist ein Koffer (im Urlaub!) dagegen, auf der Flucht zu sein, ohne Nahrung, möglicherweise mitten im Winter? Was denken wohl hungernde Menschen, wenn sie hören, dass Übergewicht eins der Hauptprobleme der »zivilisierten« Welt ist?

Wir leben in einer Welt, die *jede Minute* 25 Millionen US-Dollar für Rüstung ausgibt und in der *jede Minute* vierzig Kinder an Hunger sterben. Minute für Minute. *Wer vermögend ist und dann nur noch an seine Sicherheit denkt, gleicht demjenigen, der die Leiter emporsteigt und sie dann hinter sich zur Erde wirft.* Blenden Sie tiefe Armut nicht einfach aus. Überlegen Sie, ob Sie nicht zum Beispiel 10 Prozent Ihres Einkommens spenden könnten. Ich verspreche Ihnen: Sie werden sicherlich nicht weniger haben. Sie werden reicher dadurch: an Glück, aber auch materiell. Erklären kann ich es nicht; aber es stimmt immer. Bitte probieren Sie es aus.

Tun Sie das, was Ihnen entspricht: Armen helfen, Kranke pflegen, Sterbende begleiten. Es wird den Bedürftigen helfen, und es wird Sie verändern.

Fünftes Feld: Verbessern Sie das System

Vielleicht fragen Sie: »Wie soll ich denn das System verbessern? Was kann ich als Einzelner ausrichten?« Möglicherweise fühlen Sie sich machtlos.

Es war einmal ein Rabbi namens Zuzya, der beklagte sich sein Leben lang, dass er nicht so talentiert und charismatisch wie Moses war. Eines Tages sprach Gott zu ihm: »Im Himmel werden wir dich nicht fragen, warum du nicht Moses warst; sondern wir werden dich fragen, warum du nicht Zuzya warst.«

Das Geheimnis jeder Veränderung ist, sich nicht auf das zu konzentrieren, was Sie *nicht* tun können, sondern auf das, *was* Sie tun können.

Konfuzius sagte: »Es ist besser, eine Kerze anzuzünden, als ständig über die Dunkelheit zu klagen.«

Sie sollten sich niemals entmutigen lassen, wenn es so scheint, als würde sich durch Ihre Anstrengung nicht viel ändern. Denn erstens erreichen Sie immer etwas Großartiges, wenn Sie das Leben oder den Augenblick eines Menschen verbessern. Wer will den Wert eines glücklichen Augenblicks ermessen?

Zweitens kennen wir noch viel zu wenig die wahren Auswirkungen einer einzelnen Tat. Aber wir erahnen immer mehr, wie sehr alles miteinander verflochten ist. Das System besteht aus vielen kleinen Teilen. Wie diese Teile genau zusammenhängen, können wir noch nicht genau erklären. Aber je weiter sich die Wissenschaften entwickeln, umso mehr Zusammenhänge werden deutlich. Wir können in einem Apfel die Samenkörner zählen; aber wer kann erahnen, wie viele Äpfel in einem Samenkorn stecken?

Wenn Sie zwei Gitarren nebeneinander stellen und bei einer von ihnen eine der beiden E-Saiten zupfen, beginnt auch die gleiche E-Saite der anderen Gitarre zu vibrieren. Man nennt das »Sympathieschwingung«. Verschenken Sie Sympathie: ein Lächeln, Liebenswürdigkeit, Anerkennung, Aufmunterung, Hoffnung, Vertrauen. Nichts bleibt ohne Einfluss. Wenn Sie aus dem Herzen sprechen und handeln, reagiert das Herz des Gegenübers.

Welche Ansätze kann es für Sie geben, das System zu verbessern? Sie können etwas für die Umwelt tun, für Tiere, für das Schulsystem, für Chancengleichheit und mehr Brüderlichkeit und Liebe, Sie können einen Arbeitslosen coachen und mit ihm dieses Buch besprechen … Es gibt endlos viele Aufgaben. Hören Sie in sich hinein: Was liegt Ihnen wirklich am Herzen? Was erfüllt Sie mit Leidenschaft? Wo sehen Sie Ihre Aufgabe?

Wie gesagt: Es gibt unzählige Möglichkeiten zu helfen. Im Anhang beschreibe ich Ihnen unsere Stiftung.

Power-Tipp

Verbessern Sie unsere Welt, indem Sie helfen.

- Verzetteln Sie sich nicht dabei. Arbeiten Sie gezielt an einem Projekt.
- Auch wenn Sie in bester Absicht handeln, müssen Sie klug vorgehen und sich fokussieren. Auch wenn Sie helfen wollen, ist es wichtig, Ziele zu setzen und zu planen, gutes Zeitmanagement zu betreiben, Allianzen mit Gleichgesinnten zu schmieden, zu delegieren und zu organisieren.
- Sehen Sie Ihr Hilfs-Projekt wie ein Unternehmen. Arbeiten Sie wie ein Unternehmer.
- Alles, was in diesem Buch beschrieben ist, gilt auch für Ihr soziales Engagement – mit der einen Ausnahme, dass Sie kein Geld für sich selbst verdienen wollen, sondern für andere.
- Es ist nichts Schlimmes daran, wenn ein Mensch Reichtümer besitzt; das Schlimme ist, wenn die Reichtümer den Menschen besitzen. Sie können niemals von etwas besessen werden, wenn Sie einen Teil davon weitergeben.

Fairness

Fairness bedeutet *nicht*, dass alle dasselbe bekommen sollten, denn nicht alle brauchen oder verdienen dasselbe. Aber Fairness bedeutet, dass allen ähnliche Bildungsmöglichkeiten zuteil werden. Alle Kinder sollten dieselbe Chance haben, ihre individuellen Stärken hervorzuheben.

Fairness erfordert eine Investition in die Bildung aller Menschen; wobei wir akzeptieren müssen, dass manche diese Investition besser nutzen werden als andere. In einem Zustand der Gerechtigkeit haben alle Kinder das Anrecht auf eine bestimmte Bildung.

Wie gesagt: Kinder sind unser größtes Gut und unsere Zukunft. Ermöglichen wir ihnen eine faire Chance. Geben wir ihnen heute Wissen statt morgen Almosen. Wenn es nicht der Zweck unseres Lebens ist, das Leben der anderen um uns herum positiv zu beeinflussen – was dann?

12

Freizeit

Wie du einmal wünscht, gelebt zu haben,
so kannst du jetzt schon leben.
Mark Aurel

Stellen Sie sich vor, Sie begegnen einer Fee und haben drei Wünsche frei. Was würden Sie wählen? Im Märchen wünschen sich die meisten Menschen zunächst zweimal fatalen Unsinn und müssen dann den dritten Wunsch darauf verwenden, dies zu korrigieren.

Sieht nicht die Wirklichkeit oft so aus? Haben Sie sich auch schon um etwas bemüht – nur um später zu erkennen, dass es Sie gar nicht glücklich macht? Manchmal benötigen wir dann unsere ganze Kraft, um die von uns geschaffene Situation wieder zu verändern. Und: Kann es sich mit einem hohen Einkommen nicht ebenso verhalten?

Workaholics

Viele Menschen erwarten von der Gegenwart nichts und von der Zukunft alles. Sie begraben sich dermaßen unter ihrer Arbeit, dass sie kaum an die frische Luft der Freizeit gelangen. Noch in den achtziger Jahren des letzten Jahrhunderts wurde es als heroisch und richtig angesehen, lange und hart zu arbeiten; das galt als sicheres Zeichen dafür, dass jemand auf dem Weg zum Erfolg war.

Heute erkennen immer mehr Menschen, dass Arbeit nicht alles ist. Jemand, der immer nur arbeitet, wird inzwischen mitleidig angesehen. Wir wissen heute: Es ist wichtig, die richtige Balance zu finden zwischen unserem beruflichen Eifer und der Fähigkeit, viele Facetten des Lebens zu genießen. *Arbeit und das Ansammeln von Vermögen sind nur das halbe Leben. Familie, Freunde, Kultur, Lesen und Lernen, Spaß, Erholung, Sport und Entspannung dürfen nicht ins Hintertreffen geraten.*

In einem Cartoon geht ein Manager mit seiner kleinen Tochter am Strand spazieren. Während er telefoniert, zieht ihn die Kleine am Ärmel seines Sakkos, um endlich seine Aufmerksamkeit zu bekommen. Der Manager darauf ärgerlich: »Nicht jetzt! Papa arbeitet!«

Echte Workaholics ziehen die Arbeit jedem anderen Zeitvertreib vor – auf Dauer ein jämmerlicher Zustand. Es handelt sich dabei ebenso um eine Sucht wie beim übermäßigen Gebrauch von Alkohol, Drogen, Medikamenten und Ähnlichem. Sucht entsteht immer dann, wenn ein Mensch vor etwas wegläuft; oft versteckt sich dahinter die Unfähigkeit, fruchtbare Beziehungen einzugehen.

Geben Sie Ihrer Arbeit großzügig Ihre Zeit; aber seien Sie nicht zu verschwenderisch. Lassen Sie genug für sich selbst. Lassen Sie niemals zu, dass Sie um wesentliche Teile dessen gebracht werden, was den Lebenserfolg ausmacht. *Zum tiefen Glück gehört Arbeit, aber auch Genuss außerhalb der Arbeit. Es kann nicht darum gehen, das eine auf Kosten des anderen zu maximieren.* Wirklich erfolgreich sind Sie nur, wenn es Ihnen gelingt, Arbeit und Privates in Einklang zu bringen.

Freizeit und Beruf – beides hat seinen Wert, und beides sollte einen Platz in Ihrem Leben haben. Zum wahren Glück gehört beides: Erfüllung in der Arbeit, verbunden mit einem guten Einkommen, aber auch Freizeit und die Fähigkeit, diese in vollen Zügen zu genießen. Es ist sogar so, dass Glück und Erfüllung in der Freizeit den beruflichen Erfolg *unterstützen*; so wie auch ein hohes Einkommen Ihre Freizeit auf ein höheres Niveau stellt.

Karoshi

Workaholics denken, sie seien effektiv; das ist ein teurer Fehler. *Weil sie ständig im Endspurt arbeiten, kosten sie in Wahrheit ihrem Unternehmen sehr viel Geld.* Negativer Stress lässt Sie *Fehler machen*; er lässt Sie die *wichtigen Dinge vergessen*; negativer Stress bewirkt, *dass Ihre Zeit von Details statt von großen Treffern verschlungen wird.*

Harte Arbeit führt zu mäßigen Ergebnissen. Große Leistungen setzen Freude voraus. Nur wer in seiner Tätigkeit Erfüllung findet, kann etwas Außerordentliches erreichen.

In Japan ist heute Karoshi – der Tod durch Überarbeiten – die zweithäufigste Todesursache. In unserem Land sind die Zahlen nicht bekannt, aber sie sind sehr hoch. Ich habe es bei meinem Vater erlebt: Er arbeitete eigentlich immer; und als er krank wurde, arbeitete er noch härter als vorher. Er ist dann mit 48 Jahren gestorben.

Eigentlich hätte ich also gewarnt sein müssen. Eigentlich ... Tatsächlich aber tappte ich vor einigen Jahren in die gleiche Falle. Als ich mich entschied, Sprecher zu werden, hatte ich zunächst Mühe, 1000 Euro am Tag als Gage zu erhalten. Innerhalb eines Jahres ging mein Sprecher-Honorar für einen Tag hoch auf 10 000 Euro, wenige Monate später auf 15 000 und bald auf über 20 000 Euro. Eine der wichtigsten Übungen habe ich damals nicht beherrscht: *nein zu sagen.*

Fasziniert vom eigenen Erfolg im neuen Gebiet habe ich alles angenommen. Wer weiß, was es heißt, den ganzen Tag mit vollem Einsatz vor vielen Menschen zu reden – viele Tage hintereinander –, gleichzeitig Unternehmen zu leiten, Bücher zu schreiben ..., der kann sich vorstellen, wie viel Kraft das kostete.

Aber ich lebte sehr gesund, trieb viel Sport, hatte viel Energie und glaubte, etwas Gutes bei vielen meiner Zuhörer zu bewirken. Also arbeitete ich rund sechzehn Stunden jeden Tag und schlief nur drei bis vier Stunden. Als ich dann eine Lungenentzündung bekam, hätte ich eigentlich auf die Bremse treten müssen. Aber ich war für anderthalb Jahre im Voraus ausgebucht und wollte die Teilnehmer meiner Veranstaltungen nicht enttäuschen. Mir fehlte der Mut zum Verzicht. Der bald folgende Zusammenbruch mit allen seinen Folgen war äußerst unangenehm.

Es dauerte viele Monate, bis ich wieder gesund war. Ich möchte Sie also warnen: Workaholismus, Burn-out und übermäßiger Stress sind Unsinn und stammen aus dem hinter uns liegenden Industrie-Zeitalter. *Auch eine High-Income-Person nimmt auf die Gegenwart keine Hypothek für die Zukunft auf.*

Inzwischen habe ich mir – auch als Selbstschutz – eine einfache Philosophie zurechtgelegt. Sie lautet: Wer *zu* hart arbeitet, mag sich selbst nicht genug. Eine solche Person hat das Interesse an sich selbst verloren. So einfach ist das. Lernen Sie, sich gut zu behandeln; gönnen Sie sich etwas.

Dabei geht es mir nicht nur darum, Sie vor Krankheit aus Überarbeitung zu warnen. Ich will auch daran erinnern, dass viele der wirklich wichtigen Schätze nicht in der Arbeit zu finden sind.

Die Schritte zu einer optimalen Zeiteinteilung

Wer länger und härter arbeitet, um mehr zu verdienen, ist dadurch nicht wirklich reicher. Der Wert der geopferten Freizeit muss von dem höheren Einkommen abgezogen werden. Und oftmals ist der Wert der geopferten Freizeit erheblich höher als der finanzielle Zugewinn.

Wahren Wohlstand können Sie nicht schaffen, indem Sie auf Freizeit verzichten, um stattdessen Geld zu verdienen. Wahrer Wohlstand bedeutet die Fähigkeit, aus weniger mehr zu machen – ohne dafür im gleichen Ausmaß Opfer bringen zu müssen. *Dieses Buch soll Sie nicht dazu anleiten, die Zahl Ihrer Arbeits-Stunden zu steigern; es geht vielmehr um die Steigerung Ihrer Arbeits-Produktivität.* Wirklicher Erfolg bedeutet, dass Sie ein höheres Einkommen erzielen und dabei Ihre Arbeitszeit konstant halten oder sogar verringern.

Echte Freiheit bedeutet nicht Freiheit *von* Arbeit, sondern Freiheit *in* der Arbeit – also genügend Zeit zum Nachdenken und für Gespräche zu haben.

Im Informations-Zeitalter besteht eines der größten Geheimnisse darin, wie man Erschöpfung durch zu viel Arbeit vermeidet. *Alle Tipps in diesem Buch sind bedeutungslos, wenn Sie nicht in der Lage sind, in Ihrem Leben Ausgeglichenheit zu bewahren.*

Ich möchte deshalb den dringenden Appell an Sie richten: Legen Sie fest, wie viel Arbeit und welche Arbeitszeiten Ihnen gut tun. Bestimmen Sie auch Ihre Freizeit und planen Sie diese wie Ihre Arbeit. Möglicherweise helfen Ihnen dabei die wichtigsten Schritte, die es mir ermöglicht haben, eine für mich optimale Zeiteinteilung zu finden.

1. **Die Sinnfrage, der Kompass:** Ich weiß, was ich will. Die Übungen, die Sie in Kapitel 6 finden, sind Teil unseres Seminars »Mut zum Glücklichsein«. Ich nutze dieses Seminar, um die Übungen einmal pro Jahr *selbst* zu machen. Dadurch weiß ich vor allem, welches für mich die *richtigen Dinge sind* (Effektivität) – während sich die meisten Menschen nur darauf konzentrieren, die Dinge *richtig zu machen* (Effizienz). Es ist wichtig, dass wir unseren inneren Kompass kennen. Nur so wissen wir, welche Richtung wir nehmen wollen. Erst wenn wir für uns geklärt haben, welche Tätigkeit für uns richtig ist, macht es Sinn, dass wir darin besser werden.
2. **Gute Planung:** Ich plane mein Jahr immer mehrere Tage lang (im Urlaub); meine Wochenplanung dauert auch etwa 45 Minuten. Da ich nur eine gewisse Zeit arbeiten möchte, terminiere ich konsequent die wichtigsten Aktivitäten zuerst. Zudem plane ich täglich Zeit für Unvorhergesehenes. Vor allem aber plane ich auch meine Freizeit – und zwar immer als Erstes.
3. **Delegieren:** Es ist mir gelungen, mich mit sehr guten Partnern und Mitarbeitern zu umgeben. Jeder tut das, was ihm Spaß macht und seinen Talenten entspricht. Ich kontrolliere lediglich die Gewinne und achte darauf, dass Systeme geschaffen werden. Ich erfülle meine Aufgaben als Unternehmer (siehe Kapitel 10). Ins Tagesgeschäft mische ich mich nicht ein. Delegieren Sie aber möglichst an Personen, die die Arbeit genauso gut wie Sie oder besser erledigen können.
4. **Absolute Konzentration:** Ich habe gelernt, mich voll auf meine

momentane Aufgabe zu konzentrieren; meine Gedanken schweifen auch nicht für einen kleinen Bruchteil ab. Ich kann darum ein Vielfaches von meinen früheren Ergebnissen erreichen. Dazu haben hauptsächlich zwei Dinge beigetragen: Zum einen meditiere ich täglich; das fördert die Fähigkeit zur absoluten Konzentration. Zum anderen ruhe ich mich alle zwei Stunden zwanzig Minuten lang aus. In dieser Zeit kann ich mich körperlich, aber auch geistig und seelisch vollkommen erholen. Der Trick ist, sich auszuruhen, *bevor* Sie müde, erschöpft oder gestresst sind. Ich empfehle Ihnen sehr, diese Methode auszuprobieren (siehe Kapitel 10).

5. **Paretos 80/20-Regel:** Sie besagt, dass 80 Prozent all dessen, was Sie mit Ihrer Arbeit erreichen, auf 20 Prozent der aufgewandten Zeit zurückgeht. Wenn wir uns auf die 20 Prozent unserer Arbeit konzentrieren, die Ergebnisse bewirken, dann werden wir keinen Zeitmangel haben. Wir können unsere Arbeitszeit demnach in die *vielen unwesentlichen* und die *wenigen wesentlichen Tätigkeiten* unterteilen. Übermäßige Komplexität entsteht immer dann, wenn wir uns nicht auf das Wesentliche konzentrieren.

Bevor ich Paretos Regel richtig verinnerlicht habe, dachte ich immer, ich hätte zu wenig Zeit. Heute weiß ich: Ich hatte keinen *Mangel* an Zeit gehabt, sondern eine *katastrophale Misswirtschaft* betrieben. Ein Großteil unserer Tätigkeiten hat nur einen geringen Nutzen; einige Bruchteile unserer Zeit sind wertvoller als der gesamte Rest.

Wer sich die Regel Paretos wirklich zu Eigen macht, erkennt: Eine marginale Veränderung wird nicht ausreichen; wir benötigen vielmehr eine Zeit-Revolution. Wir müssen immer wieder unsere gesamte Zeitplanung in Frage stellen.

Ausgangspunkt können die Fragen sein: *Was kann auch ein anderer tun? Was habe ich heute zum letzten Mal selbst gemacht? Wo stecken in meiner Arbeit die 20 Prozent, die 80 Prozent der Ergebnisse bringen?*

Das Spannende an Paretos Regel ist: Innerhalb der entscheidenden 20 Prozent können Sie wiederum eine 80/20-Aufteilung vornehmen – und so weiter. Dies endet eigentlich nur, wenn wir nicht mehr optimieren wollen. Viele Leute fürchten, dass sie sich durch Delegieren und die 80/20-Regel selbst überflüssig machen. *Aber erfolgreiche Menschen wollen sich überflüssig machen.* Sie wissen, dass sie immer etwas zu tun finden, was das Unternehmen vorwärts treibt. Sie wollen Wege finden, sich selbst zu befreien – um die kreative Kraft für das Gedeihen ihres Unternehmens zu sein.

Arbeit und Freizeit

All dies soll natürlich kein Aufruf zur Faulheit sein. Im Gegenteil, es soll Ihnen dazu verhelfen, effizienter und vor allem effektiver zu arbeiten. Und es soll Ihnen helfen, die für Sie richtige Balance in Ihrem Leben aufrechtzuerhalten.

So wie Sie niemals zulassen sollten, dass Ihre Arbeit Ihre Freizeit aufzehrt, sollten Sie auch niemals zulassen, dass Ihre Freizeitbeschäftigungen Ihren Arbeitstag aushöhlen. Sie brauchen Konsequenz und Disziplin.

Wer die Ratschläge zur Freizeit annimmt, der sollte auch eine *starke Arbeitsdisziplin* haben. So sitze ich zum Beispiel jeden Morgen zu einer bestimmten Uhrzeit an meinem Schreibtisch und schreibe. Fünf Tage die Woche, jeden Morgen. Ein Buch schreibt man nun einmal Seite für Seite. Es gibt keinen anderen erfolgreichen Weg, als jeden Tag zur gleichen Zeit zu schreiben.

Sie müssen wissen, wann es für Sie gut ist, Pausen zu machen; und Sie müssen wissen, wann Sie konzentriert arbeiten sollten. Für beides brauchen Sie Planung und die Disziplin, diesen Plan einzuhalten. Wenn Sie selbständig sind, brauchen Sie nicht nur Disziplin, Sie benötigen sogar *eiserne Disziplin*. Nun ist es aber mit der Disziplin so eine Sache: Ich glaube in Wahrheit nur sehr bedingt an Disziplin. Ich glaube vielmehr an Leidenschaft.

Wenn Sie etwas gefunden haben, das Sie mit Leidenschaft erfüllt, dann freuen Sie sich immer wieder aufs Neue auf diese Tätigkeit. Sie müssen sich dann nur sehr selten zwingen; meist gehen Sie mit großer Vorfreude an die Arbeit. Das ist zumindest so lange der Fall, wie

Sie genügend Pausen machen. Bei 99 Prozent aller meiner Tätigkeiten habe ich großen Spaß. Und ich glaube, so sollte es bei jedem Menschen sein.

Natürlich ist es kein einfacher Schritt, sein Leben so in den Griff zu bekommen. Dazu sind grundlegende Entscheidungen notwendig, und die wiederum können Sie nur treffen, wenn Sie zuvor Antworten auf wichtige Fragen gefunden haben. Die Basis zu diesen Überlegungen haben wir im ersten Teil des Buches besprochen: *Was wollen Sie wirklich?*

Dann haben Sie sich mit Ihren Stärken und Neigungen befasst (Kapitel 6).

Zwei Wege

Wir haben nun alle Felder des Sterns behandelt: In welchem Feld wollen Sie zukünftig tätig sein? Damit kommen wir auf die zwei Wege zurück, von denen Sie am Anfang des Buches bereits gelesen haben.

Ich behaupte nicht, dass jeder eine High-Income-Person werden kann. Vor allem deshalb nicht, weil nicht jeder bereit ist, den Preis zu zahlen. Aber wenn Sie sich bewusst für einen der beiden folgenden Wege entscheiden und sich an die Regeln in diesem Buch halten, dann werden Sie wesentlich bessere Resultate erzielen, als wenn Sie es nicht tun. Garantiert.

Nachdem Sie bis hierher gelesen haben, stehen Sie vor der Wahl zwischen zwei Wegen: *Wollen Sie lediglich 20 Prozent mehr verdienen – oder wollen Sie 100 Prozent mehr?*

Wenn Sie nur 20 Prozent mehr verdienen wollen, so brauchen Sie nicht viel zu tun, aber das Wenige *müssen* Sie tun. Schreiben Sie von heute an jeden Tag in Ihrem Erfolgs-Journal; notieren Sie dort alle Ihre Erfolge. Wollen Sie im Feld der Angestellten bleiben, so arbeiten Sie gezielt auf eine Gehaltserhöhung hin, wie in Kapitel 7 beschrieben.

Ist das aufgrund Ihrer Firmenstruktur nicht möglich, suchen Sie sich innerhalb der nächsten Wochen einen Nebenjob – Sie wissen schon: in einem anderen Feld. Wenn Sie zusätzlich das Kapitel 9 beherzigen, sich also Gedanken über Ihre Positionierung machen, und den einen und anderen Tipp in diesem Buch umsetzen, werden Sie wahrscheinlich auch über 20 Prozent mehr verdienen – innerhalb von einem Jahr. Das gilt auch, wenn Sie sich in einem anderen Feld befinden.

Auf jeden Fall sollten Sie immer 50 Prozent von jedem Mehr-Verdienst beiseite legen. So werden Sie langsam, aber sicher zum Investor.

Wollen Sie 100 Prozent mehr verdienen, ist eine wesentlich stärkere Veränderung notwendig. Auch dann müssen Sie Ihr Selbstbewusstsein aufbauen und so oft wie möglich in Ihrem Erfolgs-Journal schreiben.

Wenn Sie Angestellter sind, müssen Sie sich darüber hinaus entweder ganz gezielt als Experte positionieren, oder Sie müssen ganz auf die andere Seite des Sterns wechseln. Und auch wenn Sie bereits auf der linken Seite des Sterns arbeiten, sind die radikalen Schritte nötig, die ich in diesem Buch beschrieben habe.

Ein dramatisch höheres Einkommen ist nicht mit kleinen Änderungen zu erreichen, sondern Sie müssen in Ihrem Leben *eine Revolution in Gang setzen*. Kleine Veränderungen ziehen kleine Erfolge nach sich; *nur große Veränderungen bewirken große Erfolge!*

Die beschriebenen Schritte erfordern Mut und das Verlangen, wirklich etwas zu ändern. An dieser Stelle höre ich bisweilen folgende Einwände:

- Ich glaube nicht, dass das so einfach ist.
- Das würde mein Partner nicht mitmachen.
- Das Risiko kann ich nicht eingehen.
- Dazu fehlen mir die Fähigkeiten.
- Dazu bräuchte ich mehr Geld.

In Kurzform lassen sich diese Einwände wie folgt zusammenfassen: »Ich will zwar die Belohnung, aber nicht um den Preis, den ich dafür zahlen müsste. Ich hätte zwar gern mehr Einkommen, aber im Grunde genommen bin ich ganz zufrieden – so, wie es ist.«

Überlegen Sie es sich gut: Eine Revolution ist schließlich eine Revolution. Sie ist gefährlich und unbequem. Nicht jeder ist dazu bereit. Sie müssten Risiken eingehen und Neuland betreten. Paretos Regel heißt in letzter Konsequenz: 80 Prozent unseres Glücks erfahren wir in nur 20 Prozent unserer Zeit. Ist das nicht ein Zustand, den es unbedingt zu verändern gilt?

Dabei macht es keinen Sinn, sich mit Randproblemen herumzuschlagen oder ein etwas effizienteres Zeitmanagement zu betreiben. *Wenn wir nur 20 Prozent richtig verwenden, dann müssen wir sehr viel ändern: eigentlich fast alles.* Solange wir nicht nach den neuen Regeln leben, verschwenden wir unsere Zeit. Denn nicht harte Arbeit bringt den Erfolg, sondern die Umsetzung einiger wesentlicher Regeln. Alles beginnt mit einer bewussten Entscheidung; solange Sie diese nicht treffen, wird sich nichts verändern.

Bevor Sie sich entscheiden, müssen Sie sich eine grundlegende Frage stellen: *Was erwarte ich von meinem Leben?*

Power-Tipp

Nehmen Sie sich Zeit, darüber nachzudenken, was Sie wirklich in Ihrem Leben wollen. Beschäftigen Sie sich dazu an einem ruhigen Ort mit den Übungen aus Kapitel 6. Beantworten Sie zusätzlich die folgenden Fragen:

- Habe ich alles, was ich im Moment brauche?
- Ist mein Lebensstil auch für meine Familie der richtige?
- Lebe ich am richtigen Ort und mit den richtigen Personen zusammen?

- Bin ich oft genug auf Reisen?
- Habe ich meinen optimalen Arbeits-Rhythmus gefunden?
- Kann ich Sport treiben, ausspannen und meditieren, wann ich will?
- Fühle ich mich fast immer entspannt und wohl?
- Fällt es mir aufgrund meines Arbeitsablaufs leicht, schöpferisch zu sein und mein Potenzial auszunutzen?
- Macht mir meine Tätigkeit wilden Spaß und entspricht sie meinen Fähigkeiten?
- Habe ich genügend Geld, sodass ich ohne Sorgen leben kann?
- Kann ich das Leben anderer so bereichern, wie ich das möchte?
- Treffe ich mich genug mit Menschen, die mir wirklich wichtig sind?

Sorgen Sie dafür, dass Ihnen das nicht widerfährt. Vielleicht nehmen Sie sich einmal die Zeit und notieren alles, was Sie in Ihrem Leben wirklich glücklich macht. Nennen Sie es Ihre *Glücks-Inseln*. Dann können Sie auch alle *Unglücks-Inseln* aufschreiben – alles, was unteroptimal ist. Aber nicht nur die Unglücks-Inseln sind das Problem; *vielmehr gibt es bei den meisten Menschen darüber hinaus ein großes Niemandsland mäßiger Zufriedenheit.*

Geben Sie dem Niemandsland keinen Raum. Vermehren Sie gezielt Ihre Glücks-Inseln. Sie tun das auch für andere: *Wenn Sie nicht glücklich sind, schmälern Sie damit auch das Glück der Personen um Sie herum.* Deshalb ist es Ihre positive Pflicht, alles dafür zu tun, glücklich zu sein. Schaffen Sie sich das Leben, das Sie wirklich wollen. Es lohnt sich, dafür unbequeme Wege zu gehen und Risiken in Kauf zu nehmen.

Drei Dinge

Wenn Sie den zweiten Weg wählen, also wesentlich mehr verdienen wollen, dann ist dazu dreierlei notwendig: Sie müssen

- Ihre Ansprüche höher setzen,
- neue Überzeugungen annehmen
- und neue Strategien anwenden.

Die Strategien haben Sie in diesem Buch gefunden. Zu neuen Überzeugungen kommen Sie am leichtesten, wenn Sie sich mit erfolgreichen High-Income-Personen umgeben. Menschen, die täglich lernen und wachsen und die niemals zulassen, dass sie sich mit weniger zufrieden geben als mit dem Besten, was sie sein könnten. Die Nähe zu solchen Menschen ist ein großes Geschenk, das Sie sich selbst machen sollten.

Natürlich will Sie nicht jeder erfolgreich sehen. »Kleine« Menschen sind naturgemäß unsicher und ängstlich; Erfolg empfinden sie als bedrohlich. Darum wird es Personen geben, die Ihnen davon abraten werden, sich zu verändern. Solche Leute behaupten zwar, dass sie die Veränderungen *Ihnen* nicht zutrauen; in Wahrheit aber trauen sie sie sich *selbst* nicht zu. Lassen Sie sich aber auf keinen Fall zurückhalten; treffen Sie Ihre wichtigen Lebens-Entscheidungen selbst und setzen Sie diese auch um.

Inspirieren Sie andere; und helfen Sie ihnen. Machen Sie die Menschen in Ihrem Umfeld darauf aufmerksam, dass auch sie nach neuen Regeln leben und auf diese Weise mehr Erfüllung in ihrer Arbeit finden könnten.

Es gibt drei Gründe, warum Sie dies tun sollten. Erstens: Je mehr Menschen um Sie herum nach den Grundsätzen in diesem Buch leben, umso leichter wird es für Sie. Zweitens: Indem Sie anderen von diesen Regeln berichten, erinnern Sie sich selbst ständig daran, was für Sie wichtig ist. Drittens ist es unglaublich, welches Glück daraus erwächst, wenn man anderen hilft, eine wichtige, positive Veränderung in ihrem Leben vorzunehmen.

Keine Kompromisse

Ich wünsche mir, dieses Buch hat dazu beigetragen, dass Sie überdenken, welche Ansprüche Sie an Ihr Leben stellen. *Streben Sie nach absoluter beruflicher Erfüllung.* Gehen Sie bei Ihrer Arbeit keine Kompromisse ein. Frustriert Sie Ihre Arbeit, können Sie das mit Ihren Freizeit-Aktivitäten nicht wettmachen. Wenn Sie eine Hand in sehr heißes Wasser halten und die andere Hand in Eis stecken, dann werden Sie sich im Durchschnitt nicht wohl fühlen.

Wer sich nicht um seine berufliche Erfüllung kümmert, der dreht der Person den Rücken zu, die er sein könnte.

Was haben Sie aus dieser Chance gemacht? Wie viel Prozent Ihrer Möglichkeiten haben Sie bisher wirklich genutzt? 25 Prozent, 47 Prozent …? *Wollen Sie wirklich an den Ort, zu dem Sie unweigerlich gelangen, wenn Sie nicht die Richtung ändern?* Seien Sie ehrlich zu sich selbst. Alles, worauf es ankommt, ist, ob Ihnen wirklich daran liegt, von dem Ort aufzubrechen, an dem Sie sich gerade befinden.

Das Leben ist eine Reise. Wenn Sie sich für seine Möglichkeiten öffnen, kann es Sie in Richtungen führen, die Sie sich niemals vorgestellt haben. Sie werden Entdeckungen machen, die über Ihre Träume hinausgehen.

Es wird nicht immer leicht sein

Wahrscheinlich wird Ihr Einkommen nicht linear steil ansteigen. Sie werden vielmehr auf Ihrem Weg Frustrationen, Zweifel und Rückschläge erleben. Einige Schwierigkeiten werden in den unpassendsten Momenten auf Sie zukommen; und sie werden aus Richtungen kommen, aus denen Sie niemals Probleme erwartet hätten. Sie können an Stellen getroffen werden, wo es richtig wehtut. Das ist normal; das Leben ist kein Kuschelkissen.

Diese Rückschläge bilden keinen wiederkehrenden Fluch, der sich durch Ihr ganzes Leben zieht. Jeder erlebt sie. Sehen Sie in ihnen einfach Fenster und Türen, die in Ihrem Lebensgebäude fest eingebaut sind. Wenn Sie durch diese Öffnungen hindurchgehen, gelangen Sie auf eine höhere Ebene. Der Weg zu dem Leben, das wir uns wünschen, scheint nur über diese Rückschläge zu führen.

Es wird auch Zeiten geben, in denen Sie nicht vorankommen; Sie meinen stillzustehen. Nichts tut sich, und die Zeit scheint Ihnen davonzulaufen. Aber auch solche Phasen sind vollkommen normal und gehören »zum System«. Wie auf einer Treppe erreichen Sie von Zeit zu Zeit ein Plateau. Und wenn das Einkommen dann nicht messbar steigt, so reifen Sie doch innerlich. Solche Perioden des inneren Wachstums sind sehr wichtig. Sie sollten sie nutzen, um zu lernen und sich auf die nächsten Herausforderungen vorzubereiten. Mit dieser Einstellung können Sie lernen, die Plateaus zu lieben.

Gold

Stellen Sie sich vor, Sie treffen auf einen Gold-Medaillen-Gewinner und er fragt Sie: »Wo sind die Gold-Medaillen in Ihrem Leben?« Vergessen Sie nicht: Das Leben ist zu kurz, um unbedeutend zu sein. Sie können alles haben: Sicherheit, Spaß, hohes Einkommen, Ansehen und ausreichend Freizeit und Sinn. Wenn Sie wollen, ist das kein Märchen.

Glauben Sie immer noch, dass es unmöglich ist? Nun, das ist mit großen Zielen fast immer so: Zuerst halten wir es für absolut unmöglich, jemals dort hinzukommen. Mit der Zeit erkennen wir, dass es nicht unmöglich ist, aber doch sehr unwahrscheinlich: Unsere Erfahrung, die Situation, in der wir uns gerade befinden … so viel scheint dagegen zu sprechen. Und erst am Ende wird uns klar, dass es eigentlich unvermeidlich war – die ganze Zeit über. Denn es war immer schon in uns …

Es beginnt mit der Suche nach einer Tätigkeit, die Sie lieben und Ihren Fähigkeiten entspricht. Ich wünsche Ihnen ein Gefühl der ständigen Begeisterung für Ihre Arbeit. Wenn Sie etwas gefunden haben, das Sie wirklich begeistert, dann haben Sie Ihre Arbeit vergoldet. Sie besitzen dann eine Gold-Medaille, die Ihnen niemand jemals wegnehmen kann.

Seien Sie sich Ihrer Vorteile anderen gegenüber deutlich bewusst. Das Feuer in Ihrem Herzen, Ihre Leidenschaft wird den ultimativen Vorteil darstellen. Wenn Sie erst einmal einen Fuß in dieses Paradies gesetzt haben, liegt es nicht in der menschlichen Natur, wieder umzukehren.

Ich wünsche Ihnen eine lebenslange Liebesbeziehung mit ihrer Arbeit.

Dank

Ein Licht ist vor allem dann wichtig und hilfreich, wenn es dunkel ist. Nun ist es aber so, dass manche Lichter gerade dann erlöschen und aus unserem Leben verschwinden, wenn wir sie am meisten gebrauchen können. Einige wollen sich der gerade herrschenden Dunkelheit anpassen, andere gehen sofort aus, wenn ein Sturm aufkommt.

Ich habe solche stürmischen Zeiten erlebt. Und das Gute daran: Ich konnte erkennen, welche Lichter nicht verschwanden, als es mir eine Zeit lang nicht so gut ging. Wenn ich zurückschaue, so hatte ich mein ganzes Leben das Vorrecht, das Vertrauen und die Freundschaft solcher Menschen zu besitzen.

Ich möchte mich besonders bedanken bei:

Peter Hövelmann, Professor Walter Möbius, Greta Andreas, Bernd und Filiz Reintgen, Christian Fischer, Nuno Assis und Monika Letang.

Darüber hinaus bedanke ich mich bei dem sehr professionellen und inspirierenden Team von dtv, insbesondere meiner geduldigen und zugleich erfrischend kritisch-inspirierenden Lektorin Katharina Festner.

Anhang 1

Die Bodo Schäfer Stiftung »Kinder unsere Zukunft«

Wir glauben: Unsere Kinder sind unsere Zukunft. Mit jeder Generation erhält die Welt eine neue Chance. So gesehen können wir unsere Welt in vielerlei Hinsicht neu erfinden.

Es gibt in unserem Land viele Waisen und Sozialwaisen (Kinder, die zwar mindestens ein Elternteil haben, aber von ihnen nicht wirklich erzogen werden). Hierzulande werden die Analphabeten der Zukunft nicht Menschen sein, die nicht lesen können; es werden die Menschen sein, die nicht wissen, wie man lernt. Hier wollen wir helfen; besonders den Waisen. Wir unterstützen sie finanziell und vermitteln ihnen Bezugspersonen: Mentoren, die erfolgreich im Leben stehen und sie coachen. Mentoren können etwas erreichen, das eine Institution oder eine Schule sehr selten vermag: einem Kind Selbstvertrauen geben. Das Ziel ist, diesen Kindern eine Ausbildung zu ermöglichen, die ihren Stärken entspricht und ihnen Spaß macht. Und wir halten diese Kinder an, ein bestimmtes Projekt in den wirklich armen Regionen der Welt zu unterstützen. So hilft zum Beispiel ein Kind in Deutschland einem Kind in Indien.

Wenn Ihnen dieser Gedanke gefällt und Sie mithelfen wollen, so schreiben Sie an die folgende Adresse:

Kinder unsere Zukunft
Gierather Str. 247
51469 Bergisch Gladbach

Die Stiftung benötigt immer wieder Geld, Mentoren und weitere Kinder, denen sie helfen kann.

Anhang 2

Weitere vertiefende Fragen, die Ihnen helfen herauszufinden, was Ihnen Erfüllung bringt

1. Was wollten Sie als Kind einmal werden? Welche Bedürfnisse hätte diese Tätigkeit befriedigt? (Ich wollte Indianer werden. Dahinter steckt mein Bedürfnis nach Abenteuer und Freiheit.)
2. Überlegen Sie: Wer hat die Fähigkeiten NICHT, die Sie besitzen?
3. Was haben nur Sie erlebt? Was macht Sie einzigartig? Eine einzelne Fähigkeit ist dabei wie eine Zahl innerhalb einer Telefonnummer: Die einzelne Zahl kommt weltweit Millionen mal vor; aber die Zusammensetzung bestimmt die Einzigartigkeit. Wie sind Sie zusammengesetzt?
4. Was bewundern Sie an anderen am meisten? Goethe sagte: »Von den Eigenschaften und Fähigkeiten, die wir an anderen bemerken, tragen wir selbst den Stempel in uns.« Das, was wir an anderen wahrnehmen, zeigt uns, was in uns schlummert und welche Fähigkeiten wir selbst gern entwickeln würden.
5. Träumen Sie mehrmals täglich einen schönen Tagtraum mit Happyend. Schreiben Sie hinterher auf, was Sie so alles geträumt haben.
6. Fragen Sie sich: Wann war ich in meinem Leben a) am zufriedensten? Und b) am unzufriedensten und unglücklichsten? Erforschen Sie, warum das so war.
7. Wenn wir uns wohl fühlen, dann deshalb, weil unsere Bedürfnisse erfüllt werden. Überlegen Sie drei Situationen, in denen Sie sich richtig wohl fühlen. Warum fühlen Sie sich eigentlich so wohl? Wie werden Ihre sechs Bedürfnisse befriedigt, Ihr Bedürfnis nach: 1. Sicherheit und Bequemlichkeit; 2. Veränderung und Abenteuer; 3. Einzigartigkeit und Bedeutung; 4. Liebe und Verbindung; 5. Wachstum und Lernen; 6. Geben und einen Unterschied ausmachen?

8. Wie soll Ihr typischer Tagesablauf (Arbeit und Freizeit) idealerweise in sieben Jahren aussehen? Notieren Sie möglichst detailliert.
9. Wie ist Ihre Vorstellung über Arbeit? Was soll sie Ihnen bringen: Geld, Selbstvertrauen, Kontakte, Stellenwert in der Gesellschaft, Möglichkeit zu lernen und zu wachsen, Herausforderung, Sicherheit, Spaß, Freiheit, Sinn, Möglichkeit zu helfen, mich zu verwirklichen, Grenzen zu entdecken, Teamgeist …?
10. Was sind die fünf Dinge, die Sie in Ihrem Leben unbedingt erreichen wollen?
11. Listen Sie alle Rollen auf, die Sie in Ihrem Leben einnehmen (Vater, Mutter, Freund, Kind, Schwester, Bruder, Geschäftspartner, Ratgeber, Nachbar …) Welche davon sind Ihnen am wichtigsten?
12. Welche Menschen umgeben Sie? Welche Erwartungen haben diese Menschen an Sie? Sind Sie durch diese Menschen und ihre Erwartungen beeinflusst worden?
13. Werden Sie sich bewusst, dass Sie heute nicht derjenige wären, der Sie heute sind, wenn Sie nicht genau die Erfahrungen gemacht hätten, die Sie gemacht haben. Überlegen Sie erneut: Was macht mich einzigartig?
14. Setzen Sie sich mit Ihren besten Bekannten und Freunden zusammen und fragen Sie: Was kann ich eurer Meinung nach gut?
15. Werden Sie sich klar über Ihre Werte: Notieren Sie die Namen von fünf Personen, mit denen Sie regelmäßig Kontakt haben. Fragen Sie sich: Wie werde ich von diesen Menschen gesehen? Was macht mich in ihren Augen wertvoll?
16. Mit wem arbeiten Sie gern zusammen? Warum? Mit wem arbeiten Sie ungern zusammen? Warum? Welche Ihnen wichtigen Werte leben diese Menschen aus bzw. ignorieren sie?
17. Um herauszufinden, was Ihnen wirklich wichtig ist: Schreiben Sie Ihre eigene Todesanzeige. Was soll darin stehen?
18. Notieren Sie die Werte, die Ihnen wichtig sind. Eine Liste mit Werten finden Sie im Anschluss. Versuchen Sie die wichtigsten zehn bis fünfzehn Werte Ihres Lebens zu ermitteln – und diese gemäß Ihrer Wichtigkeit zu ordnen.

Beispiele für Werte (Anregung):

Vertrauen	Nutzen bieten
Verständnis	Dankbarkeit
Treue	Bescheidenheit
Respekt	Demut
Leidenschaft	Gesundheit
Offenheit	Hilfsbereitschaft
Ehrlichkeit	Energie
Liebe	Glück und Freude
Wärme	Frieden
Vergnügung	Konstantes Lernen und Wachsen
Spaß	Disziplin
Sicherheit	Beständigkeit
Entwicklung	Gelassenheit
Unterstützung	Geduld
Herausforderung	Abenteuer
Kreativität	Erfolg
Schönheit	Intelligenz
Anziehung	Konzentration
Spiritualität	Verpflichtung
Freiheit	Geldgeschick
Reichtum	Selbstbewusstsein
Zufriedenheit	Veränderungen bewirken
Abwechslung	Fitness
Achtung	Entspannung
Wohlstandsbewusstsein	Gerechtigkeit/Ordnung
Integrität	Einfluss und Macht
Familie	

19. Fällt Ihnen ein Tätigkeitsfeld ein, in dem Sie Ihre Werte ausleben könnten?
20. Die folgende Übung kostet Sie eine gute Stunde Zeit. Ich kann Ihnen versprechen: Es lohnt sich. Wenn Sie diese Stunde investieren, werden Sie mehr über sich erfahren als jemals zuvor. (Ich

mache diese Übung jedes Jahr aufs Neue.) Ich verspreche Ihnen: Sie werden einen tiefen Frieden verspüren …

Stellen Sie sich vor, Sie erleben aus der Distanz Ihre eigene Beerdigung. Viele Menschen sind gekommen, um Ihnen die letzte Ehre zu geben, Ihnen ihre Liebe, Anerkennung und ihren Respekt für Ihr Leben auszusprechen. (ACHTUNG: Wenn Sie bei der Vorstellung Ihrer Beerdigung sehr traurig werden sollten, so verändern Sie das Szenario: Stellen Sie sich vor, es würde sich um Ihren 85. oder 95. Geburtstag handeln, den Sie im großen Kreis feiern.)

Nach dem Programm wird es vier Redner geben, die jeweils über einen bestimmten Aspekt Ihres Lebens sprechen wollen:

Der erste Redner kommt aus Ihrer Familie: Wie wird er Sie als Ehepartner, Vater/Mutter, Bruder/Schwester beschreiben?

Der zweite Redner ist einer Ihrer engsten Freunde: Wie waren Sie als Freund und Person?

Der dritte Sprecher kommt aus Ihrer Berufswelt: Wie waren Sie bei der Arbeit – zu Kollegen, und was haben Sie erreicht?

Der vierte Sprecher schließlich kommt aus dem sozialen Bereich: Wofür haben Sie sich engagiert? Wem haben Sie etwas gegeben, und wo haben Sie Gutes getan?

21. Goethe sagte: »Wünsche sind die Vorboten unserer Fähigkeiten.« Es ist darum wichtig, dass Sie herausfinden, was Sie wirklich wollen. Schreiben Sie auf, was Sie in fünf Jahren a) sein wollen; b) tun wollen; c) haben wollen. Überlegen Sie nicht, ob das immer so realistisch ist. Wenigstens Ihre Gedanken und Ihre Notizen sollten über alle Grenzen erhaben sein dürfen. Und wer weiß …

Wenn Menschen ernsthaft versuchen zu identifizieren, worauf es in ihrem Leben ankommt, wer sie wirklich sind und was sie tun wollen, werden sie beides: sehr andächtig und sehr frei.

Wenn Sie weiter über die aufgeworfenen und weitere Fragen unter Anleitung nachdenken wollen, so möchte ich Ihnen zwei Empfehlungen geben. Fordern Sie zu beiden Informationsmaterial an.

Unser CD-Programm »Die Kunst, Ihre Zeit zu führen«.

Unser Seminar »Mut zum Glücklichsein« (www.finwis.de).

Literatur

Albom, Mitch: Dienstags bei Morrie, Goldmann, München 1998

Bolles, Richard Nelson: Durchstarten zum Traumjob. Das Handbuch für Ein-, Um- und Aufsteiger, Campus, Frankfurt a. M. 2002

Brandes, Dieter: Konsequent einfach, Campus, Frankfurt a. M. 1998

Buchholz, Andreas/Wördemann, Wolfram: Was Siegermarken anders machen, Econ, Düsseldorf 1998

Buffett, Mary/Clark, David: Buffettology, Ueberreuter, Wien 1998

Bundesministerium für Arbeit und Sozialordnung (Hg.): Lebenslagen in Deutschland. Der erste Armuts- und Reichtumsbericht der Bundesregierung, Bonn 2001

Caples, John: How to Make Your Advertising Make Money, Prentice Hall, Upper Saddle River (N.J.) 1983

Caples, John: Tested Advertising Methods, Harper & Row, New York 1961

Carlson, Richard: Don't Sweat the Small Stuff.... and It's All Small Stuff, Hyperion, New York 1997

Carlson, Richard: Werde glücklich, werde reich, Knaur, München 1999

Chilton, David: The Wealthy Barber, Prima, Roseville

Chopra, Deepak: Die sieben geistigen Gesetze des Erfolgs, Heyne, München 1996

Clason, George S.: Der reichste Mann von Babylon, Goldmann, München 2002

Coyle, Joseph S.: How to Retire Young and Rich, Warner Books, New York

Crainer, Stuart: Die ultimative Managementbibliothek, Campus, Frankfurt a. M. 1997

Csikszentmihalyi, Mihaly: Dem Sinn des Lebens eine Zukunft geben, Klett-Cotta, Stuttgart 1995
Davidson, Jeff: IDIOT's Managing Your Time, alpha books, Indanapolis
DePree, Max: Die Kunst des Führens, Campus, Frankfurt a. M. 1990
Downer, Lesley: Die Geschichte der reichsten Familien Japans, Heyne Business, München 1999
Edelman, Ric: The New Rules of Money, Harper Collins, London/New York
Fisher, Mark: Das innere Geheimnis des Reichtums, Edition Tramontane, St. Goar 1998
Fridson, Martin S.: Milliardäre und ihre Erfolgsgeschichten, Börsenverlag, Kulmbach 2001
Friedrich, Kerstin/Seiwert, Lothar J.: Das 1x1 der Erfolgsstrategie, mvg, München 1994
Gardner, Howard: Kreative Intelligenz, Campus, Frankfurt a. M. 1999
Givens, Charles J.: Financial Self-defense, Pocket Books, London/New York
Gloger, Axel: Millionäre. Vom Traum zur Wirklichkeit, Ueberreuter Wirtschaft, Frankfurt a. M. 1997
Goeudevert, Daniel: Der Horizont hat Flügel, Econ, München 2001
Grässlin, Jürgen: Jürgen E. Schrempp, Droemer, München 1998
Greising, David: Die Welt soll Coca-Cola trinken, verlag moderne industrie, Landsberg am Lech 1999
Gross, Daniel: Forbes. Die größten Erfolgsstorys aller Zeiten, verlag moderne industrie, Landsberg am Lech 1997
Hagstrom, Robert G.: Warren Buffett, Börsenverlag, Kulmbach 1996
Hamel, Gary: Das Revolutionäre Unternehmen, Econ, München 2000
Handy, Charles: The Age of Unreason, HBS Press, Boston (Mass.)/London 1989
Harvey, Eric/Lucia, Alexander: Walk the Talk, Performance Publishing
Hill, Napoleon: Denke nach und werde reich, Keller, Genf 1972 (4. Auflage)
Höhler, Gertrud: Spielregeln für Sieger, Econ, Düsseldorf 1991
Iacocca, Lee: Eine amerikanische Karriere, Ullstein, Frankfurt a. M. 1989

Ichbiah, Daniel: Die Microsoft Story, Heyne Business, München 1993
Jenner, Bruce/Seal, Mark: Finding the Champion within, Simon & Schuster, London/New York
Kawasaki, Guy: Selling the Dream, Signum, Wien 1996
Koch, Richard: Das 80/20 Prinzip, Campus, Frankfurt a. M. 1998
Körner, Heinz: Ein Märchen, Luzi Körner, Fellbach 1987
Krass, Peter: Faszination Business, verlag moderne industrie, Landsberg am Lech 1999
Lay, Rupert: Vom Sinn des Lebens, mvg verlag, München 1992
Levinson, Jay C.: Guerilla Marketing, Campus, Frankfurt a. M. 1992
Levinson, Jay C./Godin, Seth: Das Guerilla Marketing Handbuch, Campus, Frankfurt a. M. 1996
Love, John F.: Die McDonald's-Story, Heyne, München 1996
Lynch, Peter/Rothchild, John: One up on Wall Street, Penguin Books, New York 1989
McCormack, Mark H.: Die Schule des Managements, Campus, Frankfurt a. M. 1998
McWilliams, John Roger und Peter: Geld alleine macht nicht glücklich, Ullstein, Berlin 1994
Neff, Thomas J./Citrin, James M.: Von den Besten lernen, verlag moderne industrie, Landsberg am Lech 2000
N. N.: The Insider's Guide to Mutual Funds, McGraw-Hill, New York
Nicholas, Ted: Form Your Own »S« Corporation, Upstart, Chicago
Pilzer, Paul Zane: God Wants You to Be Rich, Simon & Schuster, New York 1995
Pilzer, Paul Zane: Unlimited Wealth. The Theory and Practice of Economic Alchemy, Crown Publishers, New York 1990
Ramser, Dave: Financial Peace, Viking Books
Ries, Al: Die Strategie der Stärke, Econ, Düsseldorf 1996
Ries, Al/Ries, Laura: Branding, Econ, München 1998
Ries, Al/Trout, Jack: Marketing fängt beim Kunden an, Campus, Frankfurt a. M. 1990
Ries, Al/Trout, Jack: Positioning. The Battle for Your Mind, Warner Books Edition, New York 1981
Rossi, Ernest L./Nimmons, David: 20 Minuten Pause, Junfermann,

Paderborn 1991
Schäfer, Bodo: Der Weg zur finanziellen Freiheit, Campus, Frankfurt a. M. 1999
Schäfer, Bodo: In sieben Jahren die erste Million, Birkenbihl media
Schäfer, Bodo: Ein Hund namens Money, Lentz Verlag 1999
Schäfer, Bodo/Ferstl, Carola: Geld tut Frauen richtig gut, mvg, Landsberg am Lech 1999
Schäfer, Bodo: Wohlstand ohne Stress, Campus, Frankfurt a. M. 2001
Schäfer, Bodo: Die Gesetze der Gewinner, Frankfurter Allgemeine Buch, Frankfurt a. M. 2001
Schäfer, Bodo: Praxis-Handbuch Die Gesetze der Gewinner, fin.wis.media 2001
Schäfer, Bodo: Audio-Seminar »Die Gesetze der Gewinner«, fin.wis.media 2001
Schäfer, Bodo: Die Kunst, Ihre Zeit zu führen, fin.wis.media
Schäfer, Bodo: Erfolgs-Journal, fin.wis. media
Schneider, Wolf: Die Sieger: Wodurch Genies, Phantasten und Verbrecher berühmt geworden sind, Sternbuch, Gruner + Jahr, Hamburg 1992
Schwarzkopf, H. Norman: Man muss kein Held sein, Bertelsmann, München 1992
Stanley, Thomas J./Danko, William D.: The Millionaire Next Door, Longstreet Press, Atlanta
Thurow, Lester C.: Die Reichtums-Pyramide, Metropolitan, Düsseldorf 1999
Tracy, Brian: Das Gewinner Prinzip, Gabler, Wiesbaden 1995
Trout, Jack/ Rivkin, Steve: New Positioning, Econ, Düsseldorf 1996
Uhle, Margret: Die LEGO-Story, Rowohlt Taschenbuch, Reinbek 2000
Vega, Don Joseph de la: Die Verwirrung der Verwirrungen, Kostolanys Bibliothek, Börsenbuchverlag, Kulmbach 1994
Welch, Jack/Slater, Robert: »Wer führt, muss nicht managen«, verlag moderne industrie, Landsberg am Lech 1999
Wilde, Stuart: Geld – fließende Energie, Hugendubel, München 1996

Register

»Money-Coach Bodo Schäfer rüttelt auf und vermittelt sofort umsetzbares Wissen.«
Süddeutsche Zeitung

Bodo Schäfer
Der Weg zur finanziellen Freiheit
Die erste Million

ISBN 3-423-34000-2

Ist Geld Ihr Sorgen-Thema? Der Autor verrät Ihnen bewährte Geheimnisse über den Aufbau von Reichtum, und er liefert Ihnen verblüffend einfache, aber sofort wirksame Techniken zum Umgang mit Geld: Wie Sie schnell Ihre Schulden loswerden. Wie Sie richtig sparen und dabei ein Vermögen aufbauen. 11 überraschende Methoden, mit denen Sie sofort Ihr Einkommen erhöhen. Insiderwissen über Geldanlagen, das Ihnen keine Bank verrät.

»Mit Sachkenntnis und Schreibwitz ... nimmt er den Leser an die Hand.«
Focus

»Unter der Vielzahl von Büchern, die sich mit dem besten Weg zu Wohlstand und Reichtum beschäftigen, ragt dieses weit heraus.«
Die Welt

Die Gesetze der Gewinner
Erfolg und ein erfülltes Leben

ISBN 3-423-34048-7

Bodo Schäfer hat 30 leicht nachvollziehbare Strategien entwickelt, die beruflichen und persönlichen Erfolg befördern. Jedes Gesetz wird ausführlich erklärt und enthält einen Praxisteil mit Übungen, die der Leser gleich ausprobieren kann.

Bitte besuchen Sie uns im Internet: www.dtv.de

Amartya Sen

Ökonomie für den Menschen

Wege zu Gerechtigkeit und Solidarität
in der Marktwirtschaft
Übers. v. C. Goldmann

ISBN 3-423-**36264**-2

Als einer der bedeutendsten Wirtschaftstheoretiker der Gegenwart fordert Amartya Sen die Moral in der Marktwirtschaft ein und packt das Weltproblem Nr. 1 an: die sich immer weiter öffnende Schere zwischen dem global agierenden Turbokapitalismus und der zunehmenden Arbeitslosigkeit und Verarmung. Eindringlich stellt der Nobelpreisträger dar, dass Freiheit, Gleichheit und Solidarität
fundamentale Voraussetzungen für eine prosperierende, gerechte Weltwirtschaft sind. Eine Programmschrift, die ökonomische Vernunft, politischen Realismus und soziale Verantwortung zusammenführt.

»Man kann all das Kluge, was Sen vorträgt, gar nicht oft genug sagen und lesen.«
Frankfurter Allgemeine Zeitung

Bitte besuchen Sie uns im Internet: www.dtv.de

dtv zum Thema Wirtschaft: kompetent und aktuell

Francis Fukuyama
Der große Aufbruch
Wie unsere Gesellschaft eine neue Ordnung erfindet
Übers. v. K. Dürr und U. Schäfer
ISBN 3-423-36271-5

Niall Ferguson
Politik ohne Macht
Das fatale Vertrauen in die Wirtschaft
Übers. v. K. Kochmann
ISBN 3-423-36307-X

Harald Klimenta
Was Börsen-Gurus verschweigen
12 Illusionen über die Finanzwelt
ISBN 3-423-36282-0

Frank Lehmann
Wirtschaft
Worauf es wirklich ankommt
ISBN 3-423-34096-7

Joan Magretta
Basic Management
Alles, was man wissen muß
Übers. v. M. Bauer
ISBN 3-423-34064-9

Justin Martin
Alan Greenspan
Eine Biographie
Übers. v. K. Binder
ISBN 3-423-36301-0

Thomas Öchsner (Hg.)
Die Riester-Rente
Strategien für eine gesicherte Altersvorsorge
Aktualisierte Neuausgabe 2003
ISBN 3-423-34042-8

Amartya Sen
Ökonomie für den Menschen
Wege zur Gerechtigkeit und Solidarität in der Marktwirtschaft
Übers. v. C. Goldmann
ISBN 3-423-36264-2

Bernd Senf
Die blinden Flecken der Ökonomie
Wirtschaftstheorien in der Krise
ISBN 3-423-36240-5

Linus Torvalds
David Diamond
Just for Fun
Wie ein Freak die Computerwelt revolutionierte
Die Biografie des Linux Erfinders
Übers. v. D. Märtin
ISBN 3-423-36299-5

Bitte besuchen Sie uns im Internet: www.dtv.de

Erleben Sie Bodo Schäfer live

AUFBRUCH

Das Seminar-Erlebnis, das Ihr Leben verändert

Ich lade Sie herzlich zu diesem Seminar-Erlebnis ein. Lassen Sie Ihre Vergangenheit einfach hinter sich: Brechen Sie auf in eine erfüllte Zukunft! Sie lernen Mittel und Wege kennen, um alles zu verwirklichen, was Ihnen bisher unmöglich erschienen ist.

Ihr

Bodo Schäfer

Haben auch Sie es satt, über schwierige Zeiten zu jammern? Keine Lust mehr auf Schwarzmalerei? Wollen Sie eine erfolgreiche und aufregende Zukunft? Dann starten Sie hier und jetzt!

Fast alle Menschen leben in der Vergangenheit. Fast jeder Mensch sagt: „Ich habe früher dieses erlebt und jenes gelernt. Deshalb kann ich heute nur das erreichen.“ Falsch! Wer so denkt, klebt an der Vergangenheit – und macht zu wenig aus seinem Leben und seinem Geld.

Sie aber sehen die Welt nach dem Aufbruch-Seminar mit ganz anderen Augen:
Sie sehen plötzlich, was Sie in Ihrem Leben erreichen können. Schon bald, schon morgen, sofort! Und daraus schöpfen Sie unglaubliche Kraft für jeden Lebensbereich.

Einfach jetzt Gratis-Info anfordern unter www.finwis.de

Sie erfahren:

- **wie Sie sich sofort besser fühlen**
- **wie Sie Ihre Finanzen meistern**
- **wie Sie Ihr Einkommen deutlich erhöhen**
- **wie Sie mit Krisen umgehen**
- **wie Sie Kraft für Ihre Alltags-Probleme finden**
- **wie Sie immer die richtige Entscheidung treffen können**

Das besondere Angebot für Sie:

Bodo Schäfer und sein Team haben für Sie eine ganz neue Idee entwickelt: Das **Coaching-System** für die Monate nach dem Seminar. Sie haben volle 3 Monate lang nach dem Seminar Ihren persönlichen Ansprechpartner. Einen Experten aus dem Team von Bodo Schäfer, der Ihnen bei der Umsetzung aller Ideen aus dem Seminar hilft, der Ihnen Tipps gibt und Ihre Fragen beantwortet.

Brechen Sie auf – in eine glückliche Zukunft!
Sie können jetzt gleich den ersten Schritt machen:

Fordern Sie kostenlos und unverbindlich Ihre persönliche Einladung zu dem Seminar an. Am schnellsten geht es per Telefon:

Kostenlos und unverbindlich: Alle Informationen und Ihre persönliche Einladung zum AUFBRUCH-Seminar

✆ 0700. 666 393 66

Per Fax: 0700. 329 666 39 oder E-Mail: info@finwis.de

finwis gmbh

finwis gmbh seminare & coaching
Postfach 85 02 33, 51027 Köln, www.finwis.de

JETZT ANRUFEN!

HÖRBÜCHER & MEHR VON BODO SCHÄFER

So bringen Sie mehr Erfolg in Ihren Alltag

Stellen Sie sicher, dass Sie wirklich alle Ideen von Bodo Schäfer in Ihrem Leben umsetzen! Es geht ganz einfach: Mit den Hörbüchern und exklusiven Arbeitshilfen werden die neuen Erfolgstechniken schnell zu einem natürlichen Bestandteil Ihres Alltags. Sie werden jeden Tag ein Stück erfolgreicher!

Alle 30 Gesetze der Gewinner auf 6 CDs

Die optimale Ergänzung zum Buch: Bodo Schäfer persönlich zeigt Ihnen in diesem faszinierenden Audio-Seminar alle 30 Erfolgsgesetze – Sie haben den kompletten Text des Buchs auf 6 CDs. Fürs Auto, für den Discman beim Spazierengehen oder einfach fürs entspannte Hören am Abend.

Bodo Schäfer: Die Gesetze der Gewinner, Box mit 6 CDs und Handbuch, nur 76,– €

Chancen-Planer 2005

Mit diesem Buch planen Sie Ihren persönlichen Erfolg 2005! Bodo Schäfer hat dazu ein einzigartiges System geschaffen, mit dem Sie Ihren Zielen und Visionen jeden Tag ein Stück näher kommen. Sie finden praktische Planungsvorlagen für alle Lebensbereiche, für jede Woche, für jeden Tag.

Bodo Schäfer: Chancen-Planer 2005, 184 Seiten im hochwertigen Einband, nur 65,95 €

24-Stunden-Bestellservice: 0700. 346 947 366

HÖRBÜCHER & MEHR VON BODO SCHÄFER

Gesetze der Gewinner:
Das Praxis-Handbuch
Das Trainingsbuch zu den Gesetzen der Gewinner! Beinahe spielerisch und ohne Mühe trainieren Sie anhand von Übungen und vielen Tipps die Umsetzung der Gewinner-Gesetze in die Praxis.

Bodo Schäfer: Praxis-Handbuch Die Gesetze der Gewinner, 148 Seiten, nur 14,95 €

Erfolgs-Journal
Ein gesundes Selbstvertrauen ist die Grundlage für Erfolg und Glück. Deshalb hat Bodo Schäfer das Erfolgs-Journal entwickelt: Sie bauen damit systematisch Ihr Selbstvertrauen auf und freuen sich täglich über Ihre Erfolge.

Bodo Schäfer: Erfolgs-Journal, hochwertiger Einband, 320 Seiten, nur 49,95 €

Die Kunst Ihre Zeit zu führen
Vergessen Sie die herkömmlichen Methoden des Zeitmanagements. Bodo Schäfer zeigt Ihnen, wie Sie alle Zeit der Welt gewinnen, um Ihre Träume zu verwirklichen.

Bodo Schäfer: Die Kunst Ihre Zeit zu führen, Box mit 2 CDs und Handbuch, nur 45,– €

24-Stunden-Bestellservice: ✆ 0700. 346 947 366
oder im Internet: www.finwismedia.de